江苏高校品牌专业建设工程资助项目

嘉樂君子

學禮堂访谈録

王锷 主编

凤凰出版社

图书在版编目（CIP）数据

嘉乐君子 / 王锷主编. -- 南京 : 凤凰出版社,
2018.8
（学礼堂访谈录）
ISBN 978-7-5506-2797-0

Ⅰ. ①嘉… Ⅱ. ①王… Ⅲ. ①虞万里－访问记②崔富章－访问记③万仕国－访问记 Ⅳ. ①K825.5

中国版本图书馆CIP数据核字(2018)第124000号

书　　名	嘉乐君子
主　　编	王　锷
封面题签	刘晓东
责任编辑	崔广洲
书籍设计	徐　慧
出版发行	凤凰出版社(原江苏古籍出版社) 发行部电话025-83223462
出版社地址	南京市中央路165号,邮编:210009
出版社网址	http://www.fhcbs.com
照　　排	南京凯建图文制作有限公司
印　　刷	南京新世纪联盟印务有限公司 南京市建邺区南湖路27号春晓大厦5楼,邮编:210017
开　　本	880×1230毫米　1/32
印　　张	11.375
字　　数	255千字
版　　次	2018年8月第1版　2018年8月第1次印刷
标准书号	ISBN 978-7-5506-2797-0
定　　价	88.00元

(本书凡印装错误可向承印厂调换,电话:025-68566588)

學禮堂
劉

学礼堂师生合影

崔富章先生

崔先生正在接受学礼堂访谈

《楚辞学文库》

《楚辞书目五种续编》 《楚辞书目五种》

《版本目录论丛》

《四库提要补正》

《诗骚合璧》

虞万里先生

虞先生正在接受学礼堂访谈

《上博馆藏楚竹书〈缁衣〉综合研究》

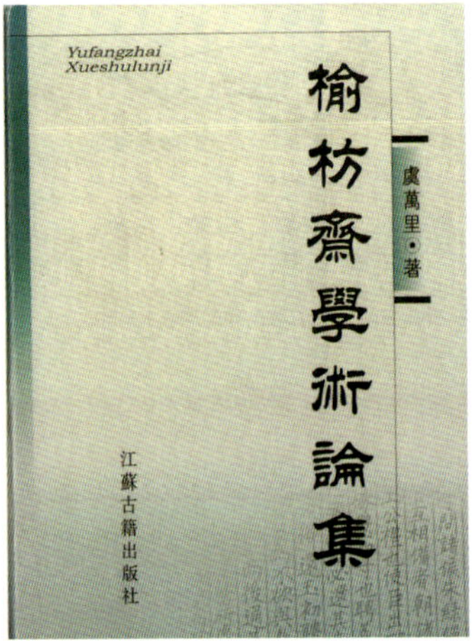

《榆枋斋学术论集》

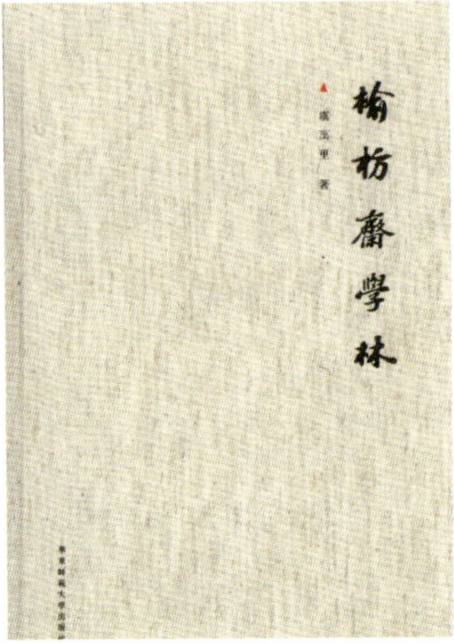

《榆枋斋学林》

万仕国先生

万先生正在接受学礼堂访谈

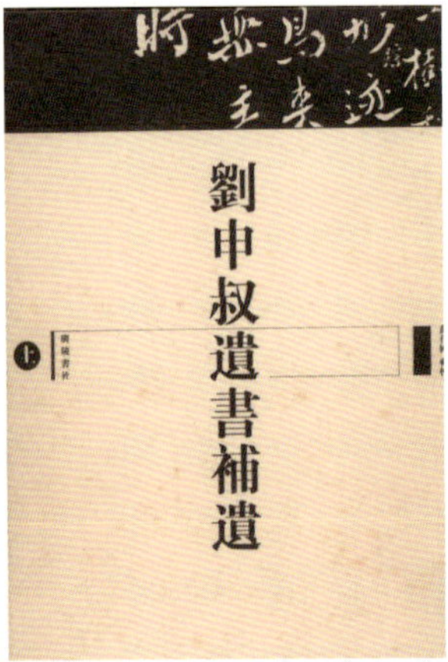

《刘申叔遗书补遗》

《仪征刘申叔遗书》

《刘师培年谱》

《道光重修仪征县志》

序

王锷

《学礼堂访谈录》第三辑选取对崔富章、虞万里和万仕国三位先生的访谈。

崔富章先生是浙江省特级专家、浙江大学古籍所教授、博士生导师，曾师从姜亮夫先生研究《楚辞》，是国内著名的《楚辞》学专家和版本目录学家，著有《四库提要补正》《楚辞书录解题》《版本目录论丛》等，在《楚辞》、文献学方面，作出了重要贡献。他曾在浙江省图书馆工作多年，参与《中国古籍善本书目》的编纂，有机会与古籍尤其是善本亲密接触，利用此便利条件，重视文献，崇尚实学，继承乾嘉，效法乃师，撰写《楚辞书目五种续编》，其中“楚辞书目提要”部分，收录书籍 252 种，依次著录书名、卷数、著者、内容、版本和序跋，尤其是版本一项，详尽标注行款、特征、刻工等，这种体例，不要说在上世纪八九十年代，即使在今天，就目录提要编纂而言，也是超前的。他主编的《楚辞学文库》《楚辞集校集释》等著作，都是当代《楚辞》研究的代表性成果。我与崔先生认识快二十年了，先生和蔼可亲，温柔敦厚，对后生晚辈，提携奖掖，无微不至。2000 年，崔先生应吾师赵逵夫先生之邀，前往西北师大主持贾海生师兄等三人博士答辩。某日下午，赵老师命我陪同崔先生去黄河风情线游览，拙作《三礼研究论著提要》刚定稿，需要聘请几位校外专家审查。当时就向崔先生请教，可否审查拙作，先生爽快答应。不久，收到崔先生从杭州寄来的推荐意见，崔先生说：

> 《三礼研究论著提要》百余万言，无异于在今天的研究者和“三礼”之间架设起一座桥梁，具有重要的实用价值和文献学意义。这是自汉代郑玄以后，一千八百馀年间无人做过的工作，是真正意义上的补“空白”之作。《三礼研究论著提要》不仅是一部很好的工具书，更是一部对“三礼”研究史、传播史作出认真总结的学术著作，必将传之久远，受到学术界持久的欢迎。

我想这是对后学的鞭策。此后每与崔先生见面，总是嘘寒问暖，鼓励有加，且说：“你是真正从事文献学研究的青年学者！”崔先生年近耄耋之年，尚在主持国家社科基金项目“《孔子家语》研究”课题，可谓老骥伏枥，志在千里，衷心祝愿崔先生健康长寿！

虞万里先生是上海交通大学人文学院历史系特聘教授、博士生导师。我与虞先生相识已有十多年了，他为人谦和，待人真诚，治学勤奋，读书广博，在经学、礼学、小学、文献学等方面取得了丰硕的研究成果，先后发表论文一百多篇。虞先生早年从事音韵与训诂研究，精通版本、目录、校勘之学，其后重心转向经学、清代学术、文献学等方面，为学涉及经、史、子、集四部，尤其关注简牍、石经、碑刻资料，在研究具体问题时，旁征博引，触类旁通，所得结论，多确实可信。如《商周称谓与中国古代避讳起源》

近十万字，这是迄今为止最为全面地探讨中国古代避讳起源的文章。他认为：周人继承殷商的讳名习俗，或经损益，纳入礼制。周代的讳礼首先体现在丧祭礼中，而后又与丧服制度结合，讳及旁系之亲，最后渗透到宗法制和社会等级制中，形成绵延二千多年的避讳制度。文中对商代日干名字提出新说，认为日干是殷商宗庙中木主上所刻祔庙日的干支，其目的是便于祭祀。《清华简〈尹诰〉"隹尹既返汤咸有一悳"解读》《由清华简〈尹诰〉论〈古文尚书·咸有一德〉之性质》和《〈咸有一德〉之"一德"新解》三篇，不仅从新的角度探索《古文尚书》的来源，提出《咸有一德》或系孔安国及其弟子为《尹诰》所作之传，还追溯"一德"之原始意义，认为很可能就是商汤狩猎网开三面独留一面的仁慈之德。秦汉间经典传注体式是一个少有人涉足的问题，《〈孔子诗论〉应定名为"孔门诗传"论》《从〈夏小正〉传文体式推论其作者》二文基本理清了经典从传记经章句到注释的发展过程。《三礼郑注"字之误"类征》对字误类型作了详尽的论证，此文与《由〈诗论〉"常常者华"说到"常"字的隶定》共同揭示出简牍中存在误字是不可抹杀的事实，研究中剔除误字因素，可以使秦汉客观的古音系统得到净化。《正续清经解编纂考》《〈正续道藏〉编纂刊刻年代新考》《〈康熙字典〉总阅官、纂修官行历考实》对诸书之编纂缘由、纂辑过程、编纂人员及具体问题作了详尽细致的考证。这些论文先后结集为《榆枋斋学术论集》《榆枋斋学林》，备受学术界关注。目前他正在从事汉魏石经的研究工作。虞先生是自学成才的典范，当今学界翘楚，其品性坚韧，矢志不渝，正如屈原所言："亦余心之所善兮，虽九死其犹未悔！"故其读书经历、治学方法，值得同道学习和效仿。

万仕国先生先后担任仪征市教育局秘书、市财政局办公室副主任、市委政策研究室副主任、市委办公室研究室主任、市人大常委会办公室主任，南京师范大学文学院兼职教授、广陵书社特聘编审。万先生曾就读于南京师范大学中文系，因张芷先生偶遇发问、徐复先生提携引导，专心从事刘师培研究，编著《刘师培年谱》。徐老《刘师培年谱序》称赞说："其于申叔生平，多所考证；所引资料，原原本本，甚便学者。观其所述，有实事求是之意，无溢恶溢美之辞。余甚嘉之！仕国方当盛年，学有根柢，望能勤勉不辍，继续深研，必当有成。"他不负徐老期望，在《刘申叔先生遗书》基础上，辑校完成《刘申叔遗书补遗》一百六十余万字，收录刘申叔单篇诗文 353 篇，专著 13 部。《刘申叔遗书补遗前言》详尽论述刘申叔生平履历、著述内容、著作真伪和《补遗》收录文献的依据；对所见到的 32 种刘申叔著作，逐一记述书名、馆藏地、版本特征和内容；对刘申叔发表文章的 17 种报刊，介绍其主办地点、时间、收藏地；尤其是对于世传三种刘申叔著作《刘申叔太史碑考》《群经总义讲录》《刘师培手校尔雅》，进行考辨，认为非刘申叔著作，均系伪作，论说皆有依据；对刘申叔著述中有传本而未见者若《匪风集》《群经大义相通论》等六种，说明相关记载，为今后查找，提供了线索。又以官事之暇，不辞辛劳，篝灯燃烛，整理《仪征刘申叔遗书》六百馀万字。《刘师培年谱》《刘申叔遗书补遗》《仪征刘申叔遗书》的编纂整理，为学术界进一步研究刘申叔思想、学术和中国近代历史，提供了翔实的资料。目前，万先生正在从事《凌曙全集》和阮元《十三经注疏校勘记》的整理工作。

崔先生、虞先生和万先生三位的人生经历不同，兴趣爱好不一，但是，他们的相同点是刻苦勤学，快乐读书，专心治学，传承文明。《礼记·中庸》说："故大德必得其位，必得其禄，必得其名，必得其寿。《诗》曰：‘嘉乐君子，宪宪令德！’故大德者必受命。”故本辑取名《嘉乐君子》。

2018 年 4 月 25 日序于桂香书屋

目　录

校籍正提要，探骚续书目

——崔富章先生访谈录

崔富章先生简介

崔富章先生，1941 年 4 月生，山东省淄博市周村（於陵）人。1964 年毕业于曲阜师范学院（今曲阜师范大学）中文系，考入杭州大学（今浙江大学），师从姜亮夫先生。1967 年毕业后至基层锻炼，1973 年调入浙江图书馆古籍部工作，期间赴北京参加编纂《中国古籍善本书目》，后任浙图副馆长。1986 年调入杭州大学古籍研究所，协助姜亮夫先生主持常务工作。1991 年晋升教授。2005 年当选浙江省特级专家。现任浙江大学古籍所教授、博士生导师，兼任中国屈原学会名誉会长。主要研究方向为《楚辞》学和版本目录学，著有《四库提要补正》《楚辞书目五种续编》《楚辞书录解题》《版本目录论丛》等，曾主持国家社科规划重点项目“楚辞学研究丛书”，主编完成“楚辞学”集大成著作《楚辞学文库》。近年来，研究重心转向《孔子家语》，现主持国家社科基金项目“《孔子家语》研究”等课题。

一、求学

王锷：崔先生，您好！见到您很高兴！我们今天来，一是看看您，从上次曲阜见面后，已经半年没见了。二是通过贾海生预约您，对您进行专访。我们在网上做了一个“学礼堂”微信公众平台，专门对像您这样的专家做一些访谈，内容包括您治学的经验、对学术问题的看法，等等，我们把它记录下来，整理发表。这些内容对我们同行学者、对年轻的学者，会有一定的启发和帮助。您专注于学术研究已经有几十年了，请您先谈谈上学的经历。

崔富章先生：这个说来话长。回忆起来，我是1960年高中毕业，考大学考了个曲阜师范学院，现在叫曲阜师范大学。这个学校在农村，偏僻一些。到了曲阜以后，我觉得这个地方还不错，很安静，没什么工厂，也没什么娱乐的地方，最多周六看个电影。学校没有围墙，有的用网什么的弄弄，网外边就是庄稼，有高粱、大豆、玉米，等等。我一看，觉得不错。

那时候读书，课程很多。我也并不是说偏重或者喜欢什么，我的各门功课都是跟着老师跑，没有什么偏废的现象。我觉得老师讲的那些内容都很好，包括教育学、心理学这些，都很好。到了大学二年级、三年级，古汉语、古代文学方面，功夫花得多一些。当时手头书也不是很多，也不追求很多的书，我能够抓到的书，就好好读。古典文学，抓到了一本北京大学编的《先秦文学史参考资料》，我到曲阜就买到了，当时就读这个书。课上就听老师讲，私下就读这一本。古汉语就更好办了，上课听老师讲，下课看王力先生主编的《古代汉语》。我读二年级的时候，这些教材都编出来了。读读就觉得挺有味道。无论是《古代汉语》教材，还是北大《先秦文学史参考资料》里边，《诗经》《楚辞》的篇目是比较多的，当然还有《左传》《国语》《战国策》这些。而且这两部书注释得很好，很负责任，到处都给落实，不玩虚的，差不多我们读起来有障碍的地方，他都注了。读过《先秦文学史参考资料》，《两汉文学史参考资料》读了一半。《古代汉语》四本，前面两本读得仔细点，后边两本读得简略些。后两本是诗词，唐宋以后的。唐宋以前的，我下得功夫多一些。大学阶段，对我帮助最大的，直到现在我还念念不忘的，就是这几本书。读书中间，读着读着，很多都能背了。因为脑子里边没事，就这一件事。曲阜的田园风光，跟《诗经》里边的民歌描写的景象很像的。那些年读古汉语、先秦文学，是读进去了，入脑入心，记住了，为后来的发展奠定了很好的基础。除了读这两本书，后来我在图书馆借到了洪兴祖的《楚辞补注》，这个书是中华书局影印的，不是线装，是平装。影印的没有标点，我就开始读，能读一些，读得时间长了，感到消化不了。就在这个时候，《浙江日报》刊登专家谈治学，第一个讲的是夏承焘先生，还有姜亮夫先生谈治学，等等，《浙江日报》整版刊登。在曲阜，有位同学告诉我说《浙江日报》

有这个文章。学校订了这个报，我就去图书馆找来看。我看了姜先生谈治学经验，我的眼界开始打开了，知道治学有这么多的方面，具体怎么做。他讲得非常具体，告诉读书怎么读，做学问怎么做。我就借了姜先生《屈原赋校注》来读。我觉得姜先生这个书，在训诂方面，这个训诂包括文字，包括历史典故，在这些方面都有新意，特别是在发挥诗人的宗旨大意方面，我觉得不错，很受启发，我就开始读他的书，包括刚刚出版的《楚辞书目五种》在内。到了 1963 年底，高教部发布招收研究生的目录，杭州大学招六个：夏先生招两个研究生；姜先生招两个研究生，一个是《楚辞》方向，一个是古汉语方向；胡士莹先生招一个，研究话本小说；王驾吾先生招一个，研究诸子。我就选择报了姜先生的研究生。1964 年春节过了不久就考试，当年曲阜还没有考场，考场设在泰安，叫做山东农学院，在泰山脚下。

毕业文凭

学生崔富章系山東省[illegible]县市人，现年廿三岁，于一九六〇年九月入本院中国語言文学系学习，四年期滿，按教学計划完成全部学业，成績及格，准予毕业。

曲阜师范学院院长

一九六四年 八 月 日

文凭登记第 64065 号

崔先生大学毕业证书

我去参加考试，那次中文系有十多个同学去考。考出来之后，很轻松很痛快，没什么疙里疙瘩的感觉。例如从《离骚》里面找出十个双声连绵词，十个叠韵连绵词，姜先生书里都讲得很明白，只要背诵《离骚》正文，一个个都会跳出来的。这个也是机遇，撞上了。那一年曲阜师院考研究生录取的名额在山东省是最高的，学校挺高兴，武静安院长主持座谈，高赞非教务长讲话，期望殷殷。高先生是熊十力的门生，熊十力的书里有一部分，明标“高生赞非”记录整理。

研究生准考証

编号 杭大 0083 号

姓名 崔富章

考生所在单位 曲阜师范学院

报考单位 杭州大学

报考专业 先秦文学

报考研究方向 楚辞

考場所在单位和地点 泰安、山东农学院

填发日期 一九六三年 [illegible]月 十日

崔先生研究生准考证

王：那时候就叫文学院还是中文系？

崔：那时候叫中文系，对，中文系、历史系、化学系，都叫“系”。

王：就是等于校长亲自找你们谈心？

崔：对对对。武院长是九级干部，忠厚长者，教学抓得很紧。周六晚上放一场电影，周日晚自修点名，“不能再玩了”，王副院长的声音至今在我耳边回响。从小学、中学到大学，我都遇到了好老师、好领导。中学教语文的徐步青先生，是北大的，教化学的常老先生是清华的，总务主任兼管体育的刁长庚老师是南开的，他们的人文高度，对我感染至深。

王：那都是名校。

崔：这些老师不会误人子弟。到了大学阶段，教古汉语的老师也是北大的，而且这个教古汉语的老师跟我中学的语文老师还是同学。教《楚辞》的吴林柏老师，也是熊十力门生；教宋词的刘乃昌老师，是夏承焘教授的及门弟子。所以应该说，我在求学阶段读书、做学问没有走弯路，遇到好的老师，是很幸运的事。

二、师从姜亮夫先生

王：考完研究生就直接到杭州大学攻读了？

崔：1964年8月20号，我离开曲阜，到杭州来了。我一个人往杭州跑，其他同学都分配工作走了，我算比较晚的。报到那天，三轮车师傅带着我在校园里转，刚刚是中午吃饭呢，办公室没人，遇到了郭在贻，我不认识啊，一讲话就说你是哪里的、哪里人，说起来，我的父亲跟他的伯父早年有交往，算是世交呢。

1986年与郭在贻先生合影

老郭告诉我，姜先生感冒了，要过一个星期左右才能去见他。那一年姜先生63岁，我是23岁，刚好相差40岁。过了一个星期以后，我就到姜先生家里。一进门，他不在客厅里，左边一个小房间，师母领我走进去，姜先生就坐在床沿上，挂着蚊帐，那个地板上啊，都摞着书。我送上一本《曲阜名胜古迹》，姜先生很喜欢，他说你从曲阜来，孔府、孔庙，礼器一定很多，我不能作答，那年代搞阶级斗争啊，孔庙、孔府都不开放。姜先生重视文物、礼器、考古，视历史和语言为民族的大本大根。他担心我语言学尤其是音韵学功力，我说古今语音都在变化，有规律可循。他叫我举例子，我想起来在上海餐馆里吃饭，服务员说“八角（guo）”，我明白是八角（jiao），有古音。上海话里保存着古音成分。先生释然。接下来问到我在曲阜读书的情况。我跟他说，有位曾徵老师，五十多岁，是您的学生。姜先生思索片刻，说有这个人，曾徵，在河南大学的时候。师母插话：“亮夫教过的老学生可多呢！”姜先生接着说：“我看你写的论文，你是个读书的人，

1979年与姜亮夫先生合影

这次我们研究室录取的五个同学中，你年龄最小，身体最好，要好好读书。”我向先生告辞，只见他拿出两张卡片，很大的两张，要我把谈话要点写在这上面还给他。幸亏没走神，否则就不及格了。至于理解是否到位，悟性几何，先生自有判断，会因材施教的。

王：这也像考试一样的。

崔：哎，考核无所不在！这是我们第一次见面，印象深刻，终生难忘。

王：读研以后，姜先生给你们开课吗？

崔：九月初，上面来了通知，省政协委员开会，姜先生早有准备，把《战国策》，是民国年间排印姚宏那个本子，交给我，还有一刀毛边纸，要我再去借一本顾观光的《国策编年》，把这本书一段一段地剪开，按照编年的顺序剪贴。

1989 年与姜亮夫先生合影

王：等于把《战国策》重新编一遍？

崔：编年顾观光已经做了，我就着他的成果，做一本《编年战国策》。

王：把《战国策》的材料

重新编年。

崔：对。我弄了好多天。不做不知道，一做还有好多麻烦，有一些地方顾观光不太明确的，还有一些很小的东西，不知道往哪里放，还得要核对许多文献。弄了有二十来天，装订成四大本。

王：这个对您帮助很大吗？

崔：帮助很大。因为《战国策》里许多内容，我以前没有看过的，内容很多。顾观光弄那个《编年》，也花了好大功夫。每一篇都有标题，历史先后的这种顺序，你做两遍之后，脑子里也会留下底子的，到用的时候，会跳出来的。通过做这个事呢，先生想教我研究古典文学，研究先秦文献，得抓两个东西：一个是语言，还有一个是历史。历史要下大功夫。姜先生说，他在古史和近代史上下的功夫，比其他方面都多。

王：那么后来他上课吗？

崔：老师讲授的第一门课程是《声韵训诂章句大义》，从“古无轻唇音”起头。早期人类嘴唇厚，牙齿长，唇齿音很难发的。直到唐代，“非敷奉微”才开始从“帮滂并明”（重唇）分化出来，尚未最终确立，《广韵》目之为“类隔”。类隔问题的实质是历史音变。一个字有两种以上的读法，具体到每个音发生在何时，现在无法确定。三个音，两个音，不一定有了证明，有些是根据理论推出来的，例如“非”（bei、hei、fei）等。中古时期，民族大融合，语音相互吸收，音素增加了，很多音质在变，《切韵》即汇合南北，《广韵》来自《切韵》（或曰广唐韵）。同堂听课的曹础基学长来自广东，姜先生时不时请他作粤语发声，以佐证古今音变且有规律可循，赞赏之情，溢于言表。老师布置我做《广韵四十七声类及反切上字表》，我统计反切上字有四百六十余个，平均每声类将近十个，论理一个就够了，即使考虑到清浊等复杂状况，也不需要这么多呀！透过这一现象，我开始意识到，反语作音应是集体实践的创新成果，绝对不是某一个人所能发明的。《尔雅音》中的反语上字，一类分用二字、三字、四字，孙炎一人所用，已非划一，可见他也是有所继承沿袭的。

训诂部分，老师先讲辨别字义的本、变，次讲训诂的方法。造字的意识，即文字的本义。本义慢慢扩大或缩小，这就是变义。引申是本义更为抽象的、灵活的使用。本义同变义是文字学之问题，本义和引申义是训诂学的问题。假若有文字学上之假借，也有训诂学上之假借（后者可能与引申义有关，前者只是字的构造问题）。来，一种麦子。往来之“来”，则是假借。西，本义鸟栖，又称方向（引申，鸟晚间太阳西落才归巢）。有人说这是假借字，假借和引申，界限不易分。甲骨、金文被发现以后，清儒说的很多假借字，都可寻出其引申途径来。关于训诂的方法，老师分为两种类型，一是文字学家的训诂方法，求文字之本、变。二是经典家的训诂方法，求文字之应用。《离骚》“皇览揆余初度兮”王逸注：“皇，皇考也。”文字学家看来是不通的。但经典家探上文以得此义（朕皇考曰伯庸），“子生三月，父名之”，结合古俗以得是说，别人亦无法批评。经典家据上下文以定字义，只要讲得通，不必顾及是否本义的问题，所以是文字应用的问题。“薋菉葹以盈室兮”，薋、菉、葹，王注皆草名，不好。《九歌》往往两句话成一个语法句子，《离骚》较少，主要一诗句即一语法句子。照王注，本句无动词。“……以……”句式，上面三字中必有一动词，

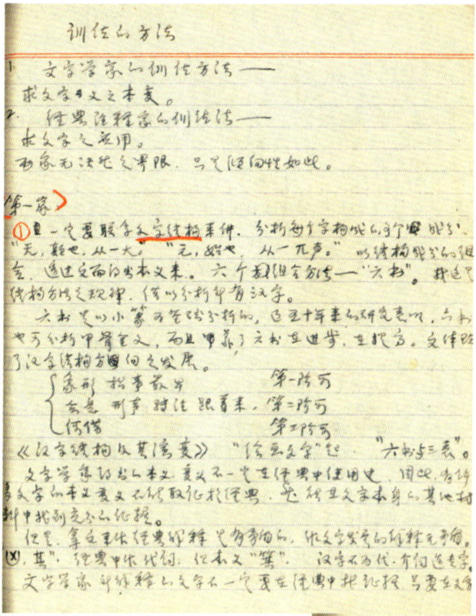

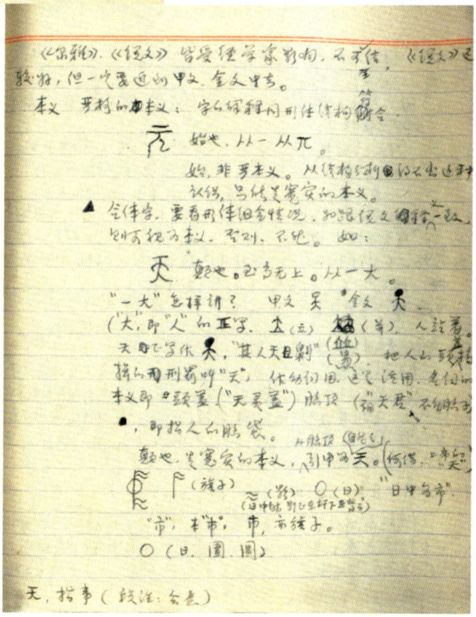

崔先生《声韵训诂章句大义》听课笔记

动词＋双音节词＋以＋双音节词。贇，动词，因下文而增“艹”头，王读了误本，因讹传讹。经典家不是文字学家，是章句学家。文字学家是据当时人所讲之话解释古字义，本身仍是训诂的作用，得出的本义、变义，不一定在经典中使用过。文字学家允许增字改经，训诂学家不允许。两家训诂之分野，汉以前界限很清，此后混了。唐宋以后之书皆杂家，不能再以汉儒精神来注，可以马虎一点。

王：除了上这些课之外，也还是要专门讲《楚辞》的吧？

崔：姜先生讲授的第二门课是《楚辞》。没有通论概论。先是解题，接下去便是一句一句地解说《离骚》，解说《天问》。《离骚》篇题，旧说是楚语，与“牢骚”（音曹）、“涝骚”是一声之转，这是自联绵词立义。老师一改旧说，重申王逸“离，别也；骚，愁也”，比如后世“别愁”之比而已，于义最为湛深。《离骚》全篇的主流倾向，还不是发牢骚，只是为疏远之情所困，批评怀王失误，怒斥小人误君，尚欲求贤以佐国君，多不过逃隐一时而已。王逸“天问，问天”，不妥，文中讲人事最多，天事不多，所以他认为不是天问，而是问天。他说据楚的庙堂上的画，“呵而问之”，不是无据。考古学资料可证。《论语》“宰予昼寝”，敦煌卷子作“宰予画寝”，这样“朽木不可雕也，粪土之墙不可污也”讲通了，古有画寝之俗。公卿祠堂有之，庙堂有之，则有两个来源，为什么《天问》中却井井有条？不可信。楚左史倚相读“三坟五典、八索九丘”，当时还在，一定有这个事实，后来毁灭了，一定是楚士大夫都读过的，必与齐鲁三晋多所不同。屈子而使于齐，稷下正讨论宇宙生成问题，屈子深知齐鲁学说，儒家书亦读过《诗经》《易经》，这是春秋时列国士大夫都要读的。屈子可能感到楚传史同齐鲁三晋有出入，到底哪一个对？关于鲧的传说，《天问》中的资料，可能是屈子拿三坟五典、八索九丘中的资料同齐鲁三晋对比，疑点则问之。

王：您研究生论文题目是做《楚辞》吗？

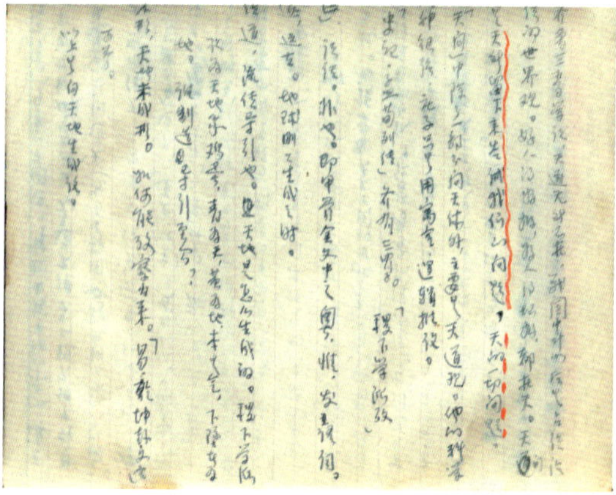

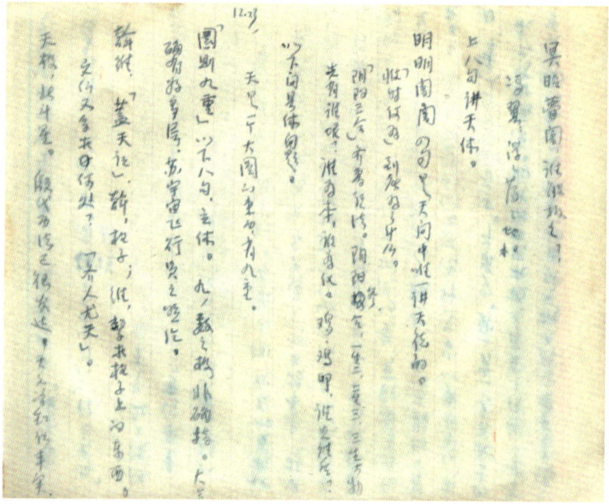

崔先生《楚辞》听课笔记

崔：1965 年 11 月，姚文元炮制发表《评新编历史剧〈海瑞罢官〉》，煽阴风，点鬼火，天下汹汹，名实乖离的“文化大革命”来了，德高望重的老师顷刻间被冠以“反动权威”“牛鬼蛇神”恶名，论文不能做下去了。

王：那就直接去工作了吗？

崔：没有。在学校里边参加“文化大革命”。1967 年 7 月，高教部下达分配方案，五个同学，浙江三名，福建两名。础基兄不管三七二十一，捆了行李直奔广州去了。1968 年 6 月，我被分配到杭州市郊的一所中学（钱塘江畔的四堡、五堡、七堡一带）。两年之后，我调往桐乡、德清、余杭三县交界的大运河畔的博陆中学。先是陈安君（1963 年至 1968 年就读于杭州大学中文系）毕业分配至此，我是随她而来。开始叫“小学戴帽子”，半年之后我们办起中学，公社党委分管教育的陈阿娥同志鼎力支持，排忧解难，跟安君结下深厚友谊，至今两家还有来往的。学校位于镇西慧日寺内，《隋书·经籍志》著录“《楚辞音》一卷，释道骞撰”，道骞［智］正是慧日寺僧人，职司“唱导”。

王：这真是巧了！

崔：更巧的是，《楚辞音》在《离骚》韵脚下加注的“协韵作某音”“协韵作某某反”“协某某反”，其实际音值（纸面文献不能提供），竟然存活在博陆方音中。例如“斑陆离其上下”“周流乎天余乃下”“周流观乎上下”三句，“下”字是韵脚，但依隋代雅言读，已经失韵，故《楚辞音》加注“协韵作户音”；“登阆风而绁马”，韵脚“马”字，依隋时雅言读失韵，故《楚辞音》加注

“马，协韵作妈音，同亡古反”。“下”“马”皆在上古鱼部，博陆方音 wo（下）、mo（马），正所谓上古音系的活化石也！中古以后，从鱼部分化出麻、马、祃诸韵，再来读《诗经》《楚辞》，就失韵了。慧日寺所在的博陆镇，处于吴语核心区，至今仍部分遵守上古语音系统，殊为可贵。遥想经师当年，一定是从吴语得到启发，以说话音读楚辞，韵味盎然，然后再到《诗经》《尚书》《周易》等音注资料中寻找文献依据的，当年尚不明古今音变之理，姑且称作“协韵”而已。协韵之说本是发源于吴语地区，“协韵”诸师为古诗传播、古诗朗读作出了不可磨灭的贡献。

三、参与编纂《中国古籍善本书目》

王：您是何时调进浙江图书馆的？

崔：1973 年 1 月底，学校放寒假，我和安君抱着儿子返回杭州（孝女路承德里二弄 2 号）。春节过后，便到孤山（浙江图书馆古籍部）上班了。调动之事折腾了一年多，省内务局杨国年、邵顺德两位推动落实政策，浙图邱力成副馆长盯住不放，李楚南、叶贞华两位年轻干部跑断腿，老同学萧欣桥从旁相助，博陆乡贤沈虎根（知名作家）为我鼓与呼，“费了九牛二虎之力”（邱馆长语），我这个“乡下人”才得以回到专业岗位。每念及此，我至今充满感激之情！

1973 年崔先生在浙江图书馆

当时古籍部有大量存书未整理编目，何槐昌主任分配我去做。每天少则十几部，多则二十余部，先看序跋牌记，再看卷目，选读数篇，考察内容，给出分类号，然后依次著录书名、卷数、著者、版本、册数，一样都不能少。这项工作非常繁琐，每天重复地做，在貌似简单的重复过程当中，我逐步进入版本目录学领域。熟能生巧，气也顺了，时有无心而冥会之乐。夏定域先生、刘慎旃先生，两位前辈无保留地传授经验，指引路径。晚餐后，乘 7 路车过白堤，左转保俶路，步行至姜先生寓所，问安讨教，神聊，满满的获得感、幸福感！

王：这很难得！

崔：嗯，如果没遇到好的老师，或者自己不善于提出问题，主动讨教，只知道做具体的事，没有提升，久而久之就疲了。童

1986 年在浙江图书馆古籍部阅览室，自右至左：
崔富章、朱季海和李希泌、张椒华夫妇

书业先生，比我早几十年进浙馆，后来成为很好的历史学家。还有夏定域先生，浙大史地系教授，归隐浙馆，每天写他的《馆藏善本书识》，毛春翔先生写《古书版本常谈》。

王：毛先生的《古书版本常谈》至今也是版本学界不可多得的一部代表作。

崔：嗯，毛先生有他实践的经验在里面。

王：是的，有实践的东西。

崔：毛先生早年是热血青年，是共产党。是大革命失败以后，退入书斋的。

王：您后来是不是接手编《中国古籍善本书目》？

崔：1977 年春天，国家文物局提出编《中国古籍善本书目》，据说是实现周总理的遗愿，上海、南京、浙江三馆先行试点。邱馆长安排我主持浙江试点。我们先着手做馆藏善本的普查，继而地、县馆普查，每部善本都做了著录。1978 年 4 月在南京召开全国编纂会议，主题是讨论制定《收录范围》《著录条例》《分类表》等三个文件，以便在全国推开。我印象中，《著录条例》讨论得最为热烈，我提出十条以上的修改意见，主持修订的李致忠虚怀若谷，采纳多多。1980 年秋天，集中到北京汇编。

王：那当时是版本学界的一些名家都汇集到北京了？

崔：编委会有四十多位，各馆都派人参与。由德高望重的顾廷龙先生荣任主编，冀淑英、潘天祯任副主编，周叔弢、赵万里、潘景郑出任顾问，李致忠同志担任编委会办公室主任，劳苦功高。

王：还有南图的沈燮元先生也去了。

崔：南图来的是沈先生、潘先生，还有宫爱东同志。上海是沈津、任光亮两位好朋友。当时我们有一个特权，查阅各馆（包括文物局）藏书，畅通无阻。

王：就是可以调阅任何单位的古籍？

崔：要调也可以，去看也行。版本学界有个传统，特重视“目验”。孤本，传世较少的善本，疑点较大的本子，必须“经

1984 年南浔嘉业堂整理古籍人员。右一崔先生

眼”。各省报上来的卡片目录，有疑虑的，亦可发函，要求对方出具书影，相互讨论，共同提高，谋求最大公约数。

王：那也是十分难得的机会。

崔：我被分在集部审编组，崔建英组长指示我审核六朝以前的，《楚辞》就包括在里面。印象中清华大学藏有不少好书，清刻善本独树一帜。进入清华图书馆，书架不是高大上，一般伸手可及，地板是玻璃的，感觉挺舒服。

王：当时设计标准很高，钢化玻璃。

崔：书库设置自修桌椅，可以安心阅读。浙馆白洋房没有，大学路库房也没有。我觉得清华馆挺人性化的，以读者为本。

王：您参与《中国古籍善本书目》也做了好多年吧？最后有没有分开，比如说是浙江图书馆这边主编的经、史、子、集哪一块，有没有这样分开？

崔：前后有四五年吧。统合统编，一张分类表贯彻到底，《中国古籍善本书目》是国家目录，著录全国七百多家收藏单位的善本古籍六万种以上，在此之前，没有任何一个目录可以相提并论。第二，不同于正史艺文志，它是版本目录，书名、卷数（含附卷）、著者之外，版本（出版年、出版地、出版者、版次）著录尽可能完整，顾先生领导的编委们，两个眼睛主要就是盯着版本。下面报上来的卡片，浙江报的，江苏的，上海的，四川的，同一部书有五六张卡片，有的十多张都有，他们都有这部书，审查这十多种，著录的会不一样，有的是著录项目多寡的问题，这个不要紧，有的版本就不一样，有的是有疑问的，凡是有疑问的都会发函去询问，对方认真作答，而且他还要配上书影，经过这么一个功夫，应该说我们的版本审定是非常慎重的，应该是比以前的善本书目都要好得多。当然后来发现还是有失误，有遗珠之叹，但不会多。大的不足，就是台湾跟港澳的书没有收进来，国外收藏的中国古籍善本也没有收进来。因为我们看不到原书，版本判断缺乏细节支撑，更不能观风望气。没办法，顾先生认为我们那时做不到，所以一开始我们就不做。还有一点遗憾就是我们在版本著录的时候，原来是做了行款的，最后出书的时候没有写进去，书里没有。

1987年在南浔嘉业堂。左一安平秋先生，
左二周启成先生，中崔先生，右一王春茂先生

王：为什么要把它拿掉？当时怎么想的？

崔：这在后期整理的时候我不知道顾先生怎么思考的，我没有问他。可能要么涉及篇幅，要增加好多，也可能得事先有执行细则才行，同一个书不同人数出来会不一样。

王：各家报上来的就五花八门。

崔：鉴定版本很重要的一个依据就是量它的板框，板框多宽？板框相同的可以认定是同一个版本。量这个宽度事先也得有条例，怎么量法？从哪里量到哪里？你事先没有一个统一的标准，结果同一部书，不同的人量出来也不一样。每书应该量卷端，书名著者都在卷端。卷端这个板框它有两条线，你量哪一条？从哪条算起？从外面的，往版心量，量到哪里？量到折的地方？善本大多没有中折行，量到哪里？可参考鱼尾。这个事先得有非常精确的规定，没有规定量出来也不一样。事实上，鉴定版本，量板框是最可靠的，但得定规矩。

王：通过这样一个工作，崔先生您觉得版本行款的量法标准应该怎么算？包括量它板框尺寸应该怎么做就比较标准一些？

崔：顾先生编《明代版本图录》，从右向左量至“口度”。“口”指版口，又叫版心，本身有一定的宽度（承载着大量版本信息），没有中折线怎么办？宋版多白口，量到哪儿，得事先约定。

回忆起来，在北京三十几个人，大家都是住在一起的，经常争论，那段记忆很难忘。

王：其实是非常好的大家互相切磋的机会。

崔：切磋机会比较多。湖北馆的阳海清兄，分在丛书审编组，他后来搞出好几种丛书目录，令人钦佩。

王：当时看了很多的善本书。

崔：是的，北图柏林寺分馆也藏有许多善本书。白天去看书，晚上回到香厂路招待所修订卡片目录，做笔记。有关《楚辞》的部分，后来大都收进《楚辞书目五种续编》一书中。

四、《四库提要补正》

王：崔先生，您做《四库提要补正》，也是在浙图工作期间？

崔：《四库提要补正》是在浙江图书馆做起。

王：您当时为什么要做这样一本书？

崔：开始我在编书当中，发现有一些材料，有一些内容，可以补正《四库提要》。或者该写的它没有写，也有写错了的，积累了一些材料。我就选了一部分，七八条，写了篇文章，送到北京图书馆《文献》杂志，《文献》还给我登出来了。登出来之后，我就陆续听到一些反映，有人说这个作者有乾嘉学派功夫的。那时候早啊，1979 年，1980 年啊，很早。当时有的学者还猜测，这个一定是个老头子写的，多少年以后见了面，他说："唉？跟我们想的不一样嘛！"那个实际上是学习乾嘉学派的功夫，学他们的功力，完全都不着边际是不行的。乾嘉学派中有一部分人就是干这个事，叫考据。一有材料就记，越积越多。当时就有朋友说，你把它整理起来，弄一本书，过几年出一本。那么再后来编《善本书目》我也注意搜集材料。我就想有个五年十年的计划。再后来有朋友跟我说，你先出一部分，我想想也好，那么就出一本。此后我就从浙江图书馆被调到杭州大学，面对的是另外一个局面，跟图书馆完全不一样，要想继续快速地推进那个项目是不可能的，得面对新情况解决新问题了，后来也收集了好多材料，到现在还没有补充上去。

王：您觉得《四库提要补正》有哪些优点？解决了一些什么样的问题？

崔：一个是“补”，一个是“正”。《四库全书》是一部超大型丛书，收载中华文明的代表性作品三千四五百种，馆臣一一撰写《提要》(《总目》含提要一万多篇，有六千多篇是《存目》提要），明确各书在学术发展史上的地位，辨章学术，考镜源流，这是《提要》的拿手好戏，代表中国传统目录学的最高水平，至今不可取代，这是毫无疑义的。部分条目有所欠缺，后人努力补正，也是需要的。例如，每条《提要》的标题下，有一行小字，分别记有“内府藏本”“通行本”“浙江吴玉墀家藏本”“浙江巡抚采进本”“直隶总督采进本”，等等，说的是底本来自何处。《四库全书》全部都是抄写本，说明底本来源是必要的，缺的是版本记录。《四库全书》中某书是否善本，读过之后自会作出判断。阅读之前能得到版本提示，知道这部书抄自何种版本，可以收事半功倍之效，这正是目录学的职责。四库底本旧藏翰林院，义和团“火攻”外国使馆时被毁。揭示库书源头版本，这是第一当“补”的。亦可揭示相关善本，为读者提供更多选项。文澜阁《四库全书》，原抄本仅存不到三分之一，多为太平天国之后的补抄本，丁氏兄弟占大头。杭人对这位乡贤心存感激，他的八千卷楼藏书很多，且编了优质目录《善本书室藏书志》，为我们查考文澜阁库书相当一部分底本，提供了可能。余嘉锡先生说："自刘向《别录》以来，才有此书也。"意思是，中国目录学史上有两大高峰，一个是《别录》，一个是《四库提要》。当年刘向做《别录》，先是"条其篇目"，某书共几篇，一一著录其篇名。历史经验证明，详载篇目非常重要，甚至比提要还有用。但是《四库提要》丢掉了这个优良传统。我认为这个也是当"补"的，篇目或卷目。姜先生做《楚辞书目五种》重视卷目，批评朱熹篡乱《楚辞》。事实上，标题"楚辞"的著作，大多篇目不完，删减任意。

王：当时您在《文史》上发表过一篇文章——《〈四库全书总目〉版本考辨》，这个文章很有名，在当时学术界影响很大。您觉得您这个文章里边主要解决了一个什么问题？

崔：推翻绵延近百年的"浙本翻刻殿本"误说。《四库全书总目》传世有二十几个版本，主要是浙本系列、殿本系列。乾隆五十七年前后，颁发文澜阁《四库全书》，内有四库馆臣誊写《钦定四库全书总目》二百卷卷首一卷。乾隆五十九年，浙江布政使谢启昆等"恭发文澜阁藏本，校刊以惠士人"。乾隆六十年十一月一日，学政阮元抵杭，"是书适刊成"。这就是浙江翻刻本《四库全书总目》二百卷卷首一卷（又称"杭州小字本"），走市场路线，通行天下，形成《总目》传播史上的大宗——浙本系列。

乾隆五十七年至六十年的三四年间，四库馆纪昀持续修改，国家图书馆收藏的"《钦定四库全书总目》二百卷存六十三卷，清乾隆四库全书纂修馆抄本四十八册"，应该就是纪昀最终修订稿本残卷，即乾隆六十年十一月十七日武英殿刊印装潢恭呈乾隆御览的《钦定四库全书总目》二百卷卷首四卷的底本之一部分。纪昀主编尽职尽责，凡所修订，类多精审。当然，政治性“违碍”言论，亦被彻底清洗，这点跟浙本不同。例如《礼白岳记》提要，浙本：“明李日华撰。日华有《梅虚先生别录》，已著录。是书自纪其万历庚戌礼神白岳之事。卷末又题曰‘篷栊夜话’，殆是书有二名耶？《因树屋书影》曰：‘尝见槜李李君实所为《礼白岳记》，分视之各为一则，合视之共为一记，而诗即连缀于中，分视之则诗，合视之诗亦记也。诗文照映，使山水神情无所遁于其间，真是合作。今人为游记者，意在谋篇，终难逐境，章法固自贯串，境地终未分明，且记自记，诗自诗，使读者因记以忆诗，持诗以寻记，笔墨间隔，神情不属，不数行欠伸欲卧矣。故予以为李公之记，可为今人法也’云云，其推挹甚至。然终不出万历后纤巧之格，所谓才士之文，非作者之文也。”殿本却极其简单，不到两行：“明李日华撰。日华有《梅虚先生别录》，已著录。是书自纪其万历庚戌礼神白岳之事。卷末又题曰‘篷栊夜话’，殆是书有二名耶？”再如《七颂堂识小录》提要，浙本：“国朝刘体仁撰……惟苏轼所书《醉翁亭记》，《因树屋书影》以为出中州士人白麟之手，高拱误为真迹，勒之于石。”殿本亦有精简：“国朝刘体仁撰……惟苏轼所书《醉翁亭记》，出中州士人白麟之手，高拱误为真迹，勒之于石。”《礼白岳记》提要，殿本截删《因树屋书影》神来之笔，空乏其身；《七颂堂识小录》提要，殿本删“《因树屋书影》以为”七字，涉嫌掠美。个中缘故，都只为周亮工搭末班车入围黑名单，他的《因树屋书影》十卷，连同其入选《四库全书》的著作三种，硬生生被“撤毁”，纪晓岚也是不得已而为之。想想看，如果定位“浙本翻刻殿本”，浙江人岂不成了征引“违碍”之书，标榜“悖逆”之人，是何居心？不想活了？时序不能倒置。浙江人善于捕捉商机，知道规避风险，兴风作浪者没戏，文澜阁里有大神，乾隆御览之宝！

王：崔先生，《四库全书总目》自从出版以后，给我们从事学术研究带来了很大的方便。从余嘉锡先生开始，到您和其他学者，大家陆陆续续针对它的一些问题提出了一些补充、正误性的意见，因此有学者就认为《四库全书总目》这部书不怎么样。您作为研究《四库全书总目》的专家，从您研究的角度看，您如何评价《四库全书总目》这本书？

崔：当年乾隆发动编《四库全书》，是国家古籍整理特大项目，这个规模是空前的。刘向那时是国家规模，乾隆这是第二次。凡是大规模的国家整理古籍，应该会出现高水平的文献学著作，汉代出《别录》《七略》。那么乾隆发动的这次国家级的古籍整理，前后二十几年，从学术成果来讲，从科研成果角度来讲，主要就体现《四库全书总目》二百卷。写提要这些人，是当时的一流专家，是实践经验的总结和提高，《七略》《别录》之后，中国最高水平的传统目录学集大成之作就是《四库全书总目》！到现在也没人能超过它，没有，绝对没有。我们大量的学者读那些提要，“辨章学术，考镜源流”，对做学问帮助太大了。写得好，那些评价很慎重的，没有证据他不说，当然个别地方证据不足，间有失误，这是支流，不是主流。从余嘉锡先生、胡玉缙先生，还有好些人陆续做补正，有很好的成绩，特别是余先生。在我们使用《四库全书总目》的时候，这些补正的书可以参考，帮助我们更好的用《总目》。但不是说《总目》不行。《总目》的地位是不可动摇的，永远不可动摇，今后我想也很难有与之相提并论的第二部。《四库全书总目·凡例》说："四部之首，各冠以总叙，撮述其源流正变，以挈纲领。四十三［四］类之首，亦各冠以小序，详述其分并改隶，以析条目。如其义有未尽，例有未该，则或于子目之末、或于本条之下，附注案语，以明通变之由。"在四部、四十三［四］类、六十五子目框架内，由总叙、小序、案语、提要，合和组成的《总目》，是一个完整的体系。单算《提要》，就有一万多篇，补正诸家仅涉及一小部分，有些还不在关键部位。欲明学术源流，必读《总目》，间及补正诸书，特别是余先生的《辩证》。

崔先生

五、参与整理《章太炎全集》

王：您在浙江图书馆工作期间是不是还参加过《章太炎全集》的整理工作?

崔：1979、1980、1981这几年，王仲荦先生南北奔波，希望能够出版章先生全集。王先生学问好，跟章先生关系非常深。他说通了上海人民出版社，然后就联络章太炎先生的学生，发动大家齐心来做。

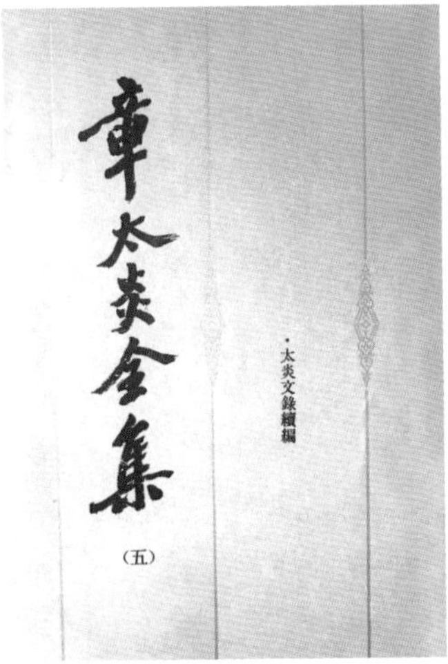

《章太炎全集》

王：当时王先生还在山东大学吧?

崔：山东大学历史系名教授。王先生致函姜先生，姜先生说眼睛不行，视力只有零点零几。王先生又写信给我，说你和姜先生联名整理点校《春秋左氏疑义答问》五卷，不数日就有工作底本寄到——吴承仕、钱玄同校刊《章氏丛书续编》本，一巨册。章先生自幼好《左氏春秋》，二十三岁肄业诂经精舍，“从俞先生游，转益精审，然终未窥大体”。二十九岁成《春秋左传读》五十万言，“然尚多凌杂。中岁以还，悉删不用，独以《序录》一卷、《刘子政左氏说》一卷行世”(《自定年谱》)。六十岁以后撰集《春秋左氏疑义答问》五卷，“为三十年精力所聚之书”(章先生《与吴承仕论春秋答问作意书》)。吴承仕收到书稿，转交黄侃校订，他会提出疑问，章先生即作补正，师生讨论，教学相长，最终集成五十余问答，多层次多角度展示出章先生研治《春秋》左氏学的心得成果。黄侃先生以三句话归纳全书的中心思想：“孔子作《春秋》，因鲁史旧文而有所治定；其治定未尽者，专付丘明，使为之传；传虽撰自丘明，而作传之旨，悉本孔子。公书所诠明者，梗概如此。”

王：章先生这个书对您治学有什么影响？

崔：这个书涉及到先秦文献的大本大根。哪些他是笃信无疑的，哪些他是不相信的，哪些是值得参考的，基本上读这个答问啊，看得出章先生脑子里深层的思考。我视为根柢之学。后来写《章学诚“方志为外史所领”说发疑》小论文，一气呵成，经李希泌先生推荐，发表于《晋阳学刊》(1982)。那自信，那底气，就来自《答问》，源自章先生。“窃谓渔仲《通志》、实斋《通义》，其误学者不少”，“学无绳尺，鲜不眯乱”！

王：您当时参与整理的就是这一部书？

崔：因为考虑到姜先生眼睛不好，不给他重任务。后来是汤志钧先生写过一篇回忆性的文章，就是关于《章太炎全集》的，在《文史哲》上发的，讲得很仔细，讲到姜先生，提到我。是傅杰告诉我的，这篇文章到现在我都没有读过。

王：汤志钧先生年龄是不是也跟您差不多？

崔：汤先生要比我大个十几岁吧，应是前辈。1975 年夏天，殷孟伦先生来杭，曾对我说起他是任铭善的学生，原来不知道任先生还有这么大的学生。

王：他是做周予同先生的助手，应该年纪可能稍微大一点。王元化先生也是任铭善先生的学生。我看过王先生写的《记任铭善先生》一文（《文汇读书周报》2005 年 2 月 4 日），王先生的母亲请任先生教他中文，记得王先生说：任先生个子不高，但两眼有光，神情肃然，在我和他的接触中，似乎从未见他笑过，上课从不讲闲话，要求很严格。前后一年时间，给我讲授了《说文解字》《庄子》和《世说新语》，虽然听课者只有一人，但任先生讲课仍然声音洪亮。有次我逃课，任先生找到我家里，留下“久候不至”字条，批评我自由散漫，回家也受到母亲责备。后来想起，十分愧疚，使我再不敢荒疏懈怠。

崔：任先生是夏承焘先生的大弟子。

王：我看的那个照片，长得非常英俊嘛。

崔：他吃亏在 1957 年被划了右派。学问很好、锋芒毕露。他的公子叫任平，后来读了姜先生的博士。任先生“文革”期间在劳改队里得了癌症，不幸逝世。

六、《楚辞书目五种续编》

王：《楚辞书目五种续编》等于说是您当时看书的一个积累。

崔：十几年的积累。在博陆教书时，姜先生托安君带给我一部《楚辞书目五种》，我仔细品味，觉得应该做续编。1973 年进入浙馆，凡遇到楚辞类图书资料，必作笔记。1977 年《善本书目》试点，全省各地调研核查，也是有得必录。直到 1987 年定稿，前后十五年。在柏林寺看书，还曾邂逅王利器等两位先生。回杭后，姜先生说起：某先生亦有作《补编》之意，我说有人在做，对方顿悟。

王：您做的《续编》和姜先生的正编相比，有哪些突破？

崔：不是突破，是接着干，把姜先生开创的课题继续做下去。姜先生做那个书，他是花了好多年的工夫收集资料的，《楚辞》类的主要典籍，基本上都有著录，我只是补充老师所未及见的著作，依例著录书名、卷数、著者、提要、版本叙录、序跋等项目。同一部著作，比如说王逸的《章句》，洪兴祖的《补注》，版本很多，姜先生著录了一部分，剩下的，我接着做。

王：就是补充了一些书的大量版本。

崔：以及各版本之间的关系。主要是次序，依时序排位，再局部梳理，自然清晰。

王：其实就是版本源流的梳理问题。

崔：对，当然也写一写版本有关的特征。姜先生看到的版本，他都写版本叙录，卷端、版式、版框、题记、图像，等等。姜先生那个书成稿实际上是抗战前，1935 年前后完成，此后的书就较少涉及了。我在梳理版本源流过程当中，讲目录版本，这部书藏在哪里，我都记载的，这是老师定的规矩，目的是方便读者找书，继续作深入研究。

在姜亮夫先生家合影

七、《楚辞》研究

王：崔先生，谈谈您的《楚辞》研究吧。

崔：1961 年 12 月，中华书局上海编辑部出版了姜先生编著的《楚辞书目五种》。当时我正在曲阜师院读大二，在图书楼参考阅览室看到，如获至宝，每天提前到图书馆等候开门。三十年之后，上海古籍出版社重印《书目五种》，一同出版的还有我的《续编》。姜先生作序说："这样，我们奉献给读者诸君的则是一部比较完备的工具书了。自然，学无止境，《楚辞》学有着长长的未来，这书也需要继续得到补充和修订。"此后二十年间，我持续收集有关资讯，特别是港台的《楚辞》研究，日本等外国的《楚辞》研究状况。海峡两岸的学者，共同造就了二十世纪中国《楚辞》学的辉煌。由于政治的间隔，在将近半个世纪里，学界交流稀少，两岸的《楚辞》研究又呈现出多样性。据统计，上世纪后半叶，台湾出版的《楚辞》类著作达百种以上，这是了不起的成绩，毕竟台湾面积仅仅是浙江省的三分之一，人口还不到浙江省的一半。2002 年 3 月，我和安君赴台访书，在两个多月的充足时间里，得以采集、阅读、著录《楚辞》类著作六十余种。淡江大学为我们提供了极理想的工作生活条件，住会文馆，步行五分钟至图书馆，入库找书，阅读自修，自助复印，带回住处，立马加工提炼，融入课题框架之中，如此高效率的工作节奏，美妙极了。自淡水镇乘捷运至“中央图书馆”阅览善本，扫描书叶，一路顺畅。12 点至国民党“中央大楼”餐厅吃中饭，价廉物美，浙江味道，仿佛回到了杭州。《楚辞》全本，至迟在公元 730 年已经传入日本，此后的千余年间，《楚辞》传遍东亚暨欧美各国。在国外出版的《楚辞》类文献总量中，日本占到六成以上，是名副其实的海外《楚辞》研究重镇。应秋田大学石川三佐男教授、早稻田大学稻田耕一郎教授邀请，我多次赴日访学，进入大阪大学贵重资料书库——怀德堂文库，面对数十种善本，真是目不暇接。书库的格局，书籍的装帧，都似曾相识，跟浙图古籍部的白洋房书库情景几乎是一模一样！返杭后，我专门写过一篇《大阪大学藏〈楚辞〉类稿本、稀见本经眼录》，公诸同好，发表在《文献》2004 年第 2 期。合计十余年间所得资讯，题名《楚辞书录解题》，2010 年 1 月由高等教育出版社出版，有一百多万字。

王：等于说是先出的三编，完了以后是把续编和三编合起来又做成《楚辞书录解题》，是这样的吗？

崔：三编就没印，直接出了《书录解题》。

王：体例和原来不一样了。那可不可以这样理解：《楚辞书录解题》出版以后，之前做的续编就可以被《解题》替代呢？

崔：《续编》著录的图籍，《解题》里面基本都有。但是《解题》一书中没有《楚辞论文目录》，不能完全替代《续编》的。

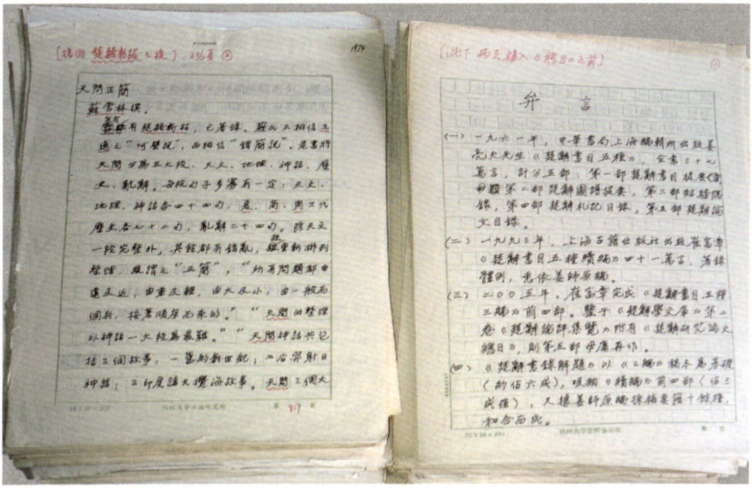

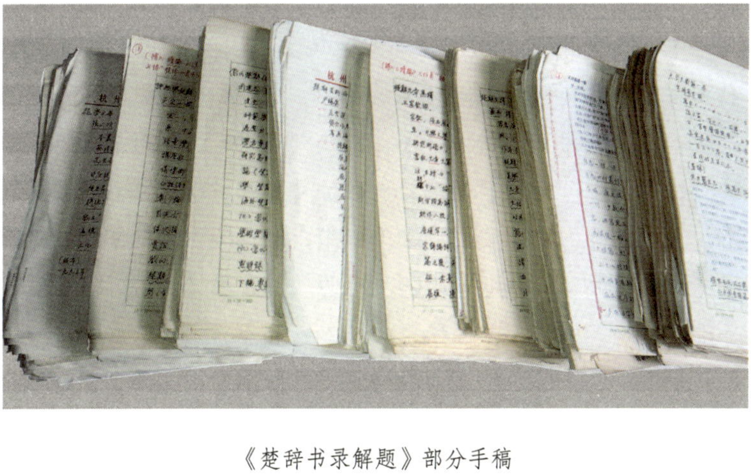

《楚辞书录解题》部分手稿

王：您主编的《楚辞学研究丛书》，是国家重点项目，请您谈谈这个项目的情况。

崔：1995 到 2000 年间做的这个项目，2002 年由湖北教育出版社出版，一共四部书：第一部《楚辞集校集释》(400 万字)，由我和李大明主编；第二部《楚辞评论集览》(215 万字)，由李诚、熊良智主编；第三部《楚辞论著提要》(105 万字)，由潘啸龙、毛庆主编；第四部《楚辞学通典》(97 万字)，由周建忠、汤漳平主编，总计八百余万字。

王：这是《楚辞》研究集大成的一项工作。

崔：集历代研究文献之大成。课题完成之后，请五位专家鉴定验收，一致通过，评为优等。章培恒先生是这样写的（见图片）。

王：您还主持了一个有关港澳台及海外《楚辞》研究论著的项目，这个项目现在进展怎么样？

崔：这个项目去年已经结题。海生跟我说验收完成了，专家们评价很好。中国港澳台及海外的《楚辞》学研究，重镇是日本，有一半以上的成果是日本人做出来的。欧美是一块，欧洲翻译《楚辞》很早，特别是德国和瑞典。苏联成就最大。俄罗斯这一部分，我们请浙大外语学院前院长许高瑜教授，他从年轻时候就是学俄文的，他对检索很熟悉了，他接手后，检索出很多新材料，很多还没有翻译过来，他自己翻译的。第三个就是港、澳、台这一块，台湾成绩非常大非常大。60 年代、70 年代，台湾成绩比我们大陆要大多了。从 50 年代开始，有个诗人节，纪念屈原。

国家社会科学基金项目
专家(个人)鉴定意见表

(活页)

项目名称	楚辞学研究丛书			负责人	崔富章
鉴定人	章培恒	专业行政职务	教授	年龄	65
研究专长	中国古代文学、古典文献学			电话	(021)65649151
工作单位	复旦大学			邮编	200433

主要内容提示：1. 鉴定的标准和内容应按照《国家社会科学基金项目检查、鉴定和验收实施办法(试行)》第二十一条规定要求，严把政治质量和学术质量关；2. 客观、公正地作出评价，并确定鉴定等级；3. 应对研究成果存在的不足及其完善、修改提出具体意见和建议

鉴定意见

本项目汇集楚辞历代校注成果，自汉初刘安至本世纪1996年，时间跨度之长，为迄今所未有。收罗宏富，选择精当，版本之善，考辨之确，均堪称一时无二。又采择历代关于楚辞论评中之具有代表性的见解，汇于一编，并对评论者的情况加以简单介绍；其采择的范围之广，选择之审慎，亦可称一时无二。

本项目的另两项成果为《楚辞著作提要》及《楚辞学大辞典》，前者对一百八十余种楚辞研究著作以提要的形式加以介绍及评论、辨正，使历代楚辞著作的大致面貌及其特点得一初步的了解。后者是对楚辞本身及楚辞研究中的各种具体问题一一加以介绍。此类介绍既是长期研究的成果，又极便于查阅，对研究者和一般读者都很有用。

综上所述，本项目的四个成果堪称楚辞研究中规模最大的集大成工作，具有较高的学术质量，我认为应予通过并列入优等。

至其不足之处，则在于采录某书本难以完备，评论、辨正难免有见仁见智之殊。但前者是限于资料条件，后者则是任何一个研究者都难以避免的；而且从总体来说，这些都无不影响本项目之为优秀成果。

签章 章培恒

1999年12月21日

— 1 —　— 2 —

向已故的章先生致敬

跑到台湾去的人，有一种情绪，需要借屈原来抒发，也确实取得许多成绩。不全是关在书斋里做专家之学，他是做深入浅出的注释，强调可读性，中等程度的人也能懂，有学术的一面又有通俗的一面，这一点我们没有他们做得好。台湾地方小，你弄得太专，太生硬，印的太少，老板不肯出版。苏雪林这样的大教授，也做了很多通俗性的工作。她跟姜先生、跟陆侃如先生是一辈的。

王：崔先生您在《楚辞》这方面这几年也做了许多的工作，作为国内研究《楚辞》著名的专家，您怎样看待目前国内学术界的《楚辞》学术研究？比方说，总体来说《楚辞》研究有哪些成就，有哪些缺陷，或者说需要进一步做什么？

崔：《楚辞》研究呢，我从文献方面做，向后看比较多，向前看少一些。我们现在改革开放，国家蒸蒸日上，需要振奋民族精神。屈原一身正能量，从屈原精神的角度来做提炼、发扬、转化，做转化的工作，好像进展不大，要攻克有些难度。片面的欣赏屈原的行为方式，也不行。历史上继承发扬屈骚精神的，一般是有政治抱负，有一定的行政实践经历，遭受到挫折，回到屈原来找寄托，来抒发。他们那些抒发呢，已经不是百分之百的屈原精神了，但是他是屈骚精神的发展，应该总结这些人的东西，一辈子在书斋里是很难发扬屈骚精神的。一定是心地光明，有政治抱负、家国精神的才有可能，我们这方面的研究总结很不够。

王：您认为做的比较有成绩的一些地方，是从文学角度还是历史角度呢？

崔：从历史角度，从文学角度，做得最有成就的，是郭老。

从文献角度搞得最好的是游国恩先生和姜亮夫先生。从发扬屈骚精神和民族精神这方面，郭沫若先生做得最好，没人能超得过他。这个事情，研究者的气质、胸襟、抱负、阅历和为人，这些恐怕很重要，这是第一位的。猥猥琐琐，蝇营狗苟，一肚皮小算盘、“成功学”的，这个怎么行啊？

王：是不是有一个屈原学会？我听我们赵先生说你们不是定期要开会吗？

崔：我因为身体原因（出门晕车），极少外出活动了。

王：从你们楚辞研究的角度，赵先生《屈原与他的时代》这部书，您觉得在学术界该如何评价它？

崔：赵先生的《屈原与他的时代》，人民文学出版的那个书，那部书做得很好，他是能够把文献和文学结合起来，文献功底好。像赵先生，堂堂正正的男子汉，鬼鬼祟祟的事他是不干的。他是积极用世的模范，他进取的精神值得我学习。最近几十年出的书里面，他的这部书应该是名列前茅的。而且他还在继续做，他的那一篇篇考证，从研究的角度，赵先生的成绩在当代同龄学者里是最好的，比我好得多。从文献整理的角度，我比他多一些。从研究的角度，他的成绩比我多得多，他应该有地位。我也不大写信，耳朵也不好。我跟赵先生已经有好几年没见面了。有时候碰到贾海生，问一问，贾海生告诉我，赵先生又开刀了，是胆结石还是肝那一块儿？

王：是去年的时候，他胆结石。我也是去年在曲阜见的赵

先生，赵先生好像每次见面时候聊天都还聊到崔先生怎么样怎么样，你们是老朋友了。

崔：说来有点对不起赵先生，甘肃成立了一个《四库全书》研究会，赵先生把我的名字也放在里面了，但是我一次也没去，真是有点失礼。不过他们的研究会有时候统计《四库》学研究成果，哪个人有几篇，我曾经是名列前茅的。

崔先生参加西北师大博士论文答辩

八、《孔子家语》研究

王：崔先生，您最近几年专攻《孔子家语》，为什么要研究这部书，现在进展情况如何？

崔：五年前，古籍所酝酿大项目《礼学文献集成》，大家分工，自己认领，我说我年纪大了，你们做。王云路所长说你得参加，《仪礼》贾海生做，《礼记》许建平做，你做《孔子家语》吧。《家语》有一部分跟礼有关系，跟《大戴礼记》也有交集。我七十岁才接触这部书。四十四篇通读一过，作简单校勘，施以标点，甫数月而毕。任务交出去了，孔子师徒群像却留在我的脑海里，时浮时现，不能忘怀，感觉甚是可爱。

王：它有故事情节。

崔：子贡问于孔子曰："死者有知乎？将无知乎？"子曰："吾欲言死之有知，将恐孝子顺孙妨生以送死；吾欲言死之无知，将恐不孝之子弃其亲而不葬。赐欲知死者有知与无知，非今之急，后自知之！"（《致思》篇）子贡所问，涵盖千家万户，涉及社会伦理、公共秩序。孔子放下身段，参加讨论，传达的理念是综合平衡，即逝者有尊严，生者有饭吃，家庭得发展，三方面拿捏平衡，需要智慧，更需要阅历，所以孔子对子贡说："非今之急，后自知之！"浓浓的世俗情怀，责任担当，不强作解人，实话实说，圣人距我们并不遥远！据说现在的科学家正在做大量的实验，来验证人的大脑中是否存在量子纠缠态的电子。倘若最终坐实，那么人体的信息是不会消灭的，他在人生结束之后只是回到宇宙中的某一个地方去了。不过，孔子的境界是超越灵魂之有无的，他主要是反对厚葬，反对"妨生以送死"。

子曰："《关雎》乐而不淫，哀而不伤。"(《论语·八佾》)由于乐谱失传，我们已经无缘赏识了，"乐而不淫，哀而不伤"，很难捉摸。《孔子家语·好生》篇第十六节说："《关雎》兴于鸟，而君子美之，取其雌雄之有别。《鹿鸣》兴于兽，而君子大之，取其得食而相呼。若以鸟兽之名嫌之，故不可行也。""取其雌雄之有别"，什么意思?《淮南子·泰族训》引作"雄雌之不乖居"，王先谦说："不乖居，言不乱耦。"相恋中的雎鸠，双方都没有第三者搅局。婚姻中的男女，双方更要"不乖居，不乱耦"，所谓"雌雄之有别"，"别"的也是第三者。鲁国自桓公以来，近百年间，祸害深重者，莫不与公室婚姻中"乖居""乱耦"有染。鲁桓公遇害，三桓之乱，襄仲杀嫡立庶，哀姜哭而过市，桩桩件件，血泪斑斑，危及国家，百姓遭难。孔子读《关雎》，美其"雌雄之有别"；孔子读《鹿鸣》，大其"得食而相呼"，这或许是晚年的孔夫子读《诗三百》的新感悟，我们要感谢他身边的弟子们，这则记录堪称"精准"！

《哀公问》："子从父命，孝乎？臣从君命，贞乎？"问了三遍，孔子都不回答。他找了个借口出来，对子贡说，刚才国君问我什么什么，问了三遍我都没有回答，你怎么看？子贡说子从父命当然是孝，臣从君命当然是贞，你为什么不回答？孔子说："鄙哉赐！"你只知其一不知其二。万乘之国，有诤臣七人，这个国君就不会犯大错误，他的天下是有保证的；百乘之家，主人身边如果有三个诤友，或者说诤臣也行，他祖宗的祭祀就不会断供。父亲有诤友，则不会失礼。从与不从，要"审"。对就跟着走，不对就不要听。毋庸讳言，这个思想高度不得了，这样的情节，封建社会的人大多不敢正视。唐太宗懂，他曾严厉批评曾参愚孝，孔颖达等"不能对"。我不明白，这个书怎么这么多人说坏话呀！包括戴震这样的大家在内。这不公平，得弄个究竟，我就开始做这个项目。

崔先生

王：快做完了吗？

崔：还在做。我比较了自己能目验的《家语》出版物，我们决定采用毛氏汲古阁旧藏，宋刻大字本《孔氏家语》十卷（卷一、卷二配景宋抄本）王肃注作底本，再选择若干校本，作校注。

王：就是您是要给它做一个校注本，是吧？

崔：原来是想集校集注，后来发现可供集校的对象不多，说来说去还是王肃注最为详明，就以宋本王注为根基，尽可能吸收后来的研究成果，做成《孔氏家语校注》。由于王肃被污名，扣了好多的帽子，所以我的相当大的精力还是在揭发、批评伪书论。

王：那就是其实可不可以做这么两个本子，第一呢，就针对王肃的这个注本，根据宋本，做一个校点，做一个整理本，单独刊行。完了以后呢，您自己根据研究的情况，再做一个汇校集注本，这样的话和他就可以分开了。

崔：你的思路很好。我们正面做《校注》，结合批评伪书论。戴震说抓住了《家语》抄《大戴》的“明证”，就在《家语·冠颂》篇。我反复比较《冠颂》和《大戴·公冠》，找不到抄袭的蛛丝马迹。“明证”不明，子虚乌有。戴震学问好，他的“明证”说还推送至《四库提要》，影响不得了，人云亦云，匪夷所思！

王：这您躲不开，必须予以回应。

崔：我为此发表了两篇文章：《〈四库全书总目·孔子家语〉篇发疑》（《文献》2015 年第 4 期），《〈家语·冠颂〉与〈大戴·公冠〉比较研究——戴震指认〈家语〉袭〈大戴〉之“明证”是伪证》，载杜泽逊主编《国学季刊》2016 年第 4 期。

王： 对，这个将来把写的文章汇总，摆在您的前言里边，就可以给大家提供一个很好的意见。

崔： 孙诒让亦接受伪书论，但是他不偏激，他承认《家语》的文献是有用的，这比其他的伪书论者要高明多了。他的《周礼正义》里引《家语》了。但是他在做批校的时候，有一句话说“王注不宜有反切”。首先是宋本王注的确有反切，有五十多处呢。这就涉及到宋本怎么用，还得区分王注非王注。当然孙先生这个话是站不住的，当时孙先生只有二十四岁。但是不得不辩，我写了《“王注不宜有反切”平议——关于宋刻〈孔氏家语〉全本》，《国学季刊》第 7 期刊载。

王： 这种有没有可能是宋元人给它加进去的东西？

崔： 不是，王肃是反切作音的名家，也不止《家语》一部，《周易》等经典里都有的，《经典释文》引用多得很。这涉及到反切的起源，涉及到《汉书音义》服虔、应劭这些人，我是顺着太炎先生和吴承仕的思路捋过来的。

王： 这就要写一组系列文章，来讨论这个东西。

崔： 我还没有想好怎么写沈文倬先生。沈先生也认为《家语》是伪书，但是我们不应该完全否定它的文献价值，这是继承孙诒让的。说到《家语》是伪书的时候，他又说了一些具体的话，例如把陈士珂《孔子家语疏证》一书，跟范家相《家语证伪》、孙志祖《家语疏证》混为一谈，这与事实不符。

王：也需要说明一下。

崔：这个呢，也对学术界有影响。

王：对，沈先生影响也大。

崔：我也有点犯愁。不说，有人作为依据，觉得有后台。有篇博士论文，有专家就以引用伪书为由，要求修改后才能答辩。

王：就是等于是这种观点在学界影响很大。

崔：伪书论的余威不可低估。

王：您必须写文章对这些问题做出回应。如果说这本书您承认是伪书的话，换句话来说，您所做的所有整理和校点就没有意义，您整理伪书干什么呢？对不对？

崔：如果伪书论者情绪平和一点，作为学术问题来争论呢，是可以的。不管伪不伪，这些文献是有用的，起码到了文献的高度。但伪书论者大多不这样说，他就一口咬死。

王：伪书论的人往往就认为这个书是伪书，就一无是处，就不能用，大多数是这样一种观点。

崔：孙先生、沈先生两位例外。

王：这本书您做完肯定会很有影响。

崔：也不一定。关键是底本问题，有人认为宋本王肃注内有后世增加的内容，凡跟明嘉靖间黄鲁曾刻本不一致的地方，都靠不住。我不知道他们的依据是什么。有学者怀疑，毛晋所得第二个宋本（“酒家本”）实为明隆庆六年徐祚锡校刊的陆治考证本，是毛晋误认成宋本了。我的看法，毛晋犯这等错误的概率几乎为零，因为两本的差异太明显了。说来话长。明天启、崇祯间，毛晋自吴兴贾人手中购得宋刻大字《孔氏家语》王肃注十卷本，“惜二卷十六叶以前，皆已蠹蚀”。崇祯丙子秋（1636），“南都应试而旋，汲泉于惠山之下，偶登酒家蒋氏楼头，见残书三册，亦大字宋椠王注，恰是前半部。惊喜购归，倩善书者用宣纸补钞，遂无遗憾。子邕本书，庶几得以复存也”（毛晋跋）。“其八卷至十已供酒工之用，而前半尚全，喜而购归，倩善书者，互为补治，俨然双璧矣。后酒家本为钱宗伯所夺，亦烬于绛云之火，而此本独存”（毛扆跋）。毛扆说的“此本”就是“前璧”——《孔氏家语》王肃注十卷（卷一、卷二配景宋抄本，源出“酒家本”）。“此本”自汲古阁流出之后，辗转为桐城萧穆所得，后转售贵池刘世珩（1875—1926），刘氏立即着手，请著名刻工陶子霖（一作麟）影刻于武昌，辑入《玉海堂景宋元本丛书》之中。民国七年（1918），前璧毁于浦口旅邸。我们拿景写景刻宋大字本与隆庆本比对，区别十分明显。宋本题“孔氏家语卷第一”，隆庆本题“孔子家语卷之一”；宋本题“王肃注”，隆庆本题“魏景侯王肃注”；宋本版心无鱼尾、无刻工，隆庆本有鱼尾，有刻工“章右之”“右之”等；宋本半叶九行十七字，隆庆本九行十六字；宋本大字深刻，隆庆本并非大字本；无论《家语》正文还是王肃注，隆庆本与宋本多有异同。毛晋比较两本之后论曰：“《孔氏家语》虽不列六经，然志艺文者每叙于《论语》之后，实经部之要典也。乃一讹于胜国王氏（指元王广谋《句解》），谬在割裂；再讹于包山陆氏（指隆庆本），谬在倒置。”（毛晋跋“前璧”）数年后，再次批评道："凡架上王氏、陆氏本，俱可覆诸酱瓿矣。即何氏所注，亦是暗中摸索，疵病甚多，未必贤于王、陆二家也。但其一序，亦可参考，因缀旒于跋之下。虞山毛晋识。"（汲古阁刊本毛晋跋）如果说"酒家本"原是明刻本，大学者、藏书家钱谦益（1582—1664），竟然冒着恶名，从毛氏手中"夺"了一部隆庆六年（1572）刊本尊藏绛云楼中，更是匪夷所思。钱谦益从侄钱孙保（1624—1671）据此抄写一部，见于《天禄琳琅书目》"影宋抄·子部"。钱氏从孙钱曾（1629—1701）亲见"酒家本"，赞不绝口，有传抄本著录于《读书敏求记》。至晚清萧穆、孙诒让、刘世珩等名家，目睹毛氏"前璧"，一概承认前二卷为"景宋抄本"。历史传承记录表明，"酒家本"就是宋刻大字本，并非明刻"隆庆本"。当然，隆庆本源出王氏书馆所藏"古本"，据王鏊《题识》透露的部分内容判断，这个"古本"应该是跟毛氏所得宋刻本同源，徐袊锡刊版时增附了陆治的考证校补，扰乱了"古本"，其文献价值不及宋刻大字本。不过陆治校补，自有其价值在，目之为重要校本，也是当之无愧的。

刘世珩影刻毛氏汲古阁旧藏宋刻大字本，辑入《玉海堂景宋元本丛书》，浙江图书馆、杭大图书馆暨各地图书馆皆有收藏，但是中国大陆的学术界，80年代以来很少关注，许多新注本甚至没有提到这个本子，宋本被边缘化了。

王：这就说明学术界没有关注。

崔：被集体性失忆忽略，甚至据嘉靖黄本指责宋本。所以我的见解不一定有人欣赏，不一定。

王：不会。这几年《孔子家语》也是大家关注的热点，因为新出土的战国简里边已经也有蛛丝马迹的一些东西可以和《孔子家语》来对应。假如就说它是伪，究竟它伪到一个什么样的度，其实这个书，我原来做《礼记》的时候跟它对过一些，我倒觉得我们原来说是王肃伪作这个书，如果把它换个词是不是有些问题好理解，王肃是整理了这个书，是不是好理解？

崔：对，应该作为王肃时代整理编辑的文献。

王：对，就是在王肃他那个时代，他所看到的那些有关孔子的这些材料就这个样，根据他的理解和他当时的条件，王肃把它整理成这个样子，完了以后呢，一些地方我又给它加了注，

崔先生

而不是王肃重新写了或者伪造了这本书，这样理解，是不是有些问题就好理解了？

崔：这样理解可以成一说，而且不影响《孔子家语》文献的使用。

王：对，所以当时对这个书，我有这么一个想法，我觉得这样来把王肃伪作变成王肃整理了这部书，是不是对一些问题好解释？

崔：这一说也不是没有依据，也可以找到他的依据。

王：而且还有很多证据可以证明这一点。

崔：对，而且王肃是大学者，当时是首屈一指的大学者，不是胡来的。

王：是啊！以王肃的学养，以他当时的条件，他可以注那么多的书，他为什么要花精力来伪作这样一本书，如果就说他要伪作的话，他为什么直接要从《大戴礼》，从《礼记》里边直接来抄呢，这是很拙劣的事情，一般人是不会干这种事情，对吧，我真要伪作，我就不让别人发现痕迹，对吧。

崔：《史记·殷本纪》涉及到商初的几个王，王肃说到其前后序列，跟传统的说法是不一样的。还涉及到《尚书》，好像最近上海交通大学的虞万里教授，从正始石经里面反复琢磨，证实了王肃的说法。我说这不奇怪，关于王肃的资料是很多的。加在他头上的种种不实之辞，总有一天会被澄清的。

王：王肃的著作，大家都认真来读，除了他的外戚因素和与皇家有关系之外，还是因为他的书有学术价值。假如说他的书注得不好，大多数学者可能是不看的，为什么他的书是有影响力，说明他的著作是有价值的。

崔：就在鲁公与齐侯的夹谷之会，在野外，齐国要把礼器搬到现场设享礼，孔子就说，牺尊、象尊不出门，你出门是违礼的。王肃注：牺、象，尊也。这个尊做成牺、象的形状。王念孙有一篇文章说王肃胡讲，而且说得很难听。后来发现的文物牺尊、象尊，一看就是嘛。中原地区在商代以前大象很多的，一次狩猎可以捕到三头象，不像现在没有了。王念孙、王引之涉及到王肃的部分，都需要反思。

王：这也是受到伪书论的影响吧！

崔：现在的青年学者都以王念孙的说法为准，批判王肃。吴承仕先生批评过王念孙。但传统势力是很强的，你看戴震把所谓“明证”写到《四库提要》里去，那读《四库提要》的人如果不去读《孔子家语》，他就会觉得《孔子家语》是伪书呀。

王：我读过《孔子家语》，里面有好多东西比《论语》有意思。

崔：你想象不到呀，当年孔子厄于陈蔡，弟子菜色，七天没吃上饭，子贡走市场路线，弄来一袋米，子路、颜回炊于坏屋之下，有黑灰掉到饭里，颜回抓出来就吃了。子贡在天井看见，告诉孔子说颜回偷饭。孔子说，虽然你这么说，我还是不能信，我要调查。不多时，颜回送饭进来，孔子说我昨天做梦，梦见我父亲。刚好你送饭来了，我们就先供一供我的先人。颜回马上说："先生，在烧饭的时候有尘墨掉进饭锅中，我抓起来吃过，不能供先人了。"这一下孔子心里就亮了。原来是这么一回事，说如果我在场，我也会吃的。《史记》仅载他们被围绝粮，却没记当时困顿的具体情况，真是"遗珠"之叹！多么鲜活的、有温度的师徒形象，一字千金！后来封建社会的士大夫们就理解不了啊，大贤颜回怎么会做这样的事呀，圣人孔子更不会那样说的。他们没有饿过肚皮呀。我"有幸"赶上"三年困难时期"，一看就明白，颜回的做法、孔子的话语，都是率性而为，真情使然，越名教而任自然！

王：《孔子家语》里面的部分材料可能和大、小《戴》都是同源的。

崔：有一个说法就是孔子死了以后，弟子守墓三年。这三年就集体编《论语》。那么三年之后子贡一个人又守了三年，《孔子家语》有可能就是以子贡为主编的，有这个说法。《论语》经过多少人打磨，原始面目不会这样子的。再伟大的人物，他也不会是到处四平八稳的吧，从来没有片面性，不会的。《论语》是后人打磨的，痕迹非常明显。《家语》打磨的痕迹少一些。

九、文献学研究

王：今天崔先生您讲了一下午，累不累？

崔：不要紧。

王：问您最后一个问题，告诉我们这些晚辈，做文献学好不好？现在很多年轻人做文献学很迷茫，做不做？好不好？文献学的意义在哪里？请您来讲讲。

崔：做文献，你的劳动绝不会是无效劳动。一定是有效的，整理文献嘛。我国的文献很多，要传承，没有整理，怎么传承？整理和传承是一体的，没有整理就没有传承。年轻的时候不是太入门，还在学习，一旦文献的这些条例，这些规矩他掌握了之后，他每天做的加起来就是成绩，就是成果，传世的可能性就会很大。关键是持之以恒，循序渐进，一直做下去。搞论说，赶时髦，说空话，不用多少年，著作就被淘汰了。

王：文献学是大有作为的？

崔：对。现在有一些现实的问题，待遇问题，升等级需要一些怪怪的“成果”，有各种偏见，这些是问题，是阻力，也是现实问题。我看那位从美国回来搞生物学的年轻院士，很有可能拿诺贝尔奖的，他有一个发言说，学生回来给我讲，老板我想去搞金融了，要转行了。有的学生他确实不喜欢，脑子很灵活的，转行也没什么不好。我觉得做文献学不需要太聪明。也不是说不需要，但是太敏感的人，反应太快的人，可能坐不住，诱惑多。所以文献学有中等智慧的人去做就好，甚至智力偏低一点也没问题，只要他抓住不放，肯定出成绩。中人就可以了。班固兄妹把人分了五等，王国维那些话也是近于中人，有些是近乎自然科学的，讲论证，二重证据。这样就很辛苦。只要要求不是太高，不是过于急功近利，有恒心，这些都是可以培养的。

王：谢谢您崔先生！我们相识有十五年了！当时您去兰州主持贾海生论文答辩，我陪您在黄河边走走看看。后来又请您为我的《三礼研究论著提要》撰写审查意见，您给了很高评价，倍受鼓舞。今天，您讲了一下午，三个多小时。您讲了您的一些治学经验和对学术的一些看法。回去我们将它整理成文字，打印一份，再拿来请您审阅。我们在这个微信上推送，上一次我们不是建了一个群嘛，到时候一起转发一下，让大家来看看。

崔：你是真搞文献学研究的，《三礼研究论著提要》是一部学术价值很高的学术著作。你做的访谈也很好，我看到过，好像发过杜泽逊的，蛮好的！我还看到方老师（方向东）的求学经历，过程非常完整，他的成功，可以复制的！

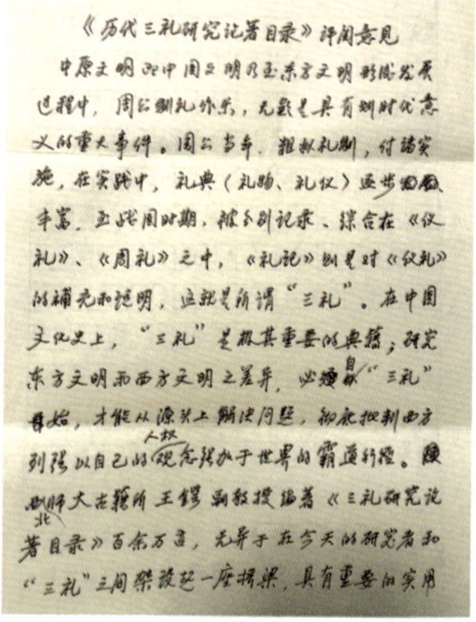

《历代三礼研究论著目录》评阅意见

中原文明和中国文明乃至东方文明形成发展过程中，周公制礼作乐，无疑是具有划时代意义的重大事件。周公当年，损益礼制，付诸实施，在实践中，礼典（礼物、礼仪）逐步丰富。至战国时期，被分别记录、综合在《仪礼》、《周礼》之中，《礼记》则是对《仪礼》的补充和说明，这就是所谓"三礼"。在中国文化史上，"三礼"是极其重要的典籍；研究东方文明和西方文明之差异，必须自"三礼"开始，才能从源头上解决问题，彻底批判西方列强以自己的人权观念强加于世界的霸道行径。西北师大古籍所王锷副教授编著《三礼研究论著目录》百余万言，无异于在今天的研究者和"三礼"之间架设起一座桥梁，具有重要的实用

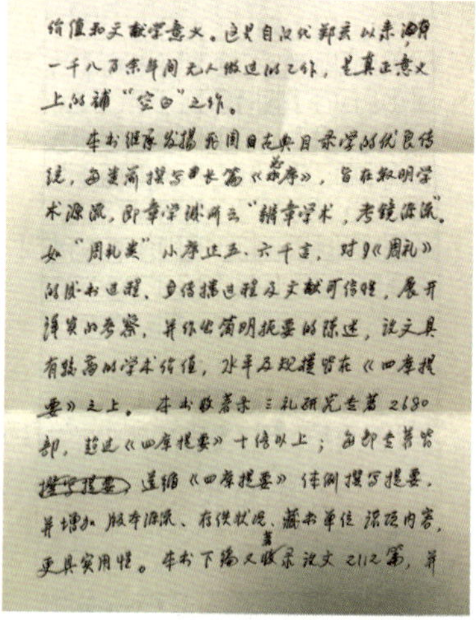

价值和文献学意义。这是自汉代郑玄以来，一千八百余年间无人做过的工作，是真正意义上的补"空白"之作。

本书继承发扬我国古典目录学的优良传统，每类前撰写长篇《总序》，旨在叙明学术源流，即章学诚所云"辨章学术，考镜源流"。如"周礼类"小序达五、六千言，对《周礼》的成书过程、流传播过程及文献可信性，展开详实的考察，并作出简明扼要的陈述，该文具有较高的学术价值，水平及规模皆在《四库提要》之上。本书收录三礼研究专著2680部，超过《四库提要》十倍以上；每部专著皆遵循《四库提要》体例撰写提要，并增加版本源流、存佚状况、藏书单位、详细内容，更具实用性。本书下编又收录论文2112篇，并

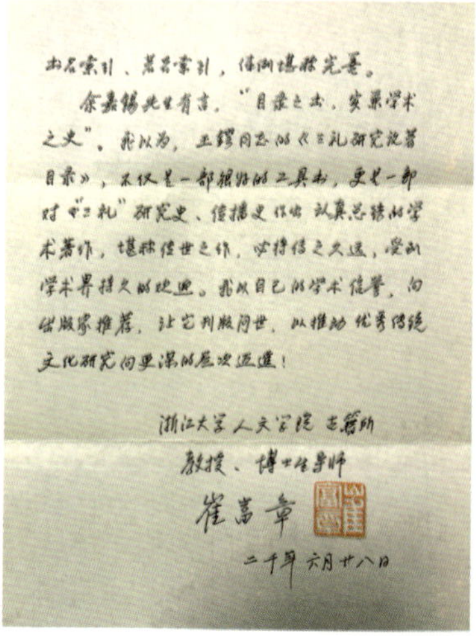

书名索引、著者索引，体例堪称完善。

余嘉锡先生有言："目录之书，实乃学术之史"。我以为，王锷同志的《三礼研究论著目录》，不仅是一部很好的工具书，更是一部对"三礼"研究史、传播史作出认真总结的学术著作，堪称传世之作，必将传之久远，受到学术界持久的欢迎。我以自己的学术信誉，向出版家推荐，让它刊版问世，以推动优秀传统文化研究向更深的层次迈进！

浙江大学人文学院古籍所
教授、博士生导师
崔富章
二千年六月廿八日

《三礼研究论著提要》评阅意见

王：大家看了以后，尤其是年轻学者，对他们会有些启发。知道这些学问也不是这么难，我们也可以来做。尤其像你们这些专家的思路，会对他们有影响，所以说想着做这么个事情。

崔：辛苦你们了！

王：崔先生，再次感谢您！

2016年10月13日，王老师于浙江大学西溪校区采访崔富章先生，访谈稿由张琪、王宁玲、井超、李学辰、侯婕、刘晓咏、陶晓婷、李猛元、曹晋婷、吕梁、董政、王少帅整理，已经崔先生、王老师审定。

沧海一粟，宇里乾坤

——虞万里先生访谈录

虞万里先生简介

虞万里先生，浙江绍兴人，1956 年生于上海。1980 年底应聘进入《汉语大词典》编纂处任编纂工作，1997 年调入上海辞书出版社语辞室。2001 年 10 月调入上海社科院历史研究所从事研究，2013 年 7 月调入上海交通大学人文学院历史系任特聘教授。

主要从事经学与文献、传统语言学（文字音韵训诂）、中国古代避讳学等研究。著有《榆枋斋学术论集》（65 万字），《榆枋斋学林》（120 万字），《上博馆藏楚竹书〈缁衣〉综合研究》（53 万字），整理古籍和近人学术著作如《经义述闻》《马一浮集》《姜亮夫全集》《老子注》《东瓯金石志》等数百万字。发表论文一百多篇近 300 万字。其中多篇论文、著作曾获北京大学王力语言学奖、清华大学李学勤中国古史研究奖、上海哲学社会科学优秀成果奖、首届全球华人国学优秀成果奖、全国古籍整理与研究奖等。

一、求索之路

王锷：虞老师，您好！您这些年在经学、文献学、礼学研究方面，做出了很多成绩，请您先来谈一谈您是怎样走上学术研究这条道路的？

虞万里先生：您刚才说的那些学科，什么“礼学”“经学”，我都不敢当，我只是在与这些学科有关的材料中做了一些考证工作，写过一点心得而已。

我的经历确实有点奇特。我生长在书荒的年代、书荒的环境和书荒的家庭，父亲过世早，母亲不识字，所以家里没有一本书；逢上“文革”，时代更不容许我看书；而且生活在一条毫无文化氛围的里弄里（里弄里只有一个正牌大学生，因打架、偷摸被关的所谓坏青年倒有多个），同伴都在“读书无用”的喧嚣中沉沦，忙着玩耍和打群架，享受着白相的天性。我小时候与同伴玩得不高兴，也打过架，当然不是打群架。但我从小比较静，喜欢画画，家里穷，买不起颜料之类，所以只能画些铅笔画而已。后来又写过两年毛笔字，也学着刻过印章，因为没有老师，时间一长，也就都放弃了。

“文革”时偶尔知道唐诗宋词，自己也学写五言七言，那真是鹦鹉学舌。后来听人说写诗要有平仄格律，我却懵然不知，暗自惭愧。于是不断跑书店询问相关书籍。您去想，那时候怎么会有这种书呢？也是上帝的眷顾吧，有一次在书店问营业员，打回票说没有，竟有一位十多岁的同龄人拉了一下我的衣角，我会意地跟着他走出书店，他拿出一本王力的《诗词格律》，问我要吗？我眼睛一亮，要找的不就是这种书吗？其实我去问书店，根本不知道有王力这本书，只是问这类书而已。当然要啊。他说要加价，加多少？五分钱。我记得用四角五分买了这本书。没几天，我就基本弄懂了诗词的格律技巧。那时我经常去古籍书店，多是听人讲讲，问问字帖之类的。一次在收购处门口，看到两个年轻人抬着一箱书去卖。我说是否可以让我看看，他们说先进去，你看要的就示意我们留下。结果一打开，有两大本《辞海》未定稿，收购员开价六元，六元钱可够你吃一个月啦，我当然没那么多钱，最后只挑了三本小书，一本蘅塘退士原编的石印线装油光纸本《唐诗三百首》，一本《古文观止》和一本《作文描写词典》，都是精装，总共二元五角。读了《三百首》和《古文观止》，我对唐诗的今体、古风理解更深了，也知道了中学所读的古文之外有那么多的好文章，因为中学的古文我都能背诵，这一看实在很可怜可笑。这在今天的学生，轻易地可以见到习得，而在我那时的环境中，这的确不很容易。

说到与学问有点关系的事，就要讲到字典。“文革”开始不久，我借到半部《三国演义》，全是繁体，无法卒读，就去借了一本《新华字典》，读了几十回，繁体字全认识了，这使我懂得了字典的妙用。17 岁时，在古籍书店看到人家在卖《康熙字典》，说这是所有字典中收字最多的。最会讲话的营业员老林，穿着中式的对襟棉袄，双手作揖式地缩在袖筒里，嘴上老是叼着烟，常作一种推销性的介绍，我看他讲得眉飞色舞，也用积蓄下来的二元五角买了一部。回来听隔壁邻居老人说，从前有一个人是小学教师，后来他背《康熙字典》，背一页撕一页，以示必须记住的决心，后来成了很有学问的人。我当时听傻了，以致今天还记得他说这故事时的神情。《康熙》能够让人变化如此，实在惊讶。我也决心要在这上面下点功夫。也是冥冥之中的命运吧，我后来竟然去编了二十年词典，而且在二十多年之后撰写了长达五六万字的《〈康熙字典〉总阅官、纂修官行历考实》，并且在徐珂的《清稗类钞》中找到了那位背《康熙》的原型，当然这都是后话，那位邻居老人也早已去世，无法听我还原他讲的故事了。

中学快毕业时，闲着没事，同学家中有一套中华的《三国志》，因为看过《三国演义》，想看看真的历史，就借来阅读。最使我印象深刻的是陈寿的“评曰”，这不仅对人物有一个很简明的评价，而且四字格的语词特别多，于是就把所有的“评曰”抄了一遍。这可能就为我日后喜欢骈文埋下了种子。之后我又借到一本《毛泽东选集》中所用成语典故的袖珍本小书，也抄了一遍。

我是一个从来没有把自己的照片贴到任何毕业证书上让校长盖章的人。小学三四年级就遇上“文革”，我们这一代又是“光荣妈妈”生的多子女，小学读完上中学，人太多，没那么多中学，就把一个比较好的中心小学改成中学，一下子容纳了1100多个小学“毕业生”，分为21个班级。就在忽而风行“读书无用论”，忽而集中“复课闹革命”的动荡中度过了几年。中学“毕业”面临分配，我六门功课全优，分配的时候，老师跟我说，像你这样功课全优的，上技校读书是没问题的，但是你父亲过世早，家里经济那么困难，我希望把你分到工厂，可以帮母亲承担家庭负担。我深知父亲过世后家境贫寒，不读书能工作也好。真等到分配方案“哗”的一下摊出来，一切都事与愿违。方案分三个档次，第一档，上海工厂；第二档，上海郊区农场、外地工厂、技校读书；第三档，外地农村。那时我们一般都有兄弟姐妹：所以你如果哥哥姐姐在外地农村，那你肯定可以入第一档到上海工厂；如果你是老大，一定先去外地农村；如果你哥哥姐姐在外地工厂或上海郊区农场，那就对应第二档，也到外地工厂或上海郊区农场，或者读技校；如果哥哥姐姐在上海工厂，那你铁定是第三档，无论如何必须到外地农村去。我大姐顶替已故父亲进了工厂，二姐已经分配在市郊农场，所以我一定是到外地农村，不管你学习成绩十二分优秀，读书也没门。我记得有一个六门功课都是红灯的同学，家庭条件竟与我一样，在那个年代，你老师岂敢上下其手厚此薄彼？“文革”中还真有怕给学生打的呢。所以先叫我到黑龙江，我怕冷不敢去；又派我到江西军垦农场，说有工资保障（插队落户是没工资保障的），可以补贴家里，我想军垦如军队生活，可能不便于自己读书。但是我跟母亲说，我一定不会赖在家里吃闲饭，不会增加家里的经济负担。最后七兜八转的让我到一个市属的外地农场，就是江苏的海丰农场。所谓市属，是仍受上海管辖，因为在江苏黄海之滨，所以算外地农村。市属外农有一个吸引力，就是它有机会可以上调回城。

怀着“一颗红心两只手”和“广阔天地大有作为”的斗志，抱着“不在城里吃闲饭”的心情，奔赴黄海之滨。我是作为区里的学生干部去的，比别人早了几天。到农场不久，几个学生干部都纷纷带头写决心书，要“扎根农场干革命”，要我在决心书上签字，然后可以写入党申请书入党。我沉思了一下，说我不能签，签了名入了党，那我就得扎根农场，说到做到嘛。但我母亲还是希望我回上海，所以我也不违心签字。当时好像很多学生干部都签了名入了党，除了我。后来我读了点书，觉得努力做人，努力做一个好人一个诚实的人，甚至学做古之君子更重要，也更符合我的本性，所以我至今没有任何政治光环。

王：您在农场读什么书？

虞：去农场时我带了《史记》(同学临别相赠)、万斯同《历代史表》(邻居同伴临别相赠)、《三国志》、《春秋左传诂》、《古文观止》、《唐诗三百首》、《作文描写词典》等，当然必带这本《康熙字典》。在农场，我背诗诵文（2000年徐复老九十庆诞上背的《滕王阁序》就是那时背出来的），不下千百首（篇）。还抄录过北京卫戍区某部六连《史记》选译小组编《史记选译》中所有的注释和地名，并把地名标上经纬度；抄录过陈婉俊《唐诗三百首补注》所有注释，以及胡云翼的《宋词选》《中国文学史》等很多文史书籍，那都是从老知青那里借来的。有农友认识上海古籍书店的人，在十八元的工资里再省吃俭用，托他们买了黄注纪评《文心雕龙》和石印本《陶渊明集》等。我暗自庆幸，到农场看到的书比我在家里要丰富得多，因为我从小住的地方太下层，与这些书基本无缘，当然这些都是旧书。

我在农场小卖部买过唯一的一本新书，那就是北京大学哲学系1970级工农兵学员注的《论语批注》(中华书局1974年版)。

因为记得上初中时，经常去古籍书店买字帖。那时“文革”正轰轰烈烈，古籍都是“四旧”，孔子被称作“孔老二”，是大家口诛笔伐的靶子。你要正面谈他，那真是不敢高声语，恐惊天上人。古籍书店虽卖线装旧书，《论语》是不能放在书架上的。一天偶尔“窃听”得大人们在说：论什么书对做人很好，对此书赞赏有加，声音却压得很低。我听不清，只听得有“论”字。隔了不久，看到书架上有一部备要本《论衡》，一元两角，赶紧买回来看，想学学做人，结果只翻到两篇《问孔》《刺孟》，却没教我怎么做人。再去书店偷偷打听，才知道是《论语》，但一直没有买到这书。所以在农场看到即使是“批注”，还是很高兴买下。看了后，感觉他们批注得让人别扭难受，所以也就干脆只看原文不看批注了。这是我第一次看《论语》的笑话，让你们笑一笑。

农场的业余生活，单调得让你无趣。除了打牌、下棋、闲聊，看书的人也不多。我虽然小时候喜欢下象棋，算二十四点，我十三岁时就能下盲棋，但在农场时我基本拒绝这一类娱乐，不打牌不下棋，就是读书，偶尔也刻章。夏天，打牌下棋可以在屋外乘凉娱乐，抄书则无法在屋外。农村蚊子又多，我都是穿上高筒雨靴、帆布的工作裤，以此防蚊，但不消一刻、半小时就大汗淋漓，所以旁边放一盆水，不断揮汗洗脸擦身。读书抄书中有生僻字或词义不懂，就查《康熙》。《康熙》中的词义容易领会，它的读音是用反切的，那些音和切是可以快读切出来的（所以对于反切产生于自然合音我还是觉得是其中一条路），类隔切我切不出来，很纳闷，为什么会这样？当然“类隔”“音和”名词都是学了音韵学以后才知道的。《康熙》中最使我坠入云里雾里的是前面的《字母切韵要法》和《等韵图》，里面的黑白圆圈和半白半黑圆圈，实在无法理解，而且无人可问。以我当时的知识，怎么会知道世界上还有一个叫“音韵学”的学问？要问人，哪里去问，广阔天地，都是脚碰脚的“知识青年”，要问也是“吴郡大老倚閭满盈”啊。(《镜花缘》中用反切回答的话：问道于盲。这本书是我在中学时由周姓同学借我读过）不过我这个人有一个算不上是优点的特点，就是凡是弄不懂的我就有一定要弄懂的冲动。记得我刚上中学，看到老师有一本用注音字母注音的《新华字典》，很好奇。问老师为什么是这种标音法。老师随便说，这个你不懂的。是的，我们学的是汉语拼音。后来我从邻居家里借了一本注音字母的字典，夏天三十八九度一个人关在房里，经两个小时的核对，基本弄通了注音字母。回想我一生中，大概我下决心要学的东西，不说没有学不会，最后大多也都学个五六不离七了。在农场不懂等韵，也无处求教，我就发誓如果今后有机会，我一定要弄通《字典》前面那些黑的白的、半黑半白的圆圈是什么意思。

王：您是什么时候上调回城的？从事什么工作？

虞：1978年年初上调回城，进自行车四厂工作，当然也不知道音韵学，那时还醉心于诗词格律和文学史。

能够上调回城，在当时是受到农友们艳羡的。但到了上海厂里，就听到说：“农场来的人都能吃苦，可以让他们去干最苦的活。”于是被分配到最苦的自行车踏脚板的流水线上，每天做着卓别林《摩登时代》那样的流水工。我在农场时是在农机厂工作，好坏也是一个钳工组长，有点小技术，做过烧砖头的窑车、谷粒粉碎机、秋收脱粒机等，可以自己做刻章的刀具，到了上海就每天做这种连厕所也不敢多去的流水工，因为你一离开，不多时，半成品就会堆起来。机械而无聊，真的叫为了混口饭吃。没想到千盼万盼，盼到进了工厂就要一辈子干这活儿。可母亲觉得这样有个饭碗就很好了，人为了什么呢，不就有口饭吃吗？想想“农友乡亲”，都还在黄海之滨呢。既然上班那么忙，看书只能是在业余时间。我开始利用业余时间去上海图书馆看书。我先在一楼找书看，那时喜欢诗词文学，就借各种文学史抄，我前后借阅摘抄过二十几种文学史。所以对从《诗经》一直到明清的文学的脉络，基本上是很清楚的，这和摘抄过多种文学史是很有关系的。因为看过《诗词格律》，对诗词形式理论有兴趣，我就想借王力的《汉语诗律学》这本书。但“文革”之后，一楼多是一般的大众书，没有这种学术性的书。问了柜台出纳，他说：“你要学这种东西啊，你就必须到参考阅览室。”参考阅览室就是208室。到上面一问，就被门卫挡住了。

王：他不一定让您进去。

虞：对对，门卫说这里必须是研究生和讲师以上的人才能进去。我一个工人，连大学生都不是，怎么可以进？但他还是开了个口子，说除非是局级单位的证明。

后来我还是进了参考阅览室，这个原因要追溯一下。我小时候习过一阵书法，所以一直去古籍书店买字帖。可是初到农场，连写字的桌子都没有，写信是用洗衣服的搓板反过来搁在腿上，下面是一棱一棱的，上面是平的，就这么写家信（这个家书至少可以“抵百金”了），信既没法好好写，书法也就废了。回城到厂里，是1978年，那时还需要出专栏，厂里工会的人经常叫我去用毛笔抄专栏。我心里乐不可支，因为可以暂时摆脱这机械无聊的流水工作。有了这个“名声”，自行车厂的上级公司——自行车缝纫机公司也就经常叫我去人民路（好像是111号，我记不清了）的公司办公室帮他们抄写，久了就自然认识了公司的办事员。我请他们帮忙开了个证明，想去混一下。为什么说混呢？因为级别不够。当时轻工业局下面是自行车缝纫机公司，公司下面才是厂。一个工人怎么可能去开局级证明呢？够不着啊，所以想拿公司证明去混。我拿着介绍信，心里忐忑不安，到图书馆208室，将介绍信呈递给后来是我社科院历史所同事的朱守芬（她后来做过《史林》编辑工作），说我想看些下面没有的书，她说你这个是公司证明！好，给你看一个星期。她已经算很开恩照顾我了，我则想看一个星期再说吧。就说“好的”（也只能这么说），然后就填了王力《汉语诗律学》的索书单。

王力的《汉语诗律学》，“文革”前出版的是五章，诗、词、曲，前面是概论，最后一章是欧化诗与白话诗。为什么我一定要借这本书，因为王先生做过五言诗的主、谓、宾、定、动、状的语法分析，好像有四百多种的句式。我想我如果用语法来分析七言诗的话，那不是八百多个，很有可能是两千，甚至更多。因为字虽扩展两个，其形式就会膨胀很多。当时卡片买不起，我就把造纸厂废弃的硬纸买回来，请厂里切成卡片形状，自己刻一个章，每个卡片上面分书名、版本、页码和下面的条条，全部盖好后，就准备去做七言诗的语法分析。一张条子递下去，返回来居然是白条，说你这个书没有。我正愕然不知所措时，他们的主任走过来，问什么书。我给他说了，他说我到外借库去找，应该有，大库里的书是“文革”后给捆起来了，所以找不到。不一会儿，他从外借库找来了这书。我永远不会忘记这位师长，他叫盛巽昌，

50 年代人民大学档案系毕业，对《三国演义》、太平天国史都很有研究，出过很多书，后来还与朱守芬编过《学林散叶》，很受读者欢迎。他当时是参考阅览室组长，现在已经八十多岁了。当时我只有一个星期的期限，他给我借到，真让我欣喜若狂，趴在桌上就抄。抄着抄着，我忽然有一个得陇望蜀的企图，想叫他给我办一张阅览证，这样我可以长期在 208 室看书了。但转思这个要求不免太不近人情，给一个工人办卡，可能吗？不管能不能，不说则一个星期后就永远再见了。抱着侥幸心理，我等中午出纳员都去吃饭，他出来当值的间隙。就走过去请求道："您是不是可以给我办一张阅览证？让我可以每天到这儿来看书。"我现在还记得起来，他的目光从那啤酒瓶底的眼镜中打量着我，沉思片刻，说："好，我给你办一张。"他说你要给我一张照片，我抑制着激动，连连答应，第二天马上就把照片给他。结果就在我还没到离开参考室期限之前，拿到了一张 0688 号的阅览证。我现在虽然谈不上有什么成就，但即使写了一点小小的心得，也是和这张阅览证，和盛巽昌先生的恩赐分不开的。世事往往就这么凑巧，后来他调到社科院做研究工作，也把朱守芬介绍到历史所《史林》编辑部工作，我在编纂了二十年词典工作后也调往社科院历史所。只是我进历史所，他们都已退休，但毕竟也算同事。重逢之后，我所表达的感激确实是真诚和诚挚的，而他回忆说："当时我以为你才十八九岁。一个小青工能够去研究诗词形式理论，实在稀有，所以给你办了证。"所以我在感激之余，还庆幸当时长得比年龄轻几岁，不然大概就不稀有了，可能也不会有现在了。后来我把我的论文集都送他，他便"到处逢人说项斯"，以为自己当时这一举措是有先见之明的。这些往事，我历历在目，也算往事并非如烟吧。

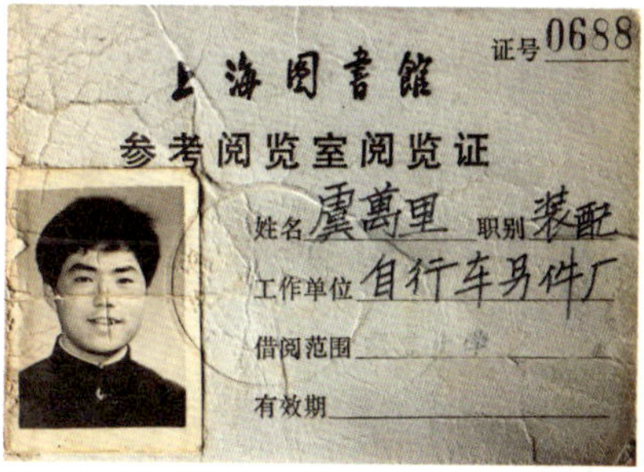

上海图书馆阅览证

王：您为什么不去考大学？

虞：这事很多人都好奇地问过我，现在的年轻人尤其不能理解。1977 年高考的恢复，这个时代不会忘记，这个时代中不管去考不去考、考上考不上的人都不会忘记。高考风声吹到农场，我所在的农机厂很多人都跃跃欲试，投入紧张的复习，我当然也不例外。因为我对古代文学比较熟悉，所以我还辅导过他们诗词格律、古汉语和逻辑的知识。到了年底，我接到姐姐的信，说家里也听到了恢复高考的消息，但母亲一定叫我不要去考，还是等着上调回城。那时考大学是要将户口迁到学校去的，待分配后就迁到单位所在地。怕万一读了书再分配到外地就永远回不来了。我理解母亲的心情，父亲过世早，怕将来无人相依为命。她给我比照的是，我的两个堂叔，都是 60 年代前后毕业的老大学生，一个分到兰州，一个分到西安，都到西北去了。我们是绍兴人，吃惯米饭，吃不惯面食，两个堂叔到那边以后，吃住习惯都不行，所以都没结婚，因为南方人到北方去确实日子很难过。后来大的堂叔大概到了四十五六岁，才回到故乡找了个人结婚，就回绍兴去了，不管专业对口不对口。第二个堂叔在四十二岁的时候，由我母亲在上海青浦给他介绍了一个对象，也总算回到了上海。两个亲戚的经历给我母亲的阴影很深很深，况且她也不识字，觉得人生有个工作吃碗饭就行了。家里就我一个儿子，总得有所依靠。再说读书几年，没有工资还要给家里添负担，所以绝对不让我去考。还有一个使母亲害怕的原因，就是“文革”中那些识字的人（她也不知道什么知识分子和教授之类）多被拉出去批斗游街，一直有阴影。以致我后来在图书馆看书，她还问过给我买《清经解》的林姓朋友说：“我家万里这样读书，将来是不是要被拉出去斗啊？”林说：“您放心，他读这些东西，不管哪个朝代，都不会有事的。”后来我妈就不再阻拦我了。因为没法走高考之路，所以我回城后对图书馆特别钟情，觉得它是我唯一可以读书的地方，也就是理想中的大学。事实上，我在上海图书馆 208 参考阅览室近三年，它就是我的大学课堂。

二、疯狂买书

王：据说您家里书不少，《东方早报》还采访过您。您是怎么疯狂买书的？

虞：买书是我人生的一大快乐。说到“疯狂”，也只是意识上的“疯狂”，经济的拮据，不可能让我在买书的实践中疯狂。但我买书确实是和1978年改革开放同步的，可以说是元老吧。“文革”期间，只有法家著作如《韩非子集释》《贾谊集》，毛泽东要看的《柳文指要》等，《鲁迅全集》倒是蛮多的。我在农场听老知青说，看古典文学，《辞源》比《辞海》实用。上调回上海，听说福州路上海书店的单位服务部有卖《辞源》，但是需要单位证明，刚进厂，哪里可以开？我在书店认识一位朋友田荣海，与田认识也是奇遇。那时古籍书店碰到外宾来挑书，要赶忙把里面一间管制起来，不准人员进出，我们就在被管制的时间里交谈起来成了朋友的。他还没上调，在长江农场连队里有权力，就叫他开了一张证明，去那里用十二元买了《辞源》正续编三厚册，那时知道续编的主编方毅不是当时国务院副总理，但无处问到是谁，今年在台湾买到了他的书。二十出头时，读书少，一般想知道的词汇典故，都可以在里面找到，比当年所抄毛选典故多得多，真是如获至宝。也是 1978 年，人民文学、上海古籍等多家出版社同步推出中外文学名著三十五种，其中现代文学十种，古典文学九种，外国古典文学十六种。消息一出，新华书店连夜排队。我当时只买了胡云翼《宋词选》(这书在农场里抄过，有感情)、余冠英《唐诗选》，连高步瀛《唐宋诗举要》也买不起，没那么多钱(后来才买的)。那时社会风气淳朴，大家没有心机，排队买到什么就是什么，不是自己想要的，就在淮海中路教育书店对面的小花园里互相换书。从这以后，各出版社开始陆续出版各类书籍。我刚回上海进厂，工资只有三十元六角，要半年后才拿三十六元，还要节省下来买自行车、买手表，所以没很多钱买书，我只能把中班的补贴二三元钱作为买书的基本费用，再凑点其他费用。所以一直往书店跑，是看得多买得少，不断抽出书看价，日子久了，把书的价格都熟悉得可以随口指说。所以我经常开玩笑说，1978 到 1980 年全国文史哲的书我大多能知道是哪家出版社出的，多少价钱，我是只看书价不看书的，其实也包含着心酸——没钱。没钱也想买书，怎么办？当时书价一般在一毛到一毛二三分一印张的价格，比如十个印张 32 开三百二十页，价格在一元到一元二毛左右，便宜一点的就一元钱一本。没办法，看到新书出来，就等，天天去旧书店等人家抛出旧书，一般是八折，那八毛钱就能买到。略有污损，可能会七毛或者更低，只能这样来扩充自己的藏书。所以，如果碰到古旧书店和新华书店打折的书市，那真是前几天就兴奋起来。每当即将开门之时，铁门外挤满了人，是排队又不像排队，大家做好冲锋的准备。这时你会感到，不只是我一个人穷，买书的人大多是穷的。时间一到门一开，大家像潮水一样涌入里面，各取所需。

王：有值得回忆的买书轶事吗？

虞：有几次买书，值得一记。一次大概是1983年秋季吧，上海古籍书店在文庙把库存的《备要》《丛刊》《丛集》《万有文库》和其他一些古旧线装书大甩卖，很便宜，那真是人山人海，大概当时上海滩上爱书的人都来了。记得像《万有文库》本《郑堂读书记》才二元钱，《西河文集》三元，《升庵文集》二元四角，《备要》本《周礼正义》（线装）六元，《翁注困学纪闻》（平装）三元，《东塾读书记》（平装）一元五角，还有《国学小丛书》像朱文鑫的《天文考古录》，等等，那次总共买了九十多元，已经是高一米左右的十六开面积的四捆，是已经成为同事的辞书社杨蓉蓉和我一起去的，钱还是她出得多（我在《榆枋斋学术论集》后记中有记述）。拿都拿不动，借了在玩耍的小朋友的黄鱼车骑着驮回来的。一次是在复旦大学，图书馆剔旧剔复本，大家又涌到复旦，我也挑了很多，记得我先拿到《太平御览》四大册，半价二十多元，当时周振鹤先生很想要，说以后肯定还会有，我就给了他。后来再也没看到，我只能等中华新印后用九折九十多元买了一套。不过周还是给了我一本我缺的《文史》十七辑表示酬谢。

值得一说的还有一次，是上海书店旧书部大甩卖，地点在二楼的一个边门，很小，九点之前大家拥挤在门口，一开门，我冲了进去，用一种闪电式的动作，在十几分钟之内，就霸占了一大堆。里面有沈曾植《海日楼札丛》、赵翼《廿二史札记》《陔余丛考》、俞正燮《癸巳类稿》、俞樾《诸子平议》、胡玉缙《许庼学林》、高亨《读诸子札记》，还有梁启超的《墨子学案》、许维遹的

《吕氏春秋集释》，等等，都是民国旧平装。这些书现在不稀奇，在当时可是看了都眼红的。同去淘书的辞书社书友手里仅仅拿了几本，凑过来看到我所挑的一大堆，尽是“珍本”，大为愤恨，他们几个人一通气，就蹦出一句话“虞万里是蝗虫”。是的，我飞过的地方，好的麦穗全给吃了。我听了也不生气，一则是理解他们没拿到什么好书，好的大多在我这儿了，二则也有缘故，什么呢，我在图书馆看书这么久，很多书都拿出来看过的，什么书内容是什么，心里有数，所以我挑书只看书名不翻内容。而他们挑书还得翻一下目录，讲什么，这一快一慢，差太多了。所以我像走路一样，一路拿去，不一会儿就是一堆，而且都是好的。几十年以后想想，仍然有一种莫名的自豪感。

王：买书中记忆深刻的书有哪些？

虞：80年代，我是古籍书店、上海旧书店、新华书店的常客，上海这些店的经理和主要店员我没有不认识的。因为熟悉，我经常可以进入店的里面去挑书。在福州路上海书店，我买到过陈梦家的《武威汉简》，八折二十元，石兴邦的《西安半坡》，黄文弼的《吐鲁番考古记》，等等。在古籍书店，我做过这样的事，看到开架上有赵元任、罗常培、李方桂合译的高本汉《中国音韵学研究》，这是梦想的书，上图借过，后来在卢湾区图书馆也借过，无奈都必须还，但标价四十元，买不起，又怕给人家买去，就拿下来藏在开架下面一个有门的书柜里，过几天，营业员又拿出来放在上面，我又放下去藏好，待手头宽松，再去买下。又过了几年，不知怎么会有《董作宾先生逝世三周年纪念集》(三十元)、《董作宾先生逝世十四周年纪念刊》(二十元)二书。《三周年》一大半是很多珍贵照片。那时台版书市面上很少，很稀奇，又觉得贵，也是把它藏到下面的书柜，几经反复，还是用五十元买下来了，时间在 1991 年 10 月 15 日（发票日期）。我在 90 年代前几乎不进银行，出入就是书店。记得在《汉大》编纂处，第一笔稿费拿了三十元，直接到上海书店买了一套平装二十六元的《王国维遗书》，精装道林纸要六十元，买不起，后来有了钱想买，始终没碰到。90 年代初把《汉大》转成繁体卖给台湾东华，我是主事者，就是从方针制定到具体操作都由我主持。转换字体经常发钱，我相对会拿得多一点，所以也就不断去书店换书。1987 年中华书局影印前二十册《史语所集刊》，要五百元，买不起，捱到转换《汉大》字体有钱了，利用他们元旦打六折，冲过去买下来。《王国维遗书》和《集刊》都是我在上图读书时长期保留过的，印象深感情也深。我一直说，如果我算还懂得一点学问之道，《清经解》和《史语所集刊》对我的影响是最大的。1988 年中华影印《说文解字诂林》，只能托在中华任职的音韵学同仁郑仁甲买七折的，他说："唉，还是你们上海人有钱。"其实天知道，上海人有钱与我有什么相干？仁甲兄性格豪爽，印象深刻，但他早退休了，现在没了联系。

王：记得您说在台湾也买过很多书？

虞：是。初次到台湾，重庆南路还是书店连着书店，我们晚上挨家挨户的看过去，书真好，也真贵，就是钱太少。记得第一次只买了一本吴万居的《宋代三礼学研究》，台币六百一十元，也算买过台湾的书。之后去台湾多了，台湾师友也相当友好，总是叫我到各处去交流演讲。我自己有一个想法，就是把所有的钱都买书，所以每次去每次都带书回来。在台中客座，在“中研院”文哲所、史语所访问，我每次都带回几箱十几箱。今年在台大客座五六个月，每天饭后、晚上去淘旧书，日积月累，总共买了六百多公斤，装了三四十箱，所有的工资全部开销完，还倒贴十万台币，但确实淘到了很多好书。我跟台湾师友们开玩笑，决不把台币带回去，取之于“民”，用之于“民”，其实我是把书带回来了，也就是换一种方式把台币带回来了。学期结束没事，我就开始写台湾淘书记，才写了二万多字，回来就没时间了。

买书也要涉及人，我说 80 年代上海的书店店员我大多认识，古籍书店的书记陈耀忠、上海书店的总经理俞子林都对我很照顾。上海书店单位服务部的潘明坤，已经知道我要什么书，我去了，他总是会拿出几本我需要的书，说：“呶，这个你是要的。”记得王鸣盛的《蛾术编》、成瓘的《篛园日札》、《新中国的考古收获》，等等，都是他给我的。潘退休后，由李慧珍和高建中两人当班，高后来自己开了一家书店，我给起名叫“学礼书店”。南京西路江宁路口的上海书店经理老蔡，胖胖的脸光光的头，不仅给过我由云龙所辑的李慈铭《越缦堂读书记》，余岩的《古代疾病名候疏义》，还放我到里面库房里恣意寻找，曾在里面淘到过《辉县发掘报告》等，但毕竟手头拮据，无力将好书淘尽，于是隔三差五做梦，梦见自己爬在楼梯上，把没买的书全抱在怀中，醒来总是一阵怅惘。最使我不会忘记的还是南京东路新华书店的严仲麟，后来是赫赫有名的学术书苑的经理。当我在 80 年代初自诩能知道全国文史哲出版的各类书和书价的时候，到了南京东路碰到严，立即感到他对书也极其熟悉，一见如故，成为好朋友。每当我与他对谈全国文史书籍的情况，真有一种“天下英雄，使君与操”的感觉。严后来独立出来自己做，我为他作诗写字祝贺，一度生意红火，在西渡买了房子，不意难逃一劫，现在已经回归生活，多少年不见，思维仍然敏捷不减当年。

台湾方面，90 年代中期，汉学中心的联络组长刘显叔一直给我寄《汉学研究通讯》，使我对台湾学人学术有比较全面的了解。之后耿立群接任，仍然一直给我寄书。认识林庆彰、蒋秋华教授之后，承蒙他们雅意，多次让我挑选他们文哲所的出版品。要书，我的心最黑，我大概除了极少数，其他都分期分批地勾遍了，他们也分期分批地送我并且给我寄回来。不仅文哲所的书，庆彰教授还叫学生书局给我寄了一套《经学研究论丛》。秋华兄更是与我有同癖，他的研究室的门只能推一半，人在里面，你还得叫一下，因为都给书挡住了。他知道我要书，有好的就给我留着，或给我寄来，都为我找书。台师大有自由交换的书廊，据说是助教雯怡想出来的。他告诉我，我就多次去检书，那《台师大国文研究所集刊》，又厚又重，重到你拿不动为止，我一次用自行车驮回来，一次是由雯怡助教开车送我回来的，那《集刊》从十九到四十七辑基本都齐了。在台北，很多人陪我逛过书店，颜世铉开车陪我去九份的乐伯书店淘书，克雅陪我逛牯岭街旧书店，还帮我在网上找书。台南的郭妍伶博士最辛苦，我每次去台南，她都排开很忙的工作，开车来接，带着我满大街的跑书店。记得有一次天黑了，开到一条小巷里，其实是一家住家的书店，真是又脏又乱空气又浑浊，吓得我憋住气赶紧逃出来。而最让我神往而难忘的就是城南旧肆，那时他们刚开张，妍伶开车带我去的，我大概是第一个大陆书客吧。那次挑了一二万元，而且都是好书，比如成惕轩的《楚望楼骈体文》，我在台北古今书店买了一套是八百元，那边是五百元，所以又买了一套。但好景不长，之后几次去，好书逐渐少了。今年客座台大，两次高铁南下，也是妍伶陪我，也只买了五六千。好书少了，价格却升了二成。其他艸祭、墨林二家，也是同一老板所开，我前后也投掷过五六万台币吧。这些都将在台湾淘书记里细说。

三、自学音韵学

王：您是怎样自学音韵学的？

虞：人生有时候会受挫折，有时候却会有奇遇。盛巽昌先生是我一生中的奇遇。有了这张208参考阅览室的阅览证，就等于是有了一把开启知识宝库的钥匙，接着就看我怎么去开启和淘宝。自行车工厂的工作是早班、中班两班轮番，于是我的作息规律成为：早班，五点起床，六点上班，二点半下班，三点十分到图书馆，一直到八点关门出来，到家吃饭后看书，到十一二点钟；中班，早晨七点起床，八点半进图书馆，十二点半或一点钟回家吃午饭，二点半上班，十一点下班，回家看书到二三点。周而复始，从不间断。除了我有事，或者图书馆闭馆，没有我不到的日子。即使是感冒、高烧，也坚持去馆阅读。记得有一次，刚从厂里骑车去馆，夏天一场暴雨，全身湿透，我仍然端坐在馆内看书，直到把衣服都捂干。我的毅力很强，现在我儿子根本不能比。

回到诗词形式理论问题，我刚做到一半，碰到一位复旦哲学系毕业的老大学生施文德老师，那时他来图书馆也是借王力《汉语诗律学》、王奕清《钦定词谱》、万树《词律》等书，他在将诗词平律用符号表示，转换词谱，写了很厚的几大本。既然有人已在深入研究相近的问题，我就不宜在同一点上做研究。所以就来完成农场的夙愿，弄懂《康熙》的韵图。

一个小学生，是怎样自学音韵学的？我先看王力的《汉语音韵》小册子，前面部分是语音，我就借李荣（笔名董少文）的《语音常识》作为辅助读物，又借出罗常培、王均的《普通语音学纲要》。知道了李荣这名字，就看他的《切韵研究》，知道了罗常培，就借他的《汉语音韵学导论》。《导论》用极其简练的文言撰写，有些语焉不详，就借出《罗常培语言学论文选集》，针对《释轻重》《释内外转》重点摘抄，而《导论》几乎是全部抄了，因为只有七八万字。1980 年重版，才 4 角 3 分一册。这时知道《康熙字典》前的图是等韵图，于是借出《韵镜》，参照董同龢、周法高的两篇关于等韵门法的长文，边抄边学。想买《韵镜》，一时无处可觅，最后就画格子填字，自己做了一本。知道《广韵》是中古一部最关键的韵书，于是千方百计从古籍书店里买到一本丛刊本《广韵》，那还是古籍书店党支书陈耀忠觉得我好学而到仓库去拣出来的。借出张世禄的《广韵研究》阅读，知道张世禄，就取其《中国音韵学史》参照。读了张著，对音韵学史有了一个全面的观感，很受用。又知道张翻译过高本汉的《中国语与中国文》《汉语词类》，就索取高本汉的《中国音韵学研究》，知道罗常培与赵元任、魏建功合译此书，就去借魏建功的《古音系研究》。缘此迷在其中，乐在其中，由甲而乙而丙丁，像滚雪球一样，好在参考阅览室大部分书都有，可以让我悠游徜徉。后来我一直庆幸我比大学生可能更幸运，这些书如果在大学图书馆里，说不定都在老先生手上，长借不还，你要看也没缘。当然也有一时半刻找不到

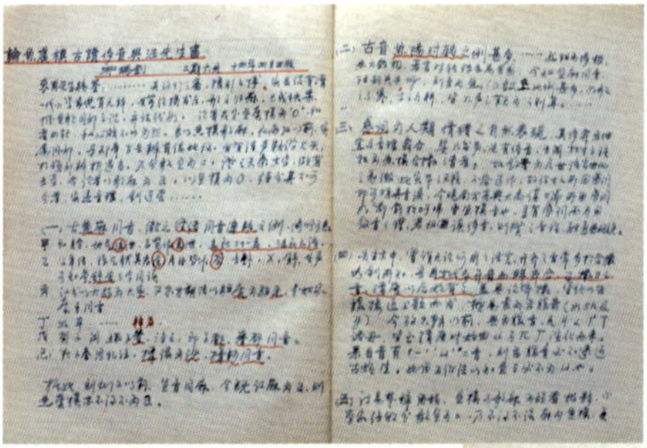

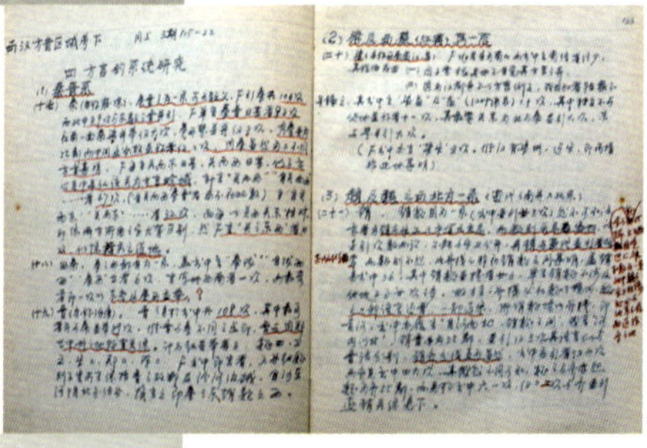

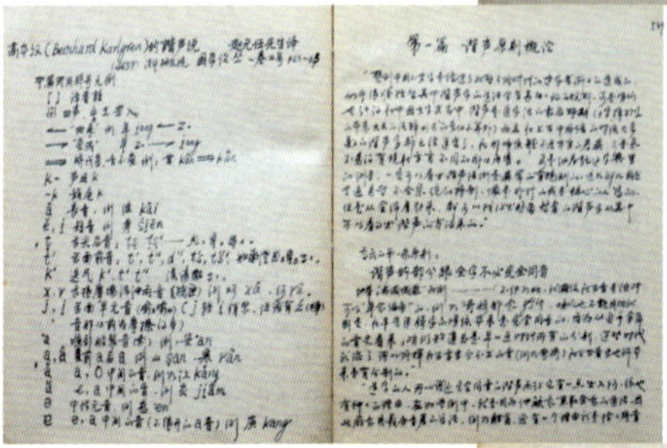

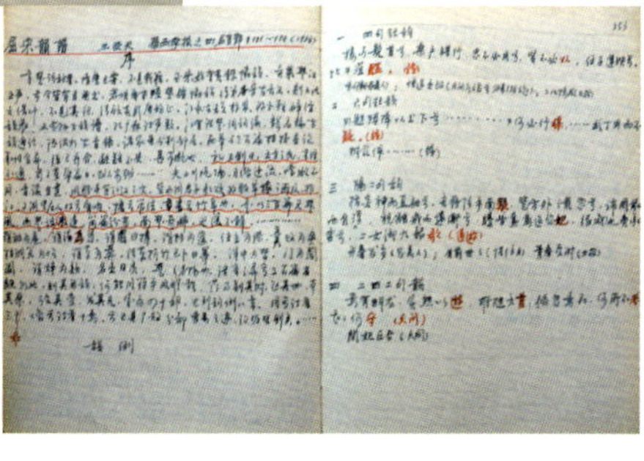

虞先生自学音韵学笔记

的书，尤其是民国时的旧平装——因为上图民国旧平装书目录卡不对外开放。像魏建功的《古音系研究》，我大概填了几个月的单子，都是查无此书。后来与一位老馆员张善信交谈，他见我求书心切，帮我在书海中找出这本1935年北京大学出版的书。部头太大，我大概抄了半本左右。因为这书寻觅过程的不寻常，所以后来商务重印，我买了二本，《魏建功集》出版又受赠一套，就是为了安慰当时不寻常的渴望心情。雪球滚到一定程度，我将上图所有线装、旧平装和新平装有关的音韵学著作都借出摸了一遍。除了像清代的古音学家著作，只能借出看个大概，而像南通大儒徐昂（字益修）的《音学四种》，还用大纸抄录过他的《声纽通转表》。几十年后我凡是碰到南通人，都竭力怂恿出版徐益修先生的著作，但至今未见印行，也是尘缘未到吧。

王：您自学音韵学时，有研究写作的欲望吗？

虞：抱着不学会音韵誓不罢休的信念，我几乎把上图收藏的音韵学、训诂学、文字学著作，都借出来过目，或读或抄，随心所欲。这之后可以说，我大致认识了音韵学、古音学、等韵学的原理。在看了大量清人古音学著作后，我最疑惑因而也就最关注的是段玉裁提出的“合韵”。清人对合韵的理解是古今音不同，虽也有关注古代的方音，也多言而不论。合韵与古代方音有什么关系？于是我开始酝酿第一篇论文《从古方音看歌支的关系及其演变》，着手围绕题目搜集材料，浏览各家著作。因为涉及歌部字，所以必须关注由汪荣宝挑起的第一次古音学上的一场大辩论，将当时所有参与辩论的林语堂、唐钺等各家意见都一一熟读深思，最后看魏建功的长文总结。其中林语堂的文章对我影响最深。他

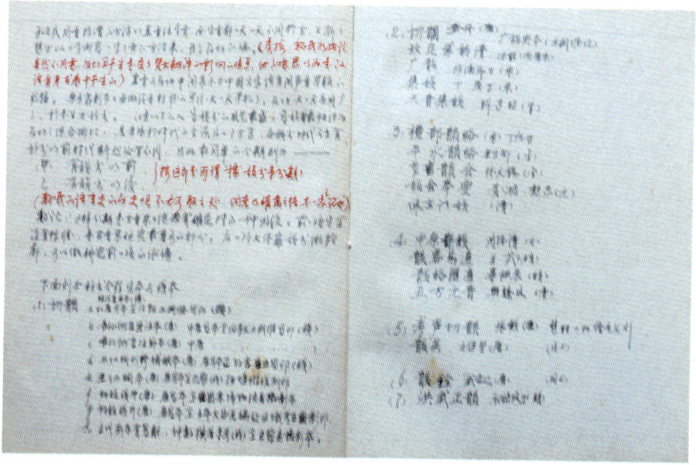

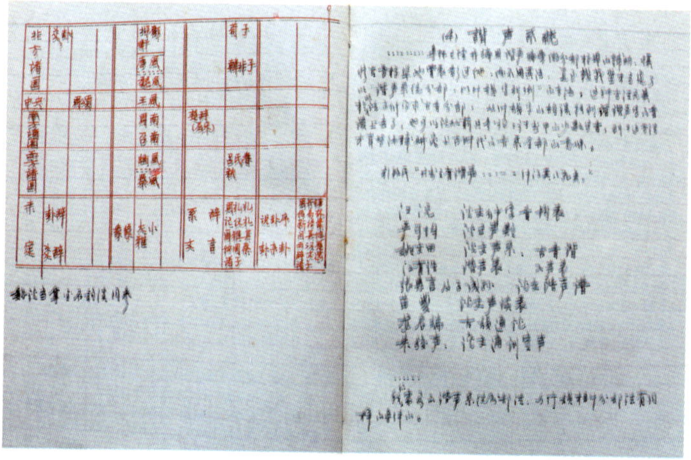

虞先生手抄魏建功《古音系研究》笔记

有《前汉方音区域考》，我曾抄录并把他的方音区域图复写后放在写字台板下面十多年。我虽然不一定同意他的“古音中已遗失的声母”的复辅音观点，但他的《燕齐鲁卫阳声转变考》《陈宋淮楚歌寒对转考》二文一直是我探求古方音的明灯。为了考明先秦秦汉到六朝的“歌”“支”两部韵部的分合演变，我抄阅了罗常培、周祖谟《汉魏晋南北朝韵部演变研究》，于安澜（原名海晏，字安澜，以字行）的《汉魏六朝韵谱》，将所有与“歌”“支”有关的韵谱、合韵谱全部抄录，兼及“脂”“之”“幽”“鱼”等部韵谱资料。我对这两个韵部的研究，除了韵谱资料外，还对《说文》读若字、谐声字、经传异文、联绵字、地名人名音读字、反切、直音都加以系统总结，即从多个角度对同一个问题予以观察省视。在历时的考察中，关注政治、经济地理和文化地理因素对语音的影响。从历史语音形成和发展的规律而言，周秦及以后各时代都有雅言和方言同时并存。古方言中分歧最大的是方音，且最不易区别的也是方音。因为字形字义一经写到纸上，形成句子，即能分指其形并有较明确的意义。唯有方音，由于汉字重认不重读的缘故，使得一般人都忽略过去。对古方音对应关系的研究，要看我们对古文献分析的方法和理论认识如何而定。清人研究这个问题的理论基础是古今音不同，所以他们的研究成果停留在“合韵”上。我是着眼于古音发展的时空观，以古今音变为经，古方音对应为纬，以韵文为主，以文字为辅，将“歌”“支”两部作为实例，进行一次共时与历时、韵文与文字的综合研究，目的是想探究形成合韵的真正原因和汉语语音在社会政治经济文化因素制约下的演变轨迹。因为“合韵”问题从正面论是解决古音分部纠纷的关键，从反面论，又是古音研究中分部多少的症结。汉语语音演变轨迹的揭示，对汉字声韵“籍贯”，谐声字同形符同义异声符产生原因、《广韵》是单一还是综合音系等一系列问题，将会有一个不同于前人或较前人更为可靠的解答。这个问题一旦解决，可以使我们对周秦古音的历史面貌有一个新的认识。

我的研究结果表明：在研究上古音“歌”“支”两个韵部时，可以将地域分为周郑音系和楚辞音系。周秦之时，周郑音系歌部音和支部音绝然分读，而楚地则将歌部音读成支部音。西汉之际，“歌”“支”音读虽然大致如周秦，但楚地文人辈出、文化勃兴，为以后歌部中一部分字流入支部创造了条件。到了东汉，由于政治、经济、文化等多方面的因素，歌部中一部分字受了楚音的支配，流向支部，这时反切已经产生，促进了这个音变过程。晋朝的建立，政治文化中心又回复转移到周郑音系区域，使得余下的一些歌部字被反切固定而不再继续流向支部。这时经典音义书和字韵书接踵产生，从书面上固定了每个汉字的读音。它既使“流浪他乡”的谐声字以“他乡”作为“籍贯”而就其韵书之位，也使得“安守本土”的谐声字以“原籍”的音读被加以稳定。但这在一些精于音理的学者如颜之推、萧该、陆法言等人的眼中，仍能分辨出其中的细微差别。《切韵》支韵中歌部谐声字用三等字作反切下字，支部字用四等字作反切下字，正是颜、萧等人对文字音读混淆现象辨别审察后，既考虑到古音，也照顾到通行读音而加以区别排列的结果。

在这篇文章中，我对《说文》谐声读若、经传异文等各种文字现象加以考察，也显现出古方音对应律的痕迹，这是由韵文所得周秦语音存在方音音差的有力佐证。当时虽然只考察了两个韵部，但我觉得对于每个字的出生年月和出生地的追寻，不仅是文字学，也同样是古音学研究的目标。当时，甲金文各种工具书仅有《甲骨文编》和《金文编》，其他都还没有编成，文字谱系研究也远不够明晰，所以我说：“虽然现在我们还不能遍考每个方音字的‘出生年月’和‘籍贯’，但是将来如果能够充分利用传世的文献资料，在汉字的形、音、义分别深入研究的同时，将语言和古书正讹、三代考古、甲金文、社会历史等各种因素综合起来研究，有些汉字的‘出生年月’和‘籍贯’并非不可考见（虽然要考见相当数量的汉字并非易事）。”现在，出土了那么多的战国文字，尤其是楚文字，也出现了一些研究楚地音韵的著作，但在汉字的“出生年月”和“籍贯”上下功夫的还不多。

因为人生大部分时间需要为稻粱谋，卓别林式的工作必须天天重复，而且当时是书荒之后，个人不可能拥有这么多的音韵学书籍和材料，都是在图书馆抄录，然后回来整理。所以这篇文章写作时间较长，其中的资料既搜罗不全也可能有错误，不可为典要。这是我的少作，更确切地说是一个小青工的“业余”作品，近四十年过去，我对这个结论还是有一种信心和坚持。

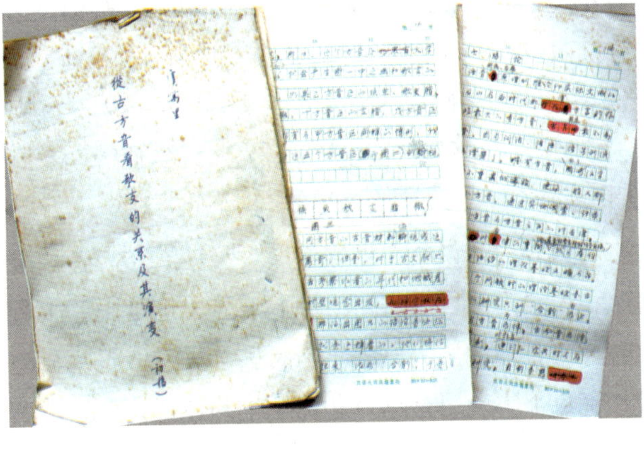

《从古方音看歌支的关系及其演变》手稿

王：还有哪些音韵学论文？

虞：我写第二篇音韵学论文《山东古方音与古史研究》时，已在《汉语大词典》编纂处工作了，是为了参加音韵学年会而作。选这样一个题目，也是与自己的读书有关。80年代初，各种考古报告陆续出版，《考古学报》《考古》《文物》《中原文物》《考古与文物》《华夏考古》等杂志也正常出版，我自己一个人订了十多种语言与考古、文献的杂志，对传世文献和出土文献同时关注。尤其看了王献唐的《山东古国考》，觉得山东是一个儒家文化的故乡，与经学关系甚大，而其在春秋以前的语言地理更为复杂，东齐尤其是华夷杂交之地，所以想稍稍探寻一下这里的古方音。我性好穷根究底，将所有与山东地区相关的资料全面勾稽汇总，但写一篇文章不可能全面铺开，所以以元支、元脂、文脂、真脂几对有对转关系的韵部为例。虽然是以这几个韵部为例，但我对资料的运用是经择别而有层次的，就是经过层层筛选，不是随便取用的。那时我已经把《说文》《方言》《释名》《续方言》《尔雅》等很多古代文字学的书籍都做成卡片，随时可以抽取排比。所以先立五条条例：

（一）搜检《方言》《释名》中言及齐鲁、青徐、东齐、宋鲁等的明显方音声转字，即声母同类，韵母相近相转者，作为本证之一；

（二）搜检汉唐注疏中明言齐音某，齐读音如某，齐音某声近某，而两字声母同类，韵母相近或相转者，作为本证之二；

（三）凡地名、人名、物名与山东有密切关系，而其声韵又与（一）（二）相同或相近者，作为本证之三；

（四）凡经籍虽非明言齐鲁或山东之音，但其异文、音读之两字声韵与（一）（二）相同，并有根据可证其出自山东经师者，作为旁证之一；

（五）凡甲金文可以考证出与山东有密切关系，而其声韵又与（一）（二）相同者，作为旁证之二。

将韵转材料分为本证、旁证，有主次之别，不是抓来就比。在韵转、韵谱文字疏证之外，我还特别梳理了文献和考古中的山东古史，对山东古国和种族之来源，利用出土青铜器，参照顾栋高、傅斯年和陈槃、王献唐的著作成果列表，分析山东种族的插花式地理，然后对殷商史的传说起源、考古学所得之商史，西周时期的殷商后裔与齐鲁新贵的关系，商周文化异同等等梳理出一个轮廓，再对元支、元脂、真脂、文脂等音转现象做一个归纳总结。

我始终认为语言与民族及与该民族相关的文化是紧密联系在一起的，要讨论他的语言语音，追溯其民族来源和地域迁徙，须在原来就文字而论声韵之外开拓一条语言与民族、语言与历史综合研究的新路。尽管当时材料有限，时间仓促，但足以启发上古音研究也应该从纯粹的语言材料中挣脱出来，放开视野，从更广的范围中去思考。

延续这样的研究，后来我又写过一篇《由甲骨刻辞多字结构说到多诸之音义及其民族与时地》，从多、诸两个字的字义可以互换，而它的声韵却有端纽和章纽的不同，于是从甲骨卜辞中的多字结构分析起，一直到六朝的字韵书中相关文字。惊奇地发现，河南殷民族用“多”，陕西周民族用“诸”，两周以后所有以“多”“者”为声符的字在“端、透、定”或“章、昌、船、书”等声纽中游移声转，都与民族方音在时空中的交互作用不无关系。在这篇文章中，我用排比声符字的方法，将“多”和“者”两个声符做穷尽式的研究。

以上这几篇是阐发我古方音观点或者说古音思想的具体实例。虽然只有几个韵部、声纽，也就是说只有几个点，但它却表达了我的思想和研究方法。可能因为从题目上乍一看，不像纯粹的音韵学论文，所以不大引起学界的注意。

王：记得您还写过《三礼》郑注与音韵学有关的文章？

虞：就是那篇因为获奖而稍稍为人所知的《三礼汉读异文及其古音系统》，其实是对郑玄《三礼注》中所反映汉代音韵的一个整理。那篇文章也花了不少功夫，摘抄资料时是照着《皇清经解》和中华书局影印世界书局的阮刻《十三经注疏》，字小，极容易出错。做的时候正好是夏天，那时根本没有空调，只有电风扇，但怕开电扇把卡片吹乱，只能熬着三十八九度的高温，汗水把卡片也浸湿了。这篇文章对二千多条声韵字进行排列，最后做成声类和韵部两张通转表，这其实只是一个通转大势，我并不认为所有有通转关系的都是时空音转中的实例，所以后面具体疏证的时候，只选取了二三十个例子，也是比较谨慎的。此文是第一次全面整理郑玄《三礼注》音韵资料，由是我对郑注有了比较深刻的理解。文章作为学会论文提交，七万字，当时《音韵学研究》已经无钱不再编辑，所以一放就是八九年。1997 年，《语言研究》说愿意刊登，但文章太长，是否让我出一点版面费，或者用小五号字排版。我版面费当然出不起，就叫他们把很占篇幅的《汉读异文声韵谱》删去。他们说我们就要这个《声韵谱》，这说明编辑部是有眼光的，那时音韵学家尉迟治平（严学宭高足）和方言学家汪平在主持工作，最后还是用小五号字全文排出，占了杂志很大篇幅。我没出钱，心里一直有些歉意。过了不久，经李玲璞前辈力荐而获“上海哲社一等奖”，鲁国尧前辈推荐获“王力奖”，使我对《语言研究》用这么大篇幅刊登拙文总算稍稍释怀。我说这篇习作使我对郑注有了了解，更进一步是对汉代的注释有了一个把握。后来我利用这些材料，对美国柯蔚南《东汉音注手册》中的三礼资料进行校核，发现《手册》错讹连篇，有以异文作汉读者，有以经文作汉读者，有非汉读作汉读者，有汉读而入非汉读者，等等，不胜枚举，光缺漏就有356条。柯书在音韵学界负有盛名。其实他仅是拿着清代洪亮吉的《汉魏音》在做，而洪诗文都好，小学也有涉及，毕竟不如段、王等人出色当行，所以错乱遗漏不少。

上世纪90年代以后，我转到了经学领域，很少再写音韵学方面的文章。偶尔写过《〈广韵〉姓氏来源与郡望音读研究》，这是因为二十多年前在《歌支》一文中讲到姓氏、地名读音都是音随主人的，所以一直想从多音的姓氏音读中去追寻方音痕迹。虽只抽取了几个韵部，也足以开出历史音韵学的一条新路。

上世纪的音韵学研究，如果以高本汉的《中国音韵学研究》为基点，可以说冲破了清人研究的藩篱，走向纯粹的音韵学研究，开辟了一个新时代。前辈学人大师在这上面已经取得了非常了不起的成就，我在敬仰、赞叹之余，也由于自己关注经学和从事《汉语大词典》编纂工作，觉得汉语音韵的研究，不能离开以汉语

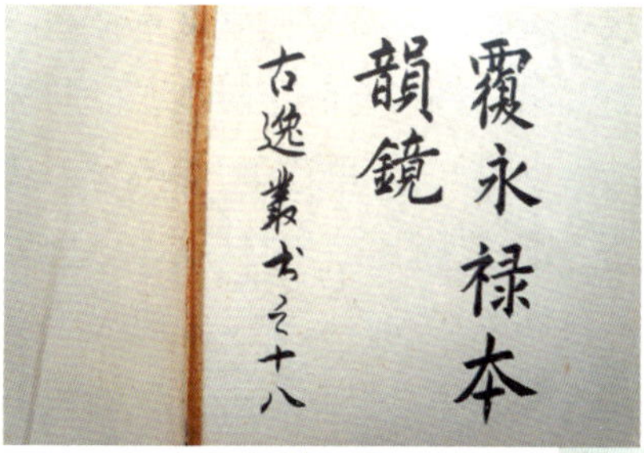

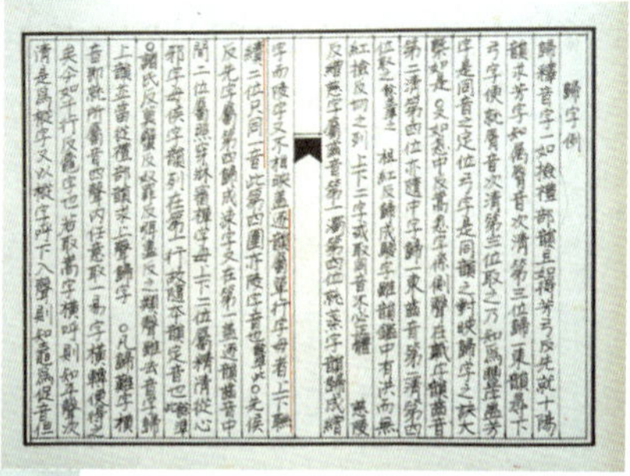

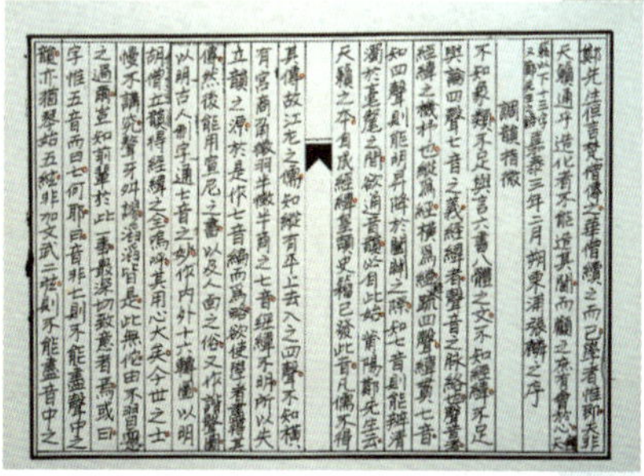

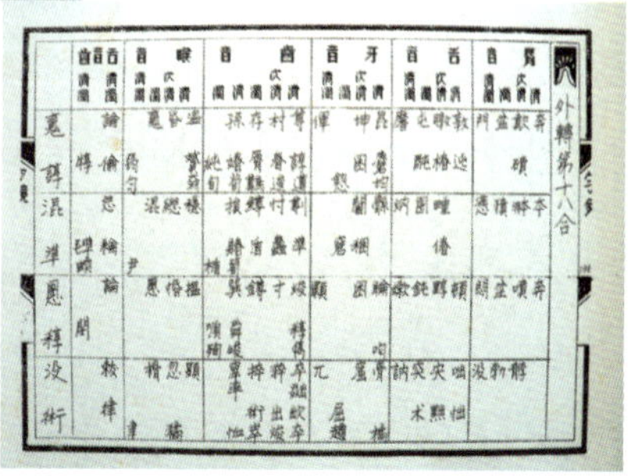

虞先生手抄《韵镜》

为媒介的所有历史文化。所以我虽只写了几篇音韵学文章，却能在音韵学本身之外的历史和历史文献中寻找有利于解决或佐助解决音韵本身问题的材料。比如《〈经典释文〉单行单刊考略》，从目录学的角度，解开了《释文》从流传到刊刻非同寻常的过程，为解释其中的反切异同和变化开出新路。后来我又从一般人少所关注的《道藏》中，找到陈景元的《南华真经章句音义》中北宋景德年间的《释文》反切，证实了单行单刊与合刻的异同。又如，关于敦煌《切韵》残卷，前辈大师刘复、方国瑜、姜亮夫、潘重规，尤其是魏建功等不知做了多少有益工作。而我却从复原残卷的角度，另辟蹊径，去探寻具体的增字，来思考、考证其写本年代。十年前写过《斯坦因三探所获吐峪沟文书字书残片考释》，近来又写了《俄敦5596号〈切韵〉残卷复原与年代问题》，都是作为唐作藩前辈八十、九十的寿庆论文，唐先生是非常关心我的一位长辈。

王：除了音韵学，您在图书馆还读过些什么书？

虞：当然不止是音韵学啦。你们可以想见我在当时是可以算作一个无知者了吧。我那时有一个癖好，就是看书累了，会出来在走廊的卡片柜里翻阅书卡，翻的时候我总是找分类的卡片抽屉，一张一张翻，把要的书记录在小本子上，然后分期分批地去借。记得抄过一整本，后来放在自行车后架上弄丢了，又重新抄了一本。不要说语言类的文字音韵训诂、语法词汇、古汉语特殊句法，还借高名凯的《语言论》《语言与思维》来阅读，连类而及的有李安宅的《意义学》和《巫术与语言》，还有苏联的一些语言学家如契科巴瓦的《语言学概论》。其他如哲学、心理学、经学、文学、

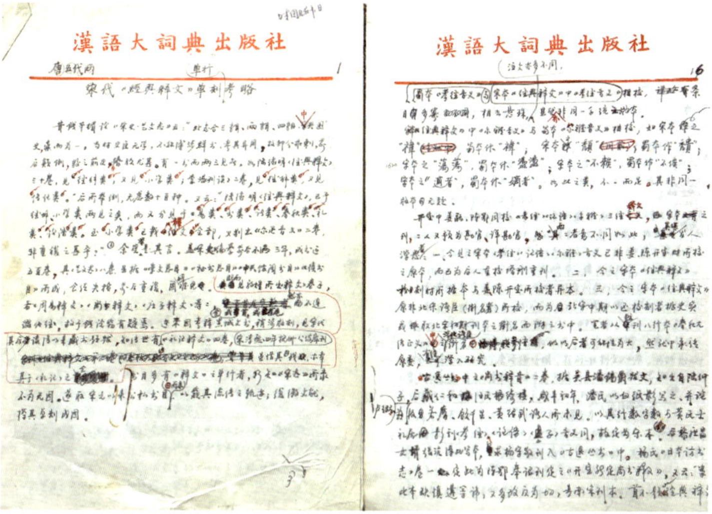
漢語大詞典出版社

宋代《經典釋文》單刻考略

漢語大詞典出版社

《经典释文》单刻单行考略手稿

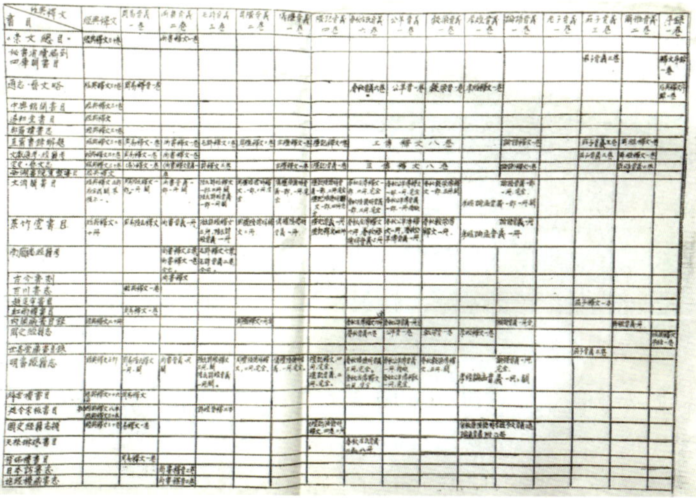

二十八种公私书目所藏《经典释文》单行本一览表

历史，等等，因为刚刚扎进这座知识宝库，什么都新鲜，就连分类也很吸引我，通过分类，我几乎可以随心所欲找自己所想要的书。那时可以说无所不抄、无所不借，又无所不读。当然有的就是借出阅读序跋目录，知道大概，有的则摘抄需要的内容。我原来记忆力还可以，但是拼命读书以后，一天只睡几个小时，时日一长，整天觉得昏昏沉沉，脑子发热，四肢松软，拳头也捏不紧，想记什么都随即忘记，反切上下字背了忘，忘了再背，我感觉自己的记忆力极度下降，不知道是少睡原因，就去看心理学的书。所以张耀翔、高觉敷的书我早就借阅过，由此又去借阅巴甫洛夫的书，因为对信号系统感觉好奇。高觉敷翻译的弗洛伊德的书那时就借读过，而《梦的解析》好像多年以后才出版。张耀翔的《感觉心理学》后来买到了旧书，高觉敷的《中国心理学史》出版后，我也立即买下。我之所以对心理学有几年的热度，那是因为陆志韦和唐钺原来都是学心理学的。陆志韦的《古音说略》我不知看了几遍，唐钺的《国故新探》中关于古音辩论的文章也抄过，后来买到了旧书，这次在台湾又买了两本他们翻印的“盗版”，居然连作者姓名都隐去不写，因为唐钺后来任北大、清华教授，全国政协委员等职。还有就是我进《汉语大词典》编纂处工作以后，很想用心理学来分析语词引申义的问题，时间一长，兴趣转移，于此也就渐渐疏淡了。这只是举一个心理学的例，其他学科的书也看了不少。80 年代，图书馆人多，你不是早上第一二三名来，后来来的，借书就比较慢，有时一张借书单下大库，你就得等半小时，回来如果白单一张，没有，重填，你又得等。管理员为了缓解这种情况，就叫天天必到的读者，尽量把书保留。所以闭馆还书时，总是问“明天还要吗”，这样既让你少等少浪费时间，也减少他们的工作量和减少书的上下搬运环节。所以，那时我把《刘申叔先生遗书》《王静安先生遗书》《崔东壁遗书》等，都长期保留过，以便在借新书等候时可以翻阅这些书。所借的书和借书过程都有很多故事，一时也记不全说不完。不过，到长乐路去看善本书和徐家汇藏书楼去看旧杂志的经历，还是不能不说的。图书馆的线装书卡标有“长”的，都是藏在长乐路746号原合众图书馆的旧址里的，一般你要隔二三天才会给你调过来，有时他们也会叫你直接去那儿看，所以我也经常去。记得我看段玉裁的道光乙酉本《诗经小学》就是在长乐路，书上钤有“淮海世家”方印，也不知是谁家的，多年后问了徐复老，才知就是王念孙家的印。在写《清经解》一文时，很多石印本都在长乐路，经常去，也经常看到顾廷龙顾老会很静地走下楼梯，环顾一下，没有声音。我知道他是大人物，也不敢打扰他。多年后，我叫同事林申清去请他老人家为我题写《中国古代避讳大辞典》，他题了，我没编出来，很内疚。在看书的过程中，经常会碰到一些引自旧杂志上的文章，上海图书馆的旧杂志不在人民广场那边，都放在徐家汇藏书楼。也是请盛巽昌先生联系的，只听他与徐家汇的芮太英和徐老师通电话，说我们这里有个小青年，把馆里所有的音韵训诂方面的书都看完了（我吓了一跳，顿感惭愧）！要想来你们这儿看旧杂志。就凭这一通电话，我在徐家汇藏书楼看了半年多的杂志。《史语所集刊》《史学年报》《华国月刊》《制言半月刊》《国粹学报》《燕京学报》《国学专刊》《北京大学研究所国学门周刊》，等等，大多都让我倒腾过，也和那边年龄相仿的管理员熟识了。陆志韦和唐钺在国外学心理学，就是在藏书楼卡片柜里发现他们翻译了好多心理学文章才知道的（那时候可没有百度一下你就知道的喔，不知道的，没处问的，你就永远不知道）。那时还在自行车厂工作，他们把我“发配”到郊区去做附属工厂工人的技术指导，很远，我还是坚持去藏书楼。梅雨季节，门受潮关不上，狠命一关，把右手中指给轧掉一点，仍然坚持去抄写，以致手指化脓。记得正好是抄姜亮夫先生的《委蛇逶迤考》，署名姜寅清，还不知道就是亮夫先生，后来我在整理他的《声韵学概要》的后记中有记述。

一晃就三四十年过去，近年我经常回想我今天所拥有的知识得之于哪里，上海图书馆 208 室是我的大学课堂，我永远不会忘记，不仅是书，还有那里的人。工厂里的同事，说实话，我已记不起几个人的名字，可 208 室的“同事”，盛巽昌、朱守芬之外，王佩芳、金建中、吴莹、沈树吟，藏书楼马莉、乐静秋……虽然他们应该都退休了，我还会经常问起现在的图书馆人员，打听他们的情况，因为太熟悉了。

四、《广韵》研究

虞万里先生

王：您精通音韵学，对《广韵》很熟悉，请谈谈《广韵》在音韵学研究中的地位。

虞：您这话并不确切，我只是学过音韵学，但不精通，现在也很少写这方面的文章了。关于《广韵》，我上世纪70年代末刚学音韵学的时候，到处觅这本书，买不到，就抄了大概三分之一吧。后来我一直去古籍书店寻求，感动了他们的党支书陈耀忠，特地为我去仓库找了一部《四部丛刊》本，一元五毛钱给我，有了书我就没有抄下去。所以人真的不能条件太好，当初罗常培《汉语音韵学导论》没处买，就抄了一本，出版了才四毛三分，买了一本，但抄过印象还是很深的，有了书就不会再抄了。但我确实背过它的反切上下字，那时一天睡几小时，记忆力极度下降，背了忘，忘了又背。在人大进修时，陈复华老师发过《广韵》作业的表格，要我们填写反切，把它系联一遍。我是没有做这作业，因为这时我已有自己的想法。陈澧发明系联法，在深入理解《广韵》的声韵结构上是有意义的，但这一系联就把它看做是一个音系了。《广韵》是综合音系还是单一音系，争论了多少年，至今还是没有一个统一的意见。我从先秦古音往下看，综合反切的产生和发展，字韵书的产生和发展，以及《释文》所呈现的种种怪异现象作综合考虑，觉得陆法言等人当时编纂《切韵》时，有一定的音系基础，仅仅是一定的，不是全部，是金陵、洛下，还是长安，可以讨论。《切韵》有一万多字，这一万多字也不可能都是这基础音系中的读音，他们也有类推。《切韵》在唐代三百年中间，不断有人加字增注，这些加进去的字和音，不可能和萧该、颜之推、陆法言他们同方音的，他们的籍贯不同，必然会各本方音，《切一》《切二》《切三》不同，裴务齐、王仁昫不同，其他《广韵》前面所列的各家所加字和音都不会是一个音系。陈彭年主持编纂的《广韵》是这三百多年层累叠加的《切韵》系抄本韵书的总汇，它不可能是一个纯粹的方音音系。这个观点当时并不清晰，只是在编纂词典的时候从实践中慢慢获得的感想，后来越来越明晰起来。十年前为唐作藩先生八十寿庆写过《斯坦因三探所获吐峪沟文书字书残片考释》，我尝试去考证残卷增字，怎么增，增哪些字。《切韵》系残卷增字问题，从王国维开始，音韵学大家如魏建功、姜亮夫、潘重规、方国瑜等等都探讨、考证过，但不会去想残卷之外加了哪些个字，我却专门去考虑这些残缺空白处的问题，这对综合诸家成果而形成的《广韵》有更深的认识。这次唐先生九十大寿，我又写了《俄敦5596号〈切韵〉残卷复原与年代问题》，也谈到这个问题。所以，我觉得《切韵》到《广韵》所代表的中古音系是复杂的，就音系的单一与综合的争论意义不大。我一直想将这个思想形诸文字，却蹉跎复蹉跎。

回到上面所讲的系联法作业，因为我不赞成是一个整体，所以我没去填表做这个作业。推而广之，八九十年代的研究生们都在做颜师古《汉书音义》、李贤《后汉书音义》、臧晋叔《元曲选音释》，等等，我也从编词典经验出发而认为，这些可以锻炼学生对音韵学的认知和熟悉，但其系联的结果对音韵学史却无所补益。因为，那些人比之萧、颜、陆某，至少在声韵感觉上更等而下之。他们只是为注音而注音，本无意于借用一本书来体现一个音系。系联之后把他们作为一个音系看待，会淆乱中古音韵的构架。

继续我 80 年代的古音学研究，我的想法是古代人名、地名、姓氏大多名从主人，所以音读应该较为固定，可以从此探寻古方音的痕迹以及它的流变。这个思想在《从古方音看歌支的关系及其演变》一文中提出，一直想做点实际工作。直到 2008 年，我才取《广韵》四个韵部，探寻其中姓氏音读的古音痕迹和方音，四个韵部写了二万多字，这一估算，我真有些怕去完成。但写了之后，我至少感觉这个方法是可行的，它至少可以帮助我们梳理出一些古音或古方音的痕迹，对我们今天的姓氏音读定音也有好处。

王：您曾责编余迺永《新校互注宋本广韵》，装帧十分精美，此书在《广韵》研究上，有何推进？

虞：是的。余迺永先生是我参加桂林音韵学年会上碰到的，那时他已是副教授，港台学者，我则是一个小人物，我们只在游阳朔的船上交谈过几句。时隔十五六年重逢后，他说起他的《广韵》新校本完成了。我在上海辞书出版社，正好想做点合乎自己兴趣又有价值的书，就约定由辞书社来出。他的书前两版在台湾印行，发行毕竟有限，能在大陆出版，当然乐意。但他说，我这个书稿都已校过，你们拿到就可以印了，叫我马上要定出版时间。我说大陆出版社有三审制，必须有一定的时间，不可能这么快，他有点奇怪的感觉。等到书稿来了，我审了以后，发觉引文、标点、讹字各种错误不少，几乎每一页都有好多处。稿件返回请他过目，他才知道自己以前的粗疏。港台学者一般认为，出版社是书商，只管排版印刷，他们不知道大陆的出版社业务系统的规范。这样前后往复修改，后来因为手头书稿多，时间紧，后面二三百页也没能仔细严格把关，出版后还是很受欢迎的。

但是出版后也有过小的误会。据说周士琦兄打过电话，责问我们编辑说为什么要出余迺永的书，说余书有攘窃周先生《广韵校勘记》的地方，并说我父亲对虞万里不薄，他为什么做这件事。当时我没接到电话，同事转述后我也很委屈。我是这样想的，余书校勘时很年轻，而且在港台，那时两岸隔绝，里面不提名有大背景的（比如台湾盗版大陆的书，改名改姓，甚至不名不姓都有），原因很复杂。而且余书校勘很大的部分在引述文献（虽然不免有错）和韵字的等第问题，引证的版本也有超过周先生的，当然时代不同，所见多闻，这是应该的。周先生的《校勘记》早已出版，而且中华又重印了，功勋悬诸日月，对也对得出来。出版余书，不会妨碍周先生的开创之功。因为士琦兄后来也没再打电话，我也一直没有向他说明。其实周先生对我这么好，我不会有意去损害他，学术是公器，后人超过前人是理所当然的，后人是在前人基础上研究的，这也是无庸置疑的，余书当然不能例外。我至今仍然存着心，希望哪家出版社摆个魄力，出版周先生的全集，士琦兄年过七十，我也可以出力筹划。我对前辈著作的出版，包括港台老学者著作的出版一直是不遗余力的。你就说余廼永的业师周法高先生，2007 年我在台中静宜大学任客座教授，曾先与中华商议应该出版《周法高全集》，中华也有意，我去台湾东海大学作演讲时和周世箴联系。她说这要看她妈妈的意思。我回来致电老太太，老太太说她忙于出版乃父王伯沆先生的著作，周的书大多都已印了，意思是可以暂缓。我理解，我非常敬重王老先生的学问，他对日本强寇凛然不屈的精神和遗嘱死后不出殡的民族气节，更令我肃然起敬，出版他的书完全应该。我藏书中没有小说《红楼梦》之类，却藏有《王伯沆红楼梦批语汇录》，可以想见。但周法高的著作虽然都出版了，却散在各处，寻找不便，就拿他的《周秦名字解诂汇释》来说，我去台湾寻觅多年，去年客座台大时每天去淘旧书，才觅得一本，还没有续编。所以《周法高全集》仍然必须编。

五、编纂《汉语大词典》

王：您是怎么去编纂《汉语大词典》的呢？

虞：参加《汉大》编纂是一个机缘，也是我人生的一个转折。当时我在工厂上班，上图读书，一门心思在钻研音韵学和经学，心无旁骛。如果是中班，每天多是第一或第二个进阅览室的。同时看书的，有胡文楷、王水照等名人，记得王在研究乌台诗案，胡在点校《十国春秋》。另有一个同龄人孔智华，在研究现代汉语，也是208室常客。1980年12月下旬的某一天，孔智华来跟我说，看到《文汇报》和《解放日报》有招聘启事，说我如果去考希望还是蛮大的。四个地方招聘：一个是上海译文出版社，翻译缺人，一个是《汉语大词典》编纂处，还有上海人民出版社和上海古籍出版社。他说《汉大》和古籍社蛮适合我的。1980年时，1977、1978年考进大学的，只有二年制的专科毕业了，本科四年制的都还没毕业，而出版社继1978年推出35种中外古典文学之后，要出版各类书籍，人员紧缺，用当年招考单位的话就是所谓青黄不接，所以他们想从社会上招一批所谓的“贤达”。

我是个没有把握的事不敢做的人，有点犹豫。问有什么条件，

1980年《汉语大词典》报名照

他说招聘有三个条件：一个是55岁以下，一个是大学中文、历史系的毕业生，第三个条件必须是上海户口。你们都不知道那时没有上海户口，你就不可能在上海定居生活，那时候还用上海粮票呢。我说五十五岁以下，就是眼睛盯着60年代的老大学生，不是我们啊。他说，编词典一定要用到音韵学，现在谁还懂音韵呢。我说我连中学文凭都没有，还说什么中文系、历史系。他说，同等学力也可以。那时针对社会的现实情况，确实都会加上一条“同等学力”，以示考试面前人人平等。

王：那您起码已经符合两条了。

虞：对啊，我符合两条。因为同等学力这个门，永远是要敞开的。他可以不收你，但是他必须装点着：中文、历史专业或同等学力。

王：这就都符合啊。

虞：我犹豫了几天，不敢去，编词典是很神圣的啊，但朋友都怂恿我去。后来我想10日截止，到9日去报名，可以看看前面报名的人数和人员情况，再决定。报名要照片，我当时虚龄25岁，怕人家小看我，平时都穿帆布工作服的我，还特地抱着一件呢制的中山装，到虹艺照相馆换上中山装，用 5 毛 2 分拍了一张证件照。这张照片拍得确实比真人要老成，因为它是我人生转折的见证，所以至今还留了一张。到了 9 日，去了一看，已经报了三百八九十个人了。

王：那报的人不少啊。

虞：我上去跟后来是同事的李爱珍说："您能否让我翻一下前面报了哪些人。"她递给我名单，我一个一个看过来，基本上都是 40 岁到 50 岁的老大学生。其实他放宽到 55 岁确实是有道理的，1925、1926 年生的人啊，在 50 年代的时候正好是大学生。那么再推迟 10 年，就是 50 年代到 60 年代的大学生。所以这个招聘条件是经过斟酌，不是随便说一个年龄数字的。我检视下来，发现唯有一个人是 1925 年生的，那么那年已经 56 岁了，我说："这个人怎么可以报？"李爱珍说："那个人已经超过年龄，我是说不能报，但是他一定要让他考试一下。我就让他报下来了。"我是 1956 年生的，那当年正好 25 岁，既来之则安之，也就报了。报好的第二天 10 日就截止了，后来应该是四百多号人吧。

报完名，我也无从复习，既没有纲要，也没有范围。好像是过年前的一月份吧，他们在光明中学设了一个考场，因为这时学校还在寒假期，就让我们去考试。考试试卷有八开的四张，你可以想一下有多少题目，两个半小时要考完。题目之多范围之广，让人难以想象。今年九月份我在辞书出版社庆祝《汉大》出版三十周年的报告会做了一个演讲，也讲到报考和考试情况，当时出题目的王涛也在场，现在已经 70 多岁了。他接我话题说："对！我们当时的宗旨是什么？就是要比考北大文献专业难（王是北大文献专业的），才能招进来，这样才可以做工作。”所以他们是几个人分头，你出你的题，他出他的题，都是在自己的领域出题目，最后拼合起来，目的就是要“坑”你一下。

王：就是综合考试题嘛。

虞：是啊，综合题。我报名的时候紧张，考试的时候当然也紧张啦。但是我考到一半的时候，感到比较心定了，什么道理？边看边做题目，大多数都能做，因为你音韵啊，训诂啊，经学啊，每天在盘弄，所以能做的多，就是题多来不及写。当我写得很累了，头抬起来，看见在我左前方 3 排的一个 40 多岁的中年男人，把那个中山装风纪扣解开了，眼望天花板，看来是写不出来了。所以我想，考不出的人肯定很多。我这样下去，考上是有可能的。但最后还是写不完，量太大了。他们当时准备招 20 人，所以先在 400 多号试卷中，抓取最前面的 20 张，其他三百八九十张，全部退掉。其实其中有的人肯定也是抱着侥幸来试探一下的，内里南天门与北天门都不知道，刷掉也是情理中事。问题是在后面，我没有收到拒绝的通知已经很好了，对吧？但是他怎么也不来叫我复试，让我在焦虑中度日。

话分两头，其实我当时报了两个地方，上海古籍出版社我也喜欢，也去考了，因为两个单位考试时间是错开的。古籍出版社报考的也将近 400 个人，其实也就是两边都报考的这批人。大家都在碰运气，因为上海就这么大，外地的人没户口也不能来，就这么回事。古籍社考点设在绍兴路的绍兴中学，一月份就考了。结果呢，古籍出版社也是抓前面 20 人，后面所有的人都删掉。我也有幸名列前茅，就是复试也没有我。那个时候，我在工厂工作，每天要上班，只有星期日有空（那时每周只休一天）。凑一个星期日，孔智华陪我去古籍社，其实社里人都休息在家，只有一个女的值班，三十几岁，是总编办秘书，她就出来接待。我说我们来问考试结果，因为没有收到退和面试通知。她说是的，是有一个人，我们先录了20个，面试了12个，7个人退掉了，有一个人是没退。啊，那就是我。她说我不能决定，你如果要问的话，明天郭某某来，你可以问他怎么办。这一说我有点急，第二天中班，上午骑了自行车去找他。这位姓郭的人出来，上下打量我一下，沉思很久，不做声。我就说我报考，你们没有给我复试啊什么的。他说："那你觉得怎么办好？"我当时很紧张，你去想，再回到我刚才讲的那些，我妈不识字，爸早又过世了，家里没有一个文化人，我就读了这么几年书，一下子没了主意。傻了一会儿，我说了一句什么话？现在想起来，简直是我自己一辈子都觉得无地自容的耻辱。让现在要自我表现且感觉良好的年轻人，一定会说，我行，你让我试试，我有信心之类。可我当时说："你们不要我的话，就把东西还给我。"他听了这个话，转身回到办公室，把我的准考证什么都还给了我。我悻悻地走出瑞金二路272号，傻了很久。我后来曾想，他肯定是觉得有枪手代考，所以打量我很久，冤吧？可我现在又想，他怎么也不反过来想，那时要真有这样的枪手，何不自己去放一枪，还来做什么替身？

这次挫折，使我觉得《汉大》那边也悬，必须去追问了，而且吃一堑长一智，我不会这么回答了。到了陕西南路25弄8号《汉大》所在地，碰到一个老者，专门给人倒水的，叫李水大（也算名副其实），是一个很忠厚、活到老做到老的工友。他用苏州话问我："耐来做啥？"我说来问考试的事。他说："是滴是滴，他们都说有一个小年轻考得很好，我也不知道是啥人。”啊，有这样事，怎么办？里面所有的人我都不认识，因为我没有任何关系。我也不再进去问，退出来以后，也是孔智华说，听说可能要交一篇文章的。哇，那时程千帆先生的《唐代进士行卷与文学》刚出版，我正好看过，就接他的话说：“那是不是要行卷？接着还要不要温卷？”他说：“是啊，因为我怎么知道是你考的？古籍不也是这样？对伐。”我想对啊，要行卷，所以不问就回去了。那时厂里早中两班轮番，正值中班，我记得很清楚，每天十一点半回到家里，然后一直都写到凌晨的三四点钟，睡二三小时，再去图书馆看书，下午再上班，晚上再写。连着一个星期，写了一篇六七千字的《“自诒伊戚”“自诒伊阻”考》，就是《左传》赵宣子赵盾说“呜呼！我之怀矣，自诒伊戚，其我之谓矣”，他所引的诗与《诗经·雄雉》文字有异文，我就从音韵上去谈，考证“戚”“阻”，“伊”“繄”关系。写好后用复写纸复写二份，那时都是手抄的嘛。然后你给谁呀？你一个人都不认识。还是孔智华（现在他在澳大利亚，听说有一幢房子，一个妻子，两个儿子，生活很好）陪我去，他说他曾见到过一个《汉大》工作的人，叫钟嘉陵，去碰碰运气吧。到了那边，真的碰到了钟。我们说明来意，他很客气，说我一定会转交到傅元凯主任手里，请你们放心。

说到钟嘉陵，还真应该插一曲。郁达夫大家知道，郁与王映霞离婚后，王又嫁了一个人，嫁给重庆华中航运局经理钟贤道，钟嘉陵就是钟贤道的儿子。钟嘉陵毕业于北大中文系，学语言的。因为是北大毕业的，不用考就进了《汉大》。他人很好，后来一定要给我介绍女朋友什么的，把我拉到他母亲家吃饭（《汉大》在陕西南路，离王映霞住的复兴中路很近）。王映霞的家虽不大，但整洁雅致，墙上挂着钟贤道的照片，看上去就是一个很厚道老实的人。那时王已七十多岁，仪态有点像秦怡，气质娴雅，这在现在那些走穴的明星美人身上是完全看不到的。她做的饭菜也很简洁可口，话不多，可能与我这小年轻没什么可说的吧。午饭出来回编纂处，我知道钟是有意让我见识一下这位曾经轰动一时的名人的。这是花絮。

我把文章交给钟嘉陵后，没出三天，《汉大》编纂处就打电话来，要我去复试。看来这行卷是起作用了。我得抓住这个机会，但又不知道怎么准备。面试那天，在编纂处的二楼，由傅元凯、孙厚朴、金文明三人面试我。傅是二编室副主任，孙是办公室主任（我现在正叫孙先生写《汉大》回忆录），金是一编室副主任，就是上海专门给出版物挑错的，与余秋雨打过笔墨官司，写过《石破天惊逗秋雨——余秋雨散文文史差错百例考辨》。可能是他们看了我的文章，所以那天问的问题都是关于《皇清经解》的。我平生第一次真正感觉到什么叫对答如流。孙厚朴主任看着我们的对答，脸上笑得很灿烂。我从他眼神中看出他的心理：噫，你怎么都能回答？我心想他们肯定会要我的。

几天后，厂里领导告诉我，我被调到《汉语大词典》编纂处去了。那时候都是调动，没有辞职这回事。去报到的一天，接待的是人事科翁在樑，是一个很正统的复员军人，后来生帕金森病过世了。他一见我就说："虞万里呀，你给我听清楚，你到这里来，奖金是少一块钱！"为什么呢？事业单位的奖金是每个月五块，工厂里的奖金是六块，这一块钱肯定少掉了，这是第一。第二，你中班费没有了，中班费每个月有两块六毛八，没有了。我以前就是靠两块多钱去买书的呀。

王：买书的钱断掉了。

虞：是啊，工资才四十多元，少一块钱也是四十分之一呢。我永远不会忘记，他就这么指着我，说你要想清楚，你如果到这来，就会少钱的。我当然毫不犹豫，就办理了手续，进了编纂处。

话分两头，这边考试、复试有种种障碍，而我在厂里要请车间领导开具证明报考，更有关卡，也更窝囊啊，为什么呢？那时报考不是现在，随便拿个身份证之类的，你必须有单位证明，证明你不是无业人员。我刚才说了，那时候都是调动，没有辞职这回事。我去车间主任的办公室，说我听说报纸上有招聘编词典的，我想去试一试。办公室坐着一个女的支部书记，一个男的车间主任。他们都是五十岁上下，先是露出很惊讶的表情，随即显示出一种很不屑的神态。两人面对面坐着，男的还抽着烟，不搭理你，也不看你。我讲完之后，没得到回应，那真叫悻悻然，退又不是，进又不是。

王：人家不理你，左也不是，右也不是。

虞：不理我，真的很无助。他就不睬你。想想也有道理的，我揣度他们这么想：我们识不了几个字，你也不比我们强，怎么想得出要去编词典？“文革”时你才三四年级，能识几个字？是啊，小学到六年级，才识得三千多个常用字，三四年级，两千五到三千左右。“文革”一开始，就刮“读书无用论”风。你学了什么？你会查字典吗？怎么想得出要去编词典让人家查？现在回忆他们如果这样想也不是没有道理。当时我确实很不舒服，无非就是开个证明，不录取的话，与你们无关，对伐。但他们认为你第一是好高骛远、不自量力，第二是不安心本职工作。他们不会知道你下了班啃了个馒头在图书馆读书。僵持了好长的时间，几分钟我也不知道，最后我还是恳求说："你们让我去试一试。"后来只看到支部书记朝车间主任使了个眼色努了努嘴，意思是让他去试吧，这是不可能的事！

王：很不屑的样子吗？

虞：是的，随后就开一张证明，主要是一个章，没有这个章是没有用的。我没有想过万一考不上，要继续呆在这个地方，那将是什么滋味。果然，这里还没考试，厂里已把我调去干喷漆工作。喷漆是有毒的，以前是要发牛奶的，但我们是没有的；过了一个月又调回来做冲床，很机械，还好我没把手指给冲掉。大概这是对不安本分、好高骛远的惩罚吧。

几个月后的一天，车间主任叫我上办公室去，到了里面他冷冷地说，公司来电话，要我们把你的材料档案送到上面去。显然，调令已下达。但我至今没有看到过这一纸公文。原因是，自行车厂是轻工业局下面自行车缝纫机公司下属单位，太小。当时的公文运作程序大概是，一般的公文只行到公司，所以他们只是电话通知厂里，把这个人的档案上呈。公司上送到轻工业局，轻工业局转到出版局，由出版局下达《汉语大词典》编纂处。那主任和书记当然记得开证明时尴尬的对白，所以看得出他说话时很不乐意。

王：没想到您还比他们厉害！

虞：对呀！他很恼火。说你真的要走吗？那把你塑料的袖套、手套，还有你的工作服给我留下来。现在年轻人都不会知道，我们在七八十年代的时候，有一件帆布的劳动工作服，是很时髦的，每天都穿。表明我是工人，不是农民（尽管也当过农民），有时上衣口袋插一支钢笔，也算识几个字的，也算是“知识青年”，其实并没有什么知识，当然我从来没想过要成为知识分子，这不是跟你说笑话。按理，工作服旧了，留下也没用，带走也正常。但他一定要我将所有劳动防护用品全留下，这也是他最后的权限。事到这份上，我什么都不要了，当场在车间办公室全部脱给他们，一丢，扭头就走。

厂里一扭头，到了编纂处，忍了这一块钱的差额，可以看书学习了。哪知进来的第一天，傅主任让我坐在他后面，说：“你刚来，先给我们理理卡片，如果我们需要查书，就给我们查查书。空闲的时候可以写些条目。”

王：就是做最普通的工作。

虞：我当时懵然的感觉至今记忆犹新。你们报上的招聘启事是招聘编纂人员啊，不是编务，怎么进来就做这个工作？这时你就像一个人晚上在荒田野地里，叫天不应，叫地不应。你回去吧，厂里本来就有得是讥笑你的人，不回去，就干这活儿？你说你行的，谁来相信你呀？你要去找人打招呼，家里没有可以为你铺路搭桥的人。真的是很无助！非常难过……

一连几天，闷闷不乐，还是钟嘉陵好，看我这样，在没人时，就跟我说：“老傅看了你文章后，说了这样一句话：‘这篇文章如果是他写的话呢，这个人还不错。’”噢，言下之意怀疑文章不是我写的。是的，试卷可以由枪手代，文章当然更容易喽。既然已经进来了，只能憋着做。

王：回又回不去，待着吧又十分难过！

虞：是啊！你说好是编纂词典的嘛，为什么要我来理卡片？好，那就理吧！不过他还给你一条活路，一边理卡片，没事的时候可以试着写几条，写写条目，儿部就是我们新进的几个人写的。前几个月，几位年龄大的编辑，都会拿着卡片来说："小虞，帮我去查一下。""小虞，这本书哪里找？"其实我知道，他们所要查的书，好多自己都不知道哪里找，就往我这儿一塞。而我三年在上图，文史哲的书看过不少，各种奇怪的书也经常翻阅，所以不难。大家都是"文革"过来的，没有我这样的历练，能知道多少书？所以也都心照不宣。有一件小事可以证明，有一位编辑曾与我交谈，说你这么年轻，就已经知道段玉裁《说文解字注》，我们那时哪会知道啊？他大概看过我的"行卷"了。是的，那时正值"文革"，《三国》《水浒》都难找，哪来的段玉裁、朱骏声呢。"文革"中期，我买到《康熙字典》时，正值醉心于篆刻，将《康熙》天头上的篆字花了一个月全部抄一遍，篆体字是认识了，但在天头经常出现的"段补""段改"等字样，不知所云，根本不知道这是姓，还以为一段一段补、一段一段改呢。因为这个"段"字，使得我后来在古籍书店用 5 块钱买到了段玉裁《说文解字注》线装六册，又用一块 5 毛钱买了黎永椿的备要本《说文通检》。也就是他与我谈话后不久，上海古籍出版社影印《说文解字注》出版，后面的检索比黎书方便，要 7 块 4 毛，我真的很拮据，只能将线装书卖了，再去买上古本。我一生买书无数，卖书就这么几本，所以都记得。

王：编务工作做了多长时间？

虞：我四月份进编纂处，就这么做编务兼杂务。两三个月之后，大概七月份吧，老傅要出差到福建。福建有龙岩、漳州、厦门大学等编写组，他要到那边去审稿。他对我说："我手头来不及审稿，有一个瓜部，五画的，你和李瑞良给我审一下。"李也是考试新进的。我知道他可能是要试探我的水平，这也算给我机会吧。因为他虽然怀疑文章不是我写的，也仅仅是怀疑，到底是不是，需要检验。他去福建，我就审阅稿件。审好以后，他回来了，稿子交给他，他复审后，对我的态度完全改变了，应该是相信了我的水平。之后他碰到问题，有时就会回头与我商量，共同解决。相信了之后，又生出一件事来。

一个编辑室十一二个人，每人的稿子看了后都交到主任那儿。词典的稿子是这样的，你马马虎虎，字面上大致不错，也过得去。如若深究，那永远没底，时间在你思考中飞一样的过去了。他一个人，哪能看得过来全室十来个人的稿子啊。来不及看，就偷偷地跟我说，你帮我审一下。我当时二十五六岁，要看人家四五十岁、五十几岁人审过的稿子。虽然他们有的是新闻记者，有的是历史行业的，训诂、音韵都不一定在行，但论年龄毕竟是长辈，所以我只能既奉命审阅，又不敢让人知道。最尴尬的是每天休息的时间。一到十点钟，铃一响，大家休息了，两间房间的人捧着茶杯，两边串门聊天十分钟。偶尔会走到我桌旁来，一旦看见，大家尴尬。所以铃一响，我总是把报纸遮盖稿子，其实我几十年都没看报纸的习惯。好几年，都是这样偷偷摸摸地看稿，到头来还不能全部算工作量。

王：您在《汉语大词典》编纂处前后共有多少年？

虞：从 1981 年到 1997 年。

王：就是说您在《汉语大词典》干了十七年。

虞：是。1997 年到 2001 年在《辞海》四年。2001 年到 2013 年在历史所，十二年。

王：您在《汉语大词典》编纂处和《辞海》编辑部二十一年的时间，从学术研究的角度来说，这二十一年对您有什么影响或者帮助？

虞：应该说对自己的学术功力积累是很有帮助的，但你不能把它运用在学术研究上。傅原来在中华书局上编所，是一个比较传统老式的人，他希望年轻人专注工作，心无旁骛。他自己也是身体力行的，他当右派时，选注过《两汉故事选》，来《汉大》工作后，基本不再注书写文章。我举个例子，编《汉大》你什么都要接触，最好什么都会，当然不可能什么都会精通的。我们几个编纂人员在审阅、撰写条目涉及《易经·系辞》"大衍之数五十，其用四十有九"一段，也就演绎了占卦的过程。那时洪丕谟的《中国古代算命术》好像还没出，说是要出版了。所以我们大家凑在一起搞迷信活动——算命排八字。因为谈到"华盖运"，使我想起鲁迅的《华盖集》，所以就写了一篇千字文，谈"华盖运"，投给《解放日报》，投出去也就结束了。一天，我看见主任的脸色不太好看，也不知什么原因。后来在图书资料室查书，有人告诉我你有文章发表在《解放日报》上，哇，我明白了。因为我不看报纸，到此才恍然大悟。

王：这是“个人英雄主义”！

虞：对对对。你不好好工作，想个人出名。他的思维就是，如果在外面发文章，就一定会放松工作，二律背反，绝对不会互相促进。其实，果真写一篇“华盖运”就可以出名，那我真是“运交华盖欲何求”了，你说是吗？

王：在《汉语大词典》编纂处，您白天上班审稿，晚上做研究？

虞：是啊，反正那时候，我白天没有办法，前几年坐在傅的后面，他经常要回头与我商量问题。再说写古音学，参看考古、文献资料，甚至查阅地图等，根本无法在白天做。后面几年，《汉大》出书压力很大，有时晚上也要加班，所以《榆枋斋学术论集》的文章都是晚上写的。有了孩子后，一般要到九点以后才可以坐定。考据的文章难写，前一二个小时都在查资料，真正动笔，往往已经午夜，但每天坚持几百字，是这样日积月累，才有几十万字的。当然还有其他的东西，比如《史记词典》我写过三家注的条目，后来不出了。《避讳辞典》我写了40多万字，因为还缺明清部分，也没出版。《马一浮集》《南宋杂事诗》算是出了，《海上尘天影》最后不知给谁弄去出版了，不是我的名字。所以我做过很多劳而无功的事。就拿写的文章说，像《论集》前三篇文章，《歌支》三万多、《山东古方音》五万、《三礼汉读》七万的，分别是1980、1986、1988年写的，但发表已经在1994、1998、2001年了，所以人家根本不知道我。这一方面是文章太长，无处发表，一则也是没有老师给我去投稿，不像现在我还给学生的文章去谋出路，所以只能压着。不过还好，我的好多文章都是十年、十几年，甚至更长的时间才刊出的，即使那几篇在《汉大》工作期间已经发表，也是在比较偏僻的杂志，至少是《汉大》那些人不大关注的杂志，比如《音韵学研究》《语言研究》《古汉语研究》《敦煌吐鲁番研究》等，而不是人家每天看到的报纸，要不然，我的日子一定会更不好过。

王：在《汉语大词典》编纂处十七年，您最大的感受是什么？

虞：我没有去读大学，所以没有专业，没有专业，就什么都是我的专业。而《汉大》内容无所不包，立项释义唯精唯微，什么专业都需要，什么都需要专业。那天在辞书社庆祝《汉大》出版三十周年纪念会上，我说到现在为止，我越来越感念《汉语大词典》。为什么呢?《汉语大词典》原来的宗旨，是不收或少收现代汉语的，所谓源流并重，主要在源，所以我们天天读古文，天天查古书。我曾经说过，我对古代典籍和学术书籍最熟的时候，经史子集在我心里，保守地说大概七八千种左右。你说一个作者，我马上可以说出他有哪些著作；你说一本书，我随口可以回答作者是谁。凡是《汉语大词典引书格式》里有的书，即便是小说戏曲，我也可以不假思索回答你。上世纪 80 年代以来出版的学术著作，我更了如指掌。比如说徐锡龄，我随即说他有《熙朝新语》。《六研斋笔记》是谁写的？明代李日华。比如你说，王锷这个人，您有《三礼研究论著提要》《〈礼记〉成书考》什么的，我随口就答，不需要思索。这是因为我本来就很喜欢古籍，记忆力还不错，每天都在接触这些书，日长时久，印象深刻。一个是日用之间的熟悉，还有自己也做过努力。像《四部丛刊》《四部备要》所收的书籍，所用的版本，我也都在心里。为什么呢？ 80 年代家里都很小，我买的书全放在办公室，所以我下班后也在编纂处，很晚回去，家里只是晚上睡觉的旅馆。《汉大》原先在陕西南路25弄，回到家里要半小时，后来在新华路200号，就是上海影城那边，离家更远，我都是十一二点钟骑车回家的。三九严寒的半夜，气温最低时，没有像样的棉衣，连一件稍好的绒线毛衣都没有，只穿着一件透风的冬天的反绒球衣，冷得双肩耸成鸢肩，年复一年，肩膀永远是酸痛的。那时每天吃完晚饭，我就在《四部丛刊》面前默记，第一册是《周易》《尚书》(指平装缩印本)，第二册是《毛诗》，第三册是《周礼》，《云笈七签》后面是总集开始，只收《楚辞》，后面是《蔡中郎文集》，是一种活字本，等等。到后来全都烂熟于胸，所以你只要说要哪一种，我随手可以抽取给你。编纂处有一个专供我们校核资料用的图书馆，约有十万本左右古今图书。因为天天查，时时核，五年十年下来，哪本书在哪里一清二楚，熟到什么程度？你先让我知道站在哪里，然后把我眼睛蒙起来，要我找哪一本书，我可以摸到这本书大概位置，一般不会相差五六本（除非这本书临时给人插错）。如果我跟一个专业的人比，专业的书我肯定不如，比如说《礼记》，您王锷当然比我知道的多了，但是如果和两个专业、三个专业、四个专业，经史子集加起来，唐宋元明清或者先秦魏晋南北朝，全部贯通起来，我的名次会越来越靠前，因为《汉大》工作使我必须熟悉经史子集和古今的成百上千种的书目。当然这仅仅是书名，最受用的，还是阅读古籍。编纂《汉大》的十七年，那是每天读古籍，有标点的除外，没有标点的也不知有多少，就像“文革”时的天天读，读也要读，不读也要读，因为这是你的工作。这一二十年中阅读古籍的体量以字论少说也有几千万，平心估量至少上亿。而且并非有口无心地读，还要思考它的词义句意，怎样用最确切的词汇短句来解释。这种阅读，你可以为工作而工作，时过境迁，烟消云散；你也可以为功力而用功，日积月累，内功扎实。一生中能有这样二十年的锻炼，也是一万人十万人中的幸运儿。

客观上为了应付《汉大》内容的兼容并包而不断追求新知，主观上却开拓了我的研究视野，也使我兼收并蓄的胸襟更加开阔。尽管 80 年代我曾醉心于古音学和经学，但对考古、出土文献、敦煌残卷、道教、碑刻等所有学术都怀有积极求知、追寻的好奇心。那时每月的工资只有一二百元，后来三四百吧，但我每年个人订阅的杂志有《中国语文》《方言》《语言研究》《文物》《考古》《考古学报》《中原文物》《华夏考古》《考古与文物》《中国史研究动态》《中国文物报》，当然还订了一张《讽刺与幽默》，我很喜欢，十一二种，每年大概在 250 到 300 元左右，买书还不算在内。在 1986 年之前，我没有踏进过银行一步，以致后来我到银行去心就会紧张。我不进银行，只进书店，所有的爱全部在书店。我订了那么多杂志，就是所有考古、语言、历史、文献等学术动态，我齐头并进，都想知道。我现在与年轻人交谈常会碰到说，这个不是我的专业，我是学训诂的，我是学什么的。而我什么都想学，什么都想要。杨蓉蓉在《榆枋斋学术论集》后记里说到我引述黄振华“西夏文汉籍经史子集都有”错写成“经史子集都要”，虽然我自己看了都笑，但这确实是我当时心情的流露——不管文字、音韵、训诂，版本、目录、校勘，也无论经典、史籍、子书、诗词骈文、道教、敦煌……我感觉没有不喜欢的。虽然都是编词典所需要，却也是我心中所爱所求的，我没有专业，却什么都是我的专业。

在《汉大》时也没什么感觉，只是一味地汲取，根本没有想过我要走什么样的求学之路，在走什么样的学术之路。杨蓉蓉《编后记》曾说："如果当初盛巽昌先生不打破成文的规矩，不开绿灯，那么虞万里可能走的是另一条求学之路，其知识构架也许会与今天不一样。"我的朋友朱渊青也说，如果我不是从图书馆到《汉大》，而是从高校围墙中走出，就做不出我现在的学术。当时我还沉浸在一种白天时间被工作占满无法思考研究的苦闷中，总觉得我对所有知识的主观包容是坚定不移的，多一点时间不更好，怎么会做不出现在的学术？就是有点不认同他们的说法。人生不能重新演绎，如果的假设无法验证，但现在想来，即使不否认主观包容，也必须有客观的刺激。再加一个"如果"，如果我在大学读书，这样脱缰野马式的狂奔乱跑，说不定给老师当头棒喝、严厉训斥后畏缩不前，亦未可知。不管怎么说，知识结构肯定会与现在不同。后来调到历史所，又调到大学，到过多所大学研究机构演讲、出访、客座，接触学生、老师机会更多，深感专业教育制度下的人才培养，专业可以越来越深，论文可以越做越精细，知识面却越来越窄，文史隔阂的现象也越来越突出。台湾的学生，本科时文字、音韵、训诂都是必修，所以传统语言学的基本素养足够，内地大学课程设计受到限制，这些课程未必完全，甚至基本没有，所以要进入到稍微艰深的先秦文献的阅读理解就有困难。株守专业、文史隔阂的情况，当然是两边都存在。今天有这种学生，明天就有这种老师。长此以往，有点安其所习、"毁所不见"的样子。而我自己因为《汉大》的需要和尽力扩充自己知识面的主观意图，二三十年以后，幸而稍稍免于这种缺失。我曾经开玩笑地说，如果以大学学分制来计，我自学过的科目，大概是本科或研究所的二倍以上。那天在辞书社庆祝《汉大》出版三十周年纪念会上，我说几十年过去，我对《汉大》那段经历越来越感念。是《汉大》锻炼了我，是它的客观需求契合了我的主观求知欲，并使这种能动性发挥到不能说极致也是非常充分的地步，所以也可以说《汉大》培养了我。回想从事《汉大》工作的十七年，我刻骨铭心的体验是，你对工作投入的精力越多，将来得到的回报也越多，拥有的能力也越强！

王：正因为这样，是极大地开阔了您的视野。

虞：对，极大地开阔了我的眼界。举几个例子：《汉大》引书都要准确标注作者或注者（即使不出作者的书，也要将书证放在与作者时代相应的位置）。道教经典《黄庭经》作者虽然不明，《云笈七签》本的《黄庭内景经》和《外景经》的注者是梁邱子和务成子，但其部分注文和序文等往往舛乱不分，使我们难以准确标注注者。为了这个引书格式问题，我就想把它弄个明白。于是由丁福保《道藏精华录》开始，进入《道藏》的阅读。那是我人大进修回沪后，1983年年末吧，我一直去上图在《道藏》里寻求线索，逢上过年，仅一二天闭馆不能去，其他全部是第一个进去，最后一个出来（过年人很稀少）。前后大概翻阅过六分之一的《道藏》，摘录出近十万字的资料，然后对《黄庭经》押韵进行排比，探索它的年代，引述文献，予以考证，几个月中写出一篇四五万字的长文。不仅将梁、务注的情况彻底弄清楚了，还将《内外景经》作者、王羲之与《黄庭经帖》等问题连带都给出一个明确的结论。《汉大》引用《黄庭经》的书证极多，而注者错舛使大家很头疼。所以理清这个问题，傅元凯主任很高兴，因为这是与工作相关的。他亲自将文章推荐给《中华文史论丛》，没过两个月，编辑部来函说了很多赞赏的话，但因为《论丛》篇幅有限，只能发两万多字。那时文章一般都是六千到八千，要发到一万多字的已是长文章了，我理解。连着几天，把文章删节缩略，节成两万字左右。想想古籍出版社离编纂处还近，就免去不保险的邮寄形式，自己骑车送了过去。踏进编辑部的门，看到《论丛》的主编坐在那里，我说明了来意，他并没有叫我坐下，而是上下又打量了我好久，那眼神就像当初问考试结果时的郭某某——他是不是在怀疑我不是这篇文章的作者？我当时站着很不自在，只能说“我就是《黄庭经》的作者”，而后无聊地表述一下我怎么遵照编辑部意见修改的，具体记不清了。讲完，他冷冷地说：“那你放着吧。”我终究没能有幸坐下与主编对谈，只能悻悻然地退出回来。一年之后，记住，是一年之后！一封退稿信寄来，说了和前一封信函完全相反的意见，意思是与时贤的观点没大出入。真是天晓得，我的观点正好和社科院王明先生的《黄庭经考》相反。古籍社大人们的怀疑，真的让我很无奈和伤感！伤感只能忍着，无奈之下，又转投中华书局《文史》，四五个月后有回复说愿意刊登，但必须压缩到二万五千字左右，我又一次改写寄回，终于在1987年二十九辑上刊出。文章传到法国，施舟人先生以为作者是一个七十多岁的人（这是后来他学生告诉我的）。此即后来他叫我去荷兰莱顿汉学院访问的渊源。1990年我去北京白云观晋谒李养正先生，送呈小文，他说你的文章我已看过两三遍，当初就是我审的稿，我跟中华说：“这种文章不发，还发什么文章。”但他也跟我说：“我以为你是七十多岁的老人。”李养正先生很好，说中华请他写《黄庭经》的书，他说你们去找虞某人吧。只是我搜集了几十个《黄庭经》版本，几十年过去，至今还没有做出来，愧对李先生，此是后话。我性好寻根究底，每做一事，总想弄个水落石出。

《汉大》引述，凡出现词目的书证尽量要标注时代或作者，裴注《三国志》引书有很多并不写明作者和朝代，于是我将所有裴注翻了几遍，摘录出所有的引书书目，一一考订，最后写成《三国志裴注引书新考》，并做了一个裴注引书目录，标明作者和朝代，让撰稿者检用。记得 1989 年学林出版社出版了日本吉野裕子的《阴阳五行与日本民族》，里面写桃太郎的故事，牵涉到我国的桃符问题，表述得很不到位。我缘此搜检了不知多少文献，写了一封长达二万多字的信，寄给作者，作者很惊讶地回信说，还不知道这个问题有那么大的学问。这封信就是后来发表的《桃符风俗源流考》，所以里面基本没有什么注释，因为原本是一封信而已。再比如说写《下部赞》的那篇，林悟殊的《下部赞》文章发表在《季羡林教授八十华诞纪念论文集》，书很贵，100 元上下两册，江西人民出版社出的。同事徐文堪——徐森玉的公子买了，几年后我也咬咬牙买了一部。买了之后很高兴嘛，中午休息就躺在躺椅上看林悟殊的《下部赞》，林以前写过类似文章，这次他从大英图书馆里面对照原卷做了一个新的录文。我一看他录的“预”（从矛）字有问题，这明明是个避讳字，避代宗李豫的嫌讳，他却说读“耎（ruǎn）”，《字汇》收此字是有音无义，其实音也是来路不明的。所以我从一个避讳字切入，结合摩尼教的来龙去脉，写了《敦煌摩尼教下部赞写本年代新探》一文，写好寄给荣新江。新江兄也很慎重，马上转给林悟殊，请他作出判断，林同意刊发，随即刊发在《敦煌吐鲁番研究》第一卷上。后来荣新江从德国到荷兰，我那时正在荷兰莱顿。他说，你这文章一出来，瑞典摩尼教中心马上就来索取，因为摩尼教是世界性的，你对写卷年代的推进，很引人关注。

举这几篇文章为例，是要说明它涉及的内容，都是多方面的，绝不是学校里写一篇论文那么单一，而这些大多是《汉大》客观的要求，也是我主观的追求。

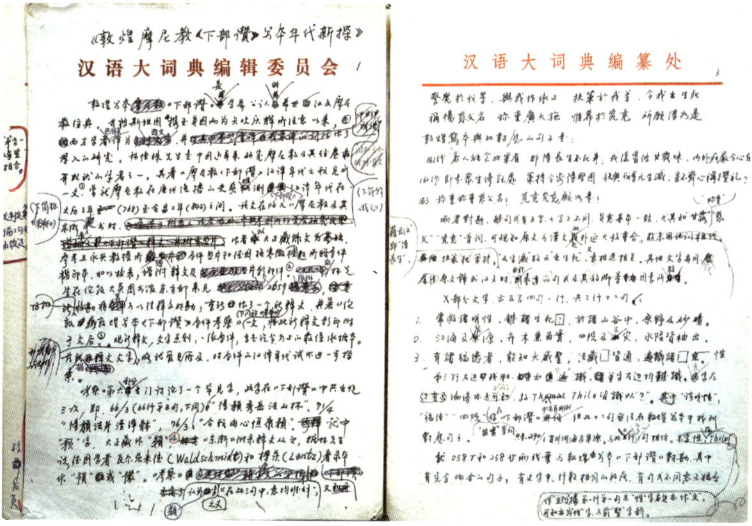

《敦煌摩尼教下部赞写本年代新探》手稿

六、《汉语大词典》之评价

王：虞老师，您的经历很坎坷，很不容易，这说明您毅力坚强！对于《汉语大词典》，学界有不同的声音，您是参与编纂者，从一个编者的角度来说，您怎么评价这部书？

虞：我已经写过文章，并且这次他们要收到纪念集里去的。我也听到过两种截然不同的观点：有的把《汉语大词典》说得好得不得了，因为它确实被联合国教科文组织定为汉语的标准。就是说如果有法律纠纷，要以《汉语大词典》的解释为准，这是褒的观点。就贬的观点来说，说它是千疮百孔。你看这个也缺了，那个也错了，所以就会有很多人在做订补的工作。其实这些都是没有了解当年编纂时的实际情况。我一直说，《汉大》是"文革"后期用手工编纂的最后一部前无古人的词典。首先它是前无古人的，体例、规模和收词量等都压倒所有古代辞书、类书；其次他的编纂始于"文革"后期，这就必然包孕着三方面的不足，一是受"左"的思潮影响，二是经过"文革"的人对古籍理解和语词诠释有很大局限，三是古籍资源严重不足；再次不要忘记，从今天来看，它是一部手工操作的词典，就是没有电子检索，纯粹用卡片来编的，今后不会再有了！

任何一部词典的面世，无不带有它产生时代的印记。《汉大》收词三十六七万条，中国历史上哪一部类书或韵书有它多呢？我们一般的读书人如果碰到什么不懂的词汇，绝大多数可以在这部词典中得到解决。就释义而言，正确或基本正确的毕竟占绝大多数，有错误的条目毕竟是少数。

王：《汉语大词典》是在什么样的历史背景下编纂的？

虞：《汉大》是1975年邓小平复出后开始编纂的，“文革”后期不免有“左”的思潮影响，一是要把马列著作中的词都收进来，这是翻译词汇，不是汉语词汇，后来就全部作废了。二是要把《毛泽东选集》一到四卷，全部做成一字索引，就是洪业做的那种引得。所以，词典里面毛泽东诗词文例句占了一定比例。最初编写时，有“左”的思想的人，总觉得引用毛泽东的例句总不会错，所以尽情地引。我并不否认，毛泽东著作经过中央专门机构加工润饰，在语词应用、语法规范上绝对是标准的，但是词典的引例应该尽量涵盖到方方面面，不能集中在某些点。后来审稿过程中，如果删去，就是用红笔涂去，我在编纂时该删该改，一切以条目稳妥为指归。

古籍的阅读理解，词典的编纂释义，你即使沉浸其中数十年，也未必都能很好地理解读通，解释妥帖，更不要说大家都是“文革”后期率尔操觚的动作。你不要小看“文革”十年，这十年时间，在这一代人的思想上、学术上有多少摧残，现在没有谁来准确估算，作为一个人，停顿十年，即使他之前是一个饱学之士，也将会武功尽废。这对古籍理解和词典释义都会带来影响，会反映在《汉大》的方方面面。

“文革”期间破“四旧”，烧古书，70 年代末 80 年代初，虽有古籍书店散出一些古籍线装书，毕竟有限。上海编纂处好歹也从各处搜罗了一批古籍，下面几十个编写组，有的地处偏僻，找书非常困难。《汉大》工作本，就是征求意见的初稿本中有一个叫“存目”的栏目，存目的原因之一，就是有卡片找不到原书核对，或者校核的版本不对，文字有误，只能存而不写，让以后有书的人来写，你就可以想见当时用书之困难啊。那么有人会说，那词典中引书不是很丰富吗？经史子集、古今小说什么都有。是的，我可以告诉你，这些书的大多数，至少相当一部分是从古代的政书、类书、韵书和现有的词典中转用过来的，如《北堂书钞》《初学记》《艺文类聚》《太平御览》《荆川稗编》《骈字类编》《渊鉴类函》《佩文韵府》《大汉和》《中文大词典》《辞源》《辞海》，等等，从这些书上剪贴转录下来，经查核，作为资料应用的。当然这绝不是说，《汉大》没做资料，《汉大》前后做了一千万张左右的卡片，这也是一个前无古人的壮举。但我们看到里面有大量大量的重复，重复的原因就是剪贴这些陈陈相因的类书和词典，如《大汉和》编录《佩文韵府》《渊鉴类函》，《中文》又翻译转录《大汉和》，等等。以我十七年的编纂经验和感受，很多到《四部丛刊》《四部备要》中去查的古籍词汇，往往都是类书、韵书、词典中已有的。《汉大》编纂之初，确实做过一批《丛刊》《备要》中的古籍资料，也剪贴过一部分《备要》，像《周礼正义》等，但不很多，数量是有限的，因为我对《丛刊》《备要》很熟悉，用的时候有感觉，有的书籍根本没有用过，没这卡片，用不到啊。除了常见的《丛刊》和《备要》，清代的古籍丛书也有限，那些古籍丛书，多半情况下是备查的，拿来划词做卡的也有限。我记忆中，广陵书社的《笔记小说大观》、文明书局本《清代笔记丛刊》，是做过卡片的，但也不是全部。说古籍资料做得不多，并不是说没做，只是说做得远远不够。这其中的条件限制，就是难找难借，找到了也不能像现代小说一样在上面划词，这是一个客观的限制。当然五省一市四十多个编写组，各组包括个人都会有一些自己所藏的古籍，各做各的，但这是散的，无法统计。《汉大》前后有几百个人动过笔，或许很少有人去想资料的途径、来源、范围。我对古籍太爱也太熟悉，所以不断在思索《汉大》所用的资料问题，因为这关系到《汉大》还没有收的词汇到底有多少。1986 年，台湾商务印书馆影印《四库全书》发行，我建议王涛买了一套。但是，1986 年《汉大》第一卷已经出来了，接着社会上的呼声是要你们快出书，一年两卷；而《四库全书》10 万元一套，很贵啊，记得那时编纂处国家每年拨款才三十多万呢，这就不可能让你把书带出去在家里划词做卡，况且时间也不允许了。退而论之，就是用《四库》这三千四五百种书去制卡，里面有一部分书你也不一定能看懂，而且《四库》也只是古籍的多少分之一呢！

王：做资料卡片是一件很难的事，而且因人而异。

虞：做资料卡片也各有差异，它取决于每个人已有的文化素养深厚与否和知识面的广狭。原则上不懂的词汇尤其要摘出，但若你读不通古籍，结果划了个破词，成了废卡，这还不要紧，如果据此让人立目瞎作解释，就成了某些扒错人士的活靶子，这情况有得是啊。那么谨慎一点的人，看到吃不准的，怕划错让人笑话，索性就省了，滑过去，这样就漏了，做了这本书仍漏了这个词，而且这种漏的，往往是非常需要解释，需要被查考的词汇。回到我刚才说的“文革”后文化涵养缺失的人来做卡，可想而知，这种缺漏一定难免。不仅缺词，而且缺义项。因为词典是靠卡片、靠资料来编的，没有卡片资料，词目不会全，义项也不会全。

我说了《汉大》的这些缺失不足，实在是由客观和主观造成的，这里的主观，也就是人的因素，人的水平不够，其中部分也是由于客观历史所造成的。但由此指责《汉大》这里错那里错，也是不负责任、不明底里的，首先哪一部词典没有错？哪一个人可以保证自己在词典里所做的解释都是对的？那些信口诋詈、随意指责的人，如果叫他在三四十年前那样的资料环境中来编写、来释义，或许他会错得更多！应该做这样一种客观的认识和评价，在当时那种时代环境制约下，在严重的资料缺乏、检索不便、时间紧迫的形势下，《汉大》人已经尽了极大的努力，做出了非凡的贡献，他们至少在包容已有历史性的类书和词典等旧材料上，新增了相当数量的新资料，消灭或者说改正了无数旧辞书的错误，将汉语文词典所收词汇的数量和释义质量提升到了一个前所未有的高度。不管你有多少诽谤之词和指责的实据，《汉大》作为汉语词典史上的一块里程碑、一座丰碑，这是不容置疑的。

反过来说，那些言必称《汉大》，义必称《汉大》的人，也不明《汉大》编纂中的客观限制和主观水平的缺陷，以为是汉语词典的真正的典范了。这里我必须作这样的警示性说明，凡是《汉大》已收的词汇和已立的义项，其词汇条目百分之九十九是成立的，尽管有些词汇结构可能比较松散不凝固，其义项大多数是正确的，有少部分可能不太准确、确切，极个别是错误的。但是，凡《汉大》没有收的条目，没有立的义项，你绝不可以说这是汉语词汇中没有的词汇和义项。尤其是义项，更加不能说《汉大》没有这个义项，你就不能用。这又可以分二点来讲，一是资料收集不完整，没有办法立这样的义项。一是各人编写时对义项的概括程度高低不同，有的人立义项比较概括，所以义项少；有的人立义项比较具体，以期更好地突显义例相符原则，也就是让读者更好地理解例句，所以义项多。你绝不能看到义项少的字词没有你所需求的，就说汉语词汇没有这个义项。

王：您可否举例谈谈《汉大》的义项？

虞：我举一个亲身经历的实例。曾国藩说，名满天下，谤亦随之。其实完全不需要名满天下，即使默默无闻如我，只要你挡了人家的路，只要你比其他椽子稍稍长那么一点点，各种冷嘲热讽就会万箭齐发，更有甚者，就恶毒攻击。前几年在历史所，不就多写了几篇论文，多承担了一些工作，于是就谤亦随之了。可笑的是那些谤语中就有说我写文章滥用词汇，如“夺情”不会用，“邺架”也用错。因为没学历，所以会如此云云。有些不三不四的人还做了不符平仄的打油诗来嘲讽（当然诗既打油，平仄也可忽略不计了），一时间不明真相的去查了查《汉大》，哦，真的没有这个义项啊。这看来是一枪中的，无可辩驳的了。因为个别人别有用心，可以原谅他无知，无奈网上很多人在转，转传传转，满城风雨，这实在是一个靠查《汉大》活着的人来讽刺挖苦一个编纂《汉大》的人，旁边站着许多不明真相的人在跟着瞎哄乱叫。我即使编了二十年词典，也仍然会读别字写白字，用错词汇成语，但这个确实没错啊，看了既好气又好笑，因为我不会网战，无法在网上澄清，也不知道是谁，无法与他沟通理论，只能写了一篇文章，搜集了很多例证，将“夺情”和“郰架”两个条目补了五六个义项，使之更加丰满完善。《汉大》“夺情”只有二个义项，①谓减少居丧期间的哀痛之情。②犹夺服。我根据文献补出：①抑制、剥夺人的正常感情。②改变、移易人的情志。③丧失正常性情，④不循常情。⑤谓减少居丧期间的哀痛之情。⑥官员的夺情起复。文章后来刊登在《辞书研究》上。如果理解了我的文章，回头来看这些别有用心的攻击，我没有恶意，只是借用或者就说错用一个成语，那就是一犬吠影，百犬吠声。吠影者有攻击目的，不谈，吠声者那么雀跃欢呼嘈杂一片，我只能报之以苦笑。

回答您的问题，应该这样说，《汉大》有很大的功用，但是确实由于历史原因，造成它有很多不足，希望在这次修订中能够弥补那些不足：改正错误，增加新词。改正错误需要水平，仔细一点会更好。增加新词，就要看增加什么新词。这次他们对近代汉语词汇，白话词汇、出土文献词汇等都有专门的人负责，但大量的古语词汇、文学典故、僻典等，恐怕一时难以增加很多。在这次修订中，这个问题仍然无法解决。为什么？现在叫一般的人去读骈文，去划词，你说有可能吗？水平不可能，浮躁的心也不可能的。我只是说说而已，我也不可能，因为没有这个时间来做。这种大型的历史性的语文词典，需要多次修订，才能逐渐趋于完善。

王：虞老师，其实还有人有这样的想法，当时就我们国内来说，已经有了《辞源》《辞海》，中国台湾已经有了《中文大辞典》，日本有了《大汉和辞典》，我们已经有了这样的工具书，那么你们为什么还要编《汉语大词典》，甚至当时还编了《汉语大字典》？把它摆在这种学术背景当中，应该怎样看待这个问

题？根据您编的经历，请给我们谈谈。

虞：应该说，《汉语大词典》和《汉语大字典》都是1975年5月中央有关部门和文教、出版机构在广州召开中外语文词典编写出版规划座谈会之后的产物。当时全国准备编160种汉语和双语词典，比如《缅汉》《汉缅》《英汉》《汉英》，等等，陆谷孙就是这个时候出来的。当时《现代汉语词典》也没正式出版，古典的词汇只有《辞源》《辞海》。《辞源》《辞海》都是20世纪上半叶的产物，《辞源》初版时收词不足十万，它是供阅读古籍的辞典，《辞海》编纂方针与《辞源》不同，它当时就收了很多百科新词。50年代，毛泽东叫陈望道主持修订《辞海》，那时就将《辞源》《辞海》分了工，前者是针对汉文献古籍的，后者是兼顾百科词的。《辞源》第二次修订仍不超过十万条，最近第三次修订刚过十万条。《辞海》的1999版和2009版的《语词分册》，也在四万条左右。十万条的规模一是远远未穷尽积累了二三千年汉语文献中的汉语词汇量，二是只能供一般文史研究者应用。

至于说到《大汉和辞典》和《中文大辞典》，诸桥辙次的《大汉和》，收了五十万条，其中有十五六万条是日本词汇，而且三十多万条汉语词汇中有人名、书名、丛书名、地名、其他专有名词，等等，如果去掉这些，真正的语词就不多了。《中文大辞典》收词三十七万条，也是包括了人名、书名、地名、合称、专名，等等，在一定程度上说，它是在翻译《大汉和》的基础上编纂的，所以收入的语词也相去不远。此书最先是大本16开40册，修订后改为大32开10厚册，但内容修订不多。一本大型语文词典，如果有人名、书名、地名，等等，虽然一编在手，全部拥有，可以说利于用，但毕竟不能算是一部纯粹的语文词典，而且这几部辞书所收录的语词与汉语文献实际所拥有的词汇量也相差太远，刚才我说即使像《汉大》收录三十六七万条语词，也不能说是括尽了所有汉语词汇，所以必须编一部主观上尽可能包罗所有汉语词汇的大型语文词典，以能代表我国当代的汉语词汇研究和词典编纂的水平，这就是《汉语大词典》编纂的宗旨。

说主观上尽可能包罗，那就是说客观上是不可能包罗的。刚才我讲过，就当时材料搜集的范围、可供搜集的文献、搜集的方法、搜集人员的能力，等等，都受到时代的限制，所以要包罗所有汉语词汇是不可能的。我一直拿骈文作比喻，说从汉赋开始，六朝的四六骈文，唐宋的律赋，明清的骈文等，都是古代文学大家精心雕琢汉语词汇、创造汉语词汇的宝库，这些词汇构词之巧，意蕴之深，音节之美，都是无与伦比的，它是汉语词汇中很高级的一种词群；他们在隶事用典方面，也是极尽其能事，将各种生典僻典巧用妙用；可惜的是我们没有或者说很少去专门做过资料卡。现在所引到的，只是前人在类书和词典中已收录的而已。就实际情况而言，《全唐文》当时有，但没做，《全唐文补遗》没出，当然更没做，须知《补遗》中的墓志文，里面的词汇丰富得很啊。《全宋文》出在后面，当时只是对一些宋代的大家做卡，很多都没有。《金文最》《全辽文》当时有，但也没有做，除了《丛刊》《备要》有的作家的卡片，如元好问、赵秉文等少数文学家，其他很少。总之后出的“全”字头的诗文，当时都没有系统地去做。我喜欢骈文之类的文章，平时也调节着看一些，前两年写《别集流变论》，系统梳理了一下文集的来龙去脉，翻翻内容，这里面所用的典故，所雕琢的词汇，真是让人惊叹古人运用语言的能力可以像耍杂技一样随意摆弄。要将里面很多词汇典故去查一下《汉大》，很多都没有。还有很多需要解释、查阅的古代进入社会生活的专科语词，如算命、星象、占卜等等，也由于没有做大量的资料而搜罗不全。从这个意义上来回答您刚才所提的问题，就是说《汉大》不仅必须编纂，而且还必须继续再接再厉，前仆后继地做几十年上百年，才能编成一部理想中的大型语文词典。

为什么要编《汉语大字典》呢？我们知道《广韵》收了二万五千三百三十四字，《集韵》凡例说收了五万三千五百二十五个字，但这都是将一字多音算多个字的，其实《集韵》只有三万多个，和《类篇》相近。《五音集韵》说有五万六千多个，就单字而言，还没有《康熙》的四万七千多字多。《中华大字典》在《康熙》基础上有所增加，也只有四万八千多字。所有的老《辞源》老《辞海》，说是收十万条，其实单字就一万多而已，即使像《汉大》，也只有二万二千多字。汉字究竟有多少？没有一个确切的数字。《康熙》《中华》收字虽多，其实《龙龛手鉴》《四声篇海》等字书中的好多字形都没有收入。对一般读者而言，《康熙》《中华》足够用了，但要想摸清汉字的数量，就得编一部《汉语大字典》。只是当时受编纂原则，即要有音有义有书证的限制，《汉语大字典》只收了五万四千多字，第二版修订时，增加到六万零一点。其实在第二版之前，我的同学冷玉龙他们编了《中华字海》，收字八万五千多，现在他们又在修订，估计要收二十万左右。当然这个数字，不仅包括异体，还包括了新旧字形等点画差异的字吧，我还没看到。

大型的语文工具书，它不仅仅在于备用备考，还在于清理汉语汉字家底，承担总结汉语汉字的任务，同时也是代表我们汉字汉语研究所达到的水平。

七、编词典与责编

王：虞老师，您除参编《汉语大词典》之外，还参与编写《多功能汉语大词典索引》《古汉语大辞典》《典故小词典》等，请谈谈相关情况。

虞：那是《多功能汉大索引》在前面。80年代末90年代初，我与亡友宋永培教授关系很好，他叫我参加他的一个文化语言学会，我参加了，但也没有去开过会。《汉大》编纂到了尾声，大概1992年春夏之交，日语翻译李建华陪同日本禅文化研究所的芳泽胜弘来上海编纂处找我，说是文化语言学会宋永培他们介绍的。他们来谈的目的就是编纂一本《汉语大词典索引》。这个时候，《汉大》出到第九卷，《汉语大词典·附录·索引》还没有编纂，但是我们计划只是编单字索引，没有复词索引。一部大型的语文词典，收词三十六七万条，没有索引，当然是个大缺陷。当时的阮社长实在不懂词典和学术，根本不考虑。李翻译和芳泽一与我谈这事，我极为兴奋。当天中午饭前我就找社长、总编反映此事。哪知他们第一句话就说："他们拿多少钱来！我们编。"噫？我傻了，这怎么着？呆了一会儿，我还是耐心说，他们是要编一本三十多万条词条，从任何一个字词都能查到的索引，这需要切词，工作非常繁琐的。而且当时的电脑，造字空位有限制，《汉大》二万多单字，我们的电脑是没法做的。他们想了想，就说可以合作。之后经李建华从中联络翻译。初步达成了意向。日方电脑比我们高级，造字等他们全权处理，但是他们对多字条的切分没有把握，但可以做初步的切分工作，最终的审定必须由我们负责。1993 年 3 月芳泽再次来沪，商量具体工作步骤。等到开始做的时候，《汉大》第十二卷也完成出版了。日方做好一卷，寄过来，由我仔细审核改正，返回，修改。这样来回往复不知多少次。之后芳泽、建华以及神野恭行他们也多次来沪，商量碰到的问题和解决的方案。有一次，李建华会后偷偷跟我说，刚才你上厕所时，你们社长要芳泽出个邀请函邀请他们去日本，还说："你们只要出个函，钱都是我们自己出。"我听了真不是滋味，这倒不是他们要绕着我不让我去，而是你这样给日本人什么印象！正事暂缓，观光先行，丢中国人的脸啊。果然，芳泽他们也很会做事，说好等到樱花盛开的时候，邀请他们几个头儿去。结果，樱花开了谢，谢了又开，《索引》工作进展了，樱花开了再谢，谢了再开，《索引》工作又进展了，但邀请函始终没有开出来。邀请函没有开出，最后《索引》确实出版了。由于有了这个前因，于是就有两个后果，一是由芳泽起草的《前言》，如实地说明他们来找我怎么说怎么做，然后怎么与领导汇报等等，这一段给总编砍掉了，只说是"得到出版社的认同"，突出社长、总编与他们达成共识。二是他们在我工作的编辑费上大加砍卡。《索引》1997 年 8 月出版，我是 10 月调到辞书出版社的，所以也就没和他们争辩，爱给多少给多少，反正就此拜拜了。

《多功能汉语大词典索引》字数约700万。分成两部分，前面一大半是两字条目，一个字，不管你出现在前面还是后面一字，都可以查得到。我们举个例子：徜，下面有三条，第236页5栏下：○徉3—987；○恍*3—988；徉○3—949。说明“徜”在两字条目中出现三次，后面是卷次数和页码数。○恍后面有“*”，说明三字以上的多字条目中还出现这词。在1236页4栏下有：徜恍，迷离○恍10—824。当然我们还看到有：迷离○仿一条。这是条目少的例子，由此可以想见整部《汉大》词条中出现的字，出现多少次，以什么构词形式出现，一目了然。虽然现在电子化了，你可以随意检索。但是如果你要研究词汇的构词形式，或者分析他的什么什么，还必须用这本索引。很可惜，这本索引编纂的时候有这样的邪念夹杂其中，出版卖完之后，再也没有重印，对领导来说，或许还有遗憾或者遗恨吧。以致山大杨端志教授要领导学生集中研究《汉大》，到处找这书没有。最后我只能网上高价买了给他。

王：《古汉语大辞典》是什么情况？

虞：您说的编写《古汉语大辞典》，其实不是编写，只是改编而已。这是辞书社要把《辞海·语词分册》经过改编修订，单独以《古汉语大辞典》的书名发行。我去了后正赶上这工作。原来是梁建民在做，周伟良在订补。我去了不久，梁调走了，我就接手做。出版时，我考虑到梁做在前，建议仍将他名字放在前面。后来出版的是怎样我就不知道了。至于《典故小词典》，因为我写了a字母的典故，所以他们依字母顺序把我排在前面，并不是全部我写的。

王：您在出版社工作期间，还担任过《辞海》、谢启昆《小学考》等书籍的责编，请谈谈相关情况。

虞：《辞海》谈不上责编啦，但我自认为还是出了一点力。1997年10月到社，这正是1999年版《辞海》修订最紧张的时候。他们知道我懂一点音韵学，就叫我将十万条词目翻一遍，把注音错误和不妥的地方改正一下。其实翻一遍，改正不妥和错误，谈何容易!《辞海》原来是不标反切的，复词注音也不很规范。1979年版、1989年版有人稍稍做了一些，但是很不平衡。你要在短短几个月中全部来一遍，工作量非常重。我接下任务后天天从早到晚，很多天是带回去加班的。为了慎重和有案可查，我是每一条改动都做了记录。前后改动的声、韵、调和复词多音字标音，总共有2800条左右，你可以想见这几个月的工作量。后来听说他们在1999年版又改了许多，是增加了我没有增的，还是改动了我改动得不对的，我也没去问。因为有些音的折合，立场看法不同，容有不同。这个完成之后，我还和李伟国、杨蓉蓉一起设计了音序版《辞海》的注音和排列等程序，所以他们把我列在编辑名单里了。

《小学考》的影印，也是与当时辞书社调过来当总编的那位有关。他调过来时，就是我刚才跟你们说的，他说是光杆司令，没人帮衬吧。我因为不想当主任，但我喜欢做学术书。他表示对谢启昆的《小学考》有兴趣，辞书社有人说他早就想出版这本书。所以我立马把文物出版社的线装本买回来，拆开拼接排版，还请辞书社的人做了四角号码人名书名索引。我这么起劲，也有两个意思，一是想这也是帮衬嘛，把学术书做上去。二是我本来就喜欢这类书，记得我曾经复印过林明波的《唐以前小学书之分类与考证》。林是林尹、高明的学生，很努力，书做得很细。《考证》就是继承谢启昆的书而做的。我喜欢，所以自己题了书名并写了弁言。结果这本书也是拖了又拖，直到 1997 年 3 月才出版。那时因为做《多功能汉大索引》的矛盾已经越来越白热化，他们总觉得日本人没邀请他们是我在作梗，我很冤枉但又没法说，因为他们也没明说呀。所以我清楚记得，《小学考》快要印的前夕，不知为了什么事，总编还在我后面大声嚷嚷说："如果这样，《小学考》不要印了。"你们一定不理解这话的意思，不印不是出版社亏了吗？是的，但他的意思是，不印的话，我的编辑费就拿不到了。我是绍兴人，很倔，回头说："不印就不印好了。"这时已经是夏天七八月了，我已经想好走了，也不在乎这点编辑费。结下的怨，就成了我在辞书社评职称时候，他利用权力赶过来追杀我的原因。没意思，不谈了！

八、人大进修

王：记得您说在北京进修过？

虞：是的，在我审稿得到傅的认可之后，他对我不错了嘛，但是他也不会夸你，怕年轻人翘尾巴吧。认可你的水平功力，无法认可你的学历。1982年，全国已经进入轰轰烈烈编词典的阶段，专业编辑人才奇缺。那时吕叔湘已经成为《汉大》首席顾问，由他提议，北京市语言学会会长胡明扬主持，在人民大学办了一个词典进修班。学员在全国有词典编辑室的出版社里面挑。说是挑，也不过是推荐而已。上海分配到两名，傅原来想叫吴琦幸（现为美国圣塔莫妮卡大学现代语言系中文教授）去，吴已决意去考研究生，不愿去，就叫我去。全国选了18个出版社，20个人。上海是我和辞书社的杨蓉蓉，四川是现在的《中华字海》主编冷玉龙和另一位张企予。四川有《汉语大字典》，上海有《汉语大词典》和《辞海》，所以各是两个人，其他省市全是一个。胡明扬老师请了一批好的老师来授课，他自己和梁式中老师教词典学，曹先擢老师教文字学，许嘉璐老师教训诂学，郭锦桴老师教语音学，音韵是陈复华老师教，就是和何九盈教授合写《古韵通晓》的，张宗序老师教古籍的源流和版本，张是中国书店的，可以拿敦煌卷子给我们看，陈铁民老师教校勘学，朱天俊和陈宏天老师教目录学和文史工具书，这些老师中后来大多都成了名教授。由于有吕老的威望、胡明扬老师的影响，还请了很多当时就很有名的大学者。如王力先生来讲《字典问题杂谈》，刘叶秋先生来讲《词典编辑例话》，杨伯峻先生讲《编辑工作与古籍整理》，陈原先生讲《辞书与社会生活》，吴小如先生讲《诗词欣赏》，阴法鲁先生讲《旅美见闻》，张立文先生讲《周易与中国哲学》，徐世荣先生讲《当前的审音工作》，薄树人先生讲《中国古代的天文历法》，等等。其中像张立文、薄树人等老师，都是我作为班上的跑腿奉命去请的（我是班上最小的，27 岁，最大的奚正新，大我 19 岁，和许嘉璐老师同龄）。薄是上海人，同乡，我对天文学又是好龙的叶公，所以路上谈得很多。可惜薄先生英年早逝，我很怀念，近年还把他的著作买来，作为纪念。这些大师与大家，与我只是一面之雅，一课之缘，但确实有忘不了的印象。刘叶秋和吴小如先生演讲，讲着讲着，会讲到京剧，他俩都是票友；杨伯峻先生讲编辑，其实是讲他的《论》《孟》和《左传注》，他说他注《论》《孟》都是先背原文，印象很深。像王先生，他来讲的消息一发布，课堂先坐满了人。该听的我却只能坐在教室的门后，平行地对着他。他讲话有方音，我听力有问题，所以一堂课下来，不知他讲什么，因为看过他《了一小字典》之类的文章，知道大概就在讲这些内容。十七八年之后，参加他的百年诞辰会，听他的学生回忆老师的教学和轶事，感受更深。恰巧那次由许嘉璐老师给我颁王力奖，也算是冥冥之中的巧合，我别有一番感触。

王：您提到许嘉璐先生，都很尊敬，为什么？

虞：讲到许嘉璐老师，我至今感激在心。他讲授训诂学，一口标准的男中音，很感染人。课余好几次留下来和我们一起喝酒，他说他回家吃完饭可以不收拾碗筷，全由子女做，所以酒后重复他的名言："早婚万岁。"今年他已寿满八秩了，我祝他长寿健康。他知道我读书勤奋，也知道因为我母亲不让我离开上海而没去考大学，有一次慎重其事地说，他那里以陆宗达先生的名义在招研究生，让我去考，给我三个条件："第一，我不叫你抄一张卡片。"你们知道吗，刚开始时的研究生，不少是给老师抄卡片整理著作的。"第二，我不给你定任何一个题目，你愿意写什么就写什么。"因为他觉得我完全可以自己寻找题目。"第三，尽量给你回上海，如果北师大没有名额，我到北大、清华去借名额也让你回上海。但是就像盲肠炎开刀，也要你家属签字。"意思是盲肠炎绝对开不死人，但家属要签字。上海一般肯定能回，但万一回不来留在北京了怎么办呢？不能保证，所以要我慎重考虑。我和老同学蒋金德反复商量（他现已 80 岁了，就是浙江古籍出版社《马

与许嘉璐先生合影

一浮集》的责任编辑。因为他最知道我家的情况），最后还是很不好意思地谢绝了许老师的好意。因为我离开上海到北京前，母亲黯然不悦，刚从农场回来没几年，又要出远门。我对她说过：“这次离开一年，以后就再也不离开了。”万一回不来，她肯定会很伤心的。就这么一蹉跎，竟以布衣终身，并招致无数的白眼、冷嘲、揶揄和打压，酸甜苦辣，都夹在翻过去的记忆里。到 2000 年，他叫我参加《孙诒让全集》点校，在玉海楼参观时，他说：“万里啊，你当初听我的话，到北师大来读研究生，你现在在任何一个大学，不会因文凭而受轻视。”他这话是有所指的，我没学历，评职称困难，中级职称还是杨蓉蓉去北京请他和周祖谟先生写的推荐。历经了二十年的世事，我深有感悟和感触，这是练达世事的话，完全是对的。如果我 1983 年考了研究生或者硕士、博士以后，那么我不管留在哪个学校，至少不会遭受那么多的欺压吧。但实在也不能怪我，在一个缺乏文化根脉的家庭中长大，当时我只想着母亲，根本意识不到世路比山川还要险峻啊。

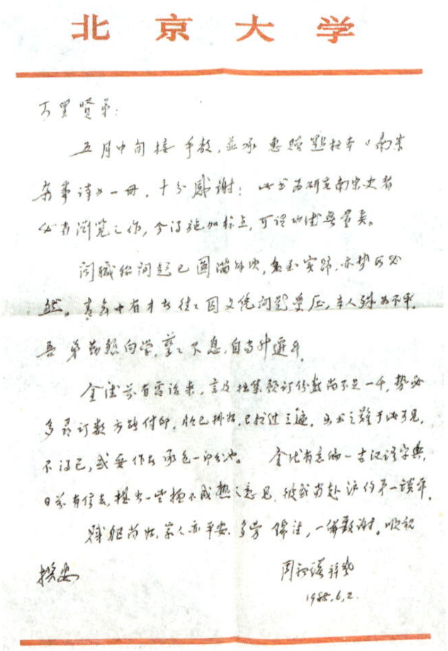
北京大学

万里贤弟：

五月中旬接手教，并承惠赠点校本《南宋杂事诗》一册，十分感谢！此书为研究南宋史者必备浏览之作，今得施加标点，可谓功德无量矣。

[illegible]。当今有才者往往因文凭问题受压，本人深为不平。吾弟努力向学，孳孳不息，自当升迁耳。

[illegible]

弟[illegible]尚好，家人亦平安。多劳[illegible]，一并致谢。顺祝

撰安

周祖谟拜启

1988.6.2.

周祖谟先生复函

王：那时是最早的

硕博士。

虞：对呀对呀，他2000年就在玉海楼上面跟我说的。许嘉璐老师我永远不会忘记的。他从教五十周年庆祝，与会的都是他学生，我也被幸邀。所以他对我有知遇之恩，我心里一直把他认作自己的老师的，这不仅他教过我训诂学，1985年在金坛段玉裁纪念会上揄扬我的《段玉裁〈诗经小学〉研究》，我当时还只是没出茅庐的小年轻，其他场合也多次鼓励表彰，就好像段玉裁、阮元对臧庸的鼓励表彰一样，我想臧庸应该会有我这样的心情吧（不说我有臧庸的心情，哈）。还有一事可记，应该是1996年的事吧，陈新雄教授在台湾主持训诂学会，那年在中山大学召开年会，邀我参会，通知发到编纂处，人事处怎么也不同意我去。后来中大孔仲温把机票也寄到了，还是无法成行，无奈只得将机票寄回，让人家退票损失。那次会议大陆去的人很多，有许威汉、蒋绍愚、王宁、张振林、吴振武等老师，许嘉璐老师也去了，所以知道我没成行。隔年在大陆训诂会上，会长李建国转达许老师的话说，“如果万里再碰到这种情况，叫他来找我”。我当然不会因为自己的小事，去搅扰他已经很忙的日程，但心里感到切实的温暖。

再说到周祖谟先生。他是《汉大》的顾问，与我的同学、四川《汉语大字典》负责审音的张企予很熟。一到北京，企予就拉我去先生家拜识。后来周先生在北大开设《六书音均表》的课，我们都去听。来时去接他，上完课有时送他，有时他自己骑自行车回去（他骑车是死上车，左脚一蹬，龙头三晃，我们都为他捏一把汗呢。那时他已年近七十）。这堂课有一事我印象深刻，周先生的课，曹先擢老师基本每次都来，梅祖麟先生来过一次。曹老师多是第一个到教室，有一次我们接周先生到教室，一推门，只见曹老师在黑板上习写篆体字。曹是既尊敬前辈，不能比老师晚到，又不想浪费时间，这对我教育很大。与周先生熟了，也经常去他家，与他闲聊，给他整理书籍。师母曾经去买鸡回来烧，那时吃鸡可真不容易哦。他说他的书有一部分是余嘉锡先生留下的。并说到余先生对文献极熟，桌上简洁干净，凡撰作文字所需书籍，起身拿书，用完后立即插回书架。那时他在整理余先生的《古书通例》，就是后来上海古籍出的。也在做《尔雅校笺》，我们还一起去图书馆借《古逸丛书》本《尔雅》。之后好多次音韵学年会上，我因他是名人，一来就有很多人拥簇着，不敢打扰而不去见他。他总是会记起我，让人来叫我去说几句。记得 1994 年 8 月在南开大学召开第八次年会，他又叫人把我找去，在贵宾室，跟我说士琦大哥（先生大公子）的事，并拉着我的手，希望我能有所帮助。大夏天的，我感觉他的手冰冷，神情也凄凉，北京上海相距遥远，我能帮什么忙呢？心里很不是滋味。没过半年，他就逝世了。几年后，听说周士琦致函汉语大词典出版社，问是否可出版《周祖谟全集》，当时的总编来征询我的意见，我当然竭力怂恿，说周先生既是我们的顾问，又是著名语言学家、文献学家，完全应该出版。可惜我人微而言轻，这位总编气局小而水平差，最后还是没有接受，我暗地里有一种对不起先生的感觉。现在想起来，士琦兄是否因为当时我在《汉大》可以起作用，而来问询，我没去证实，既然没有成功，问了也是枉然。时至今日，仍然不见有周先生的全集，我觉得这是出版界学术视野的缺失。

王：进修期间，还有哪些值得回忆的事情？

虞：再记述一下陈复华老师。他是武汉大学刘赜刘博平先生的研究生。眼睛高度近视，晚年患青光眼，无法写作。他上课不见精彩，当然音韵学要讲得眉飞色舞也不容易，何况他眼睛近视，色也舞不起来。他就是拿着自己的讲稿，贴着一双高度近视的眼睛，就这么一字一句慢慢地念，语调也没多大的起伏。他当时讲课的内容，我大都已学过，但我不可能不去上课，所以就听写一遍，既练习记录，也温习一遍知识。不像现在的学生，知道了一点就绝不会再听你的。课余我把自己写的《歌支》一文给他审阅。他看了后当然刮目相待。他给提的意见就是，你用什么比例数来确定合韵数。就是占多少比例数以上可以另立一部，多少比例数以下仍作为合韵。我文章中好像谈到五分之二吧，我忘了。其实这个问题我现在也无法解决，它牵涉到的太多了，清代以来的古音学家划分韵部都没有统一的标准。我们谈到陆志韦，他说《古音说略》他看了五遍，又说他听陆先生讲课，陆自己说："我上课是鬼画符。"意思是大家也难听懂。陆的书我可不止看五遍哦。进修结束之后，我去北京，探望过陈老师好多次（有时与杨蓉蓉同去），我们去他很高兴。跟师母说，我的上海两个学生最好。他的《汉语音韵学基础》（讲课稿）、《古音通晓》出版，都题签送我们，题签上写"同志"，这是他们这一辈在特殊年代的特殊称呼，邵荣芬先生、唐作藩先生、杨耐思先生赐赠我的书都写"同志"。他原来住在中关村，挨着周先生，中关村拆了后，我去北京几次想找都无法寻找，前两年去辛德勇兄家里观宝看书，出来请他帮着指认，他说现在已经完全没有旧房子了，我也不知道陈老师后来搬到哪去了。

在人大进修时，还有一件值得记述的趣事，那就是下过最后一盘盲棋。"文革"开始，大家因为"读书无用论"而闲在家里，我就爱上了象棋，整天泡在这上面。大概是 1968 年前后吧，胡荣华、杨官磷在上海人民大道旁边的体育场举行友谊赛，我们用现在的话来说也算粉丝吧，都去观战。知道了一九进退以后，也学着下盲棋，后来学书法刻印章，兴趣转移也就不再玩棋了。在北京，与同学说起，西北和东北的同学都不相信说不看棋子可以对弈。那时我每天除了上课外都泡在图书馆看书，同学几次拦住要我下棋，都让我躲了。一次几个人拦着我不让去图书馆，把我关在山东齐鲁书社同学的帐子里，于志强与我对弈，旁边有甘肃杨马胜、辽宁刘顺德、四川冷玉龙、浙江蒋金德帮他助阵，只听他们在说这样那样。一个多小时后，我说他输定了，要钻出帐子，他们都哄我说没输没输，我说不要说了，没有救的。这是我最后一盘盲棋，之后几十年不沾棋盘的边，现在与任何人对弈我都会输的，因为我对象棋已经完全遗忘了。

九、荷兰之行

王：记得您说去过荷兰？

虞：是的。这与《黄庭经》文章有关。1987年《黄庭经新证》在《文史》刊出后，同事文堪先生（徐森玉老先生公子，外语极好，对吐火罗语深有研究）说，现在世界上研究道教最著名的是法国施舟人（Kristofer Schipper），可以寄给他。我就寄了一份抽印本给他，并用毛笔给他写了封信，没想到不多久我收到了他回赠的一本《黄庭经通检》，扉页上题“尊敬的虞万里先生指正，晚施舟人”，让我惊吓出一身汗。过了几个月，他的学生方玲回国来《汉大》编纂处寻访我，也让她惊吓了一下，互通年龄，比她还小一岁。她马上致电施舟人说，我们弄错了，他比我还小。这就是我与施舟人的一段道教因缘的开始。

记忆中是1991年吧，他来中国，知道我不去考大学是因为母亲，所以特地要来上海家中会见，顺便看望我母亲。我有点紧张，知道他喝乌龙茶，但我还是去买了上好的碧螺春，我妈买了菜烧了一桌子。他非常温文尔雅，彬彬有礼。吃得不多，谈得也不多，只说希望我有机会去法国，那时他全职在巴黎高等汉学研究所。之后又给我寄来《云笈七签通检》等书，供我《黄庭经》研究之用。

1991年开始，单位连年卡我的职称，到1994年开始我就不申报了。这时施的学生方玲就怂恿我去法国。我是一个离开上海就生活不惯的人，怎么去外国？再说我不懂法文，怎么去？她说施已回荷兰任科学院院士，可以到荷兰去。她与施说了，施说荷兰莱顿允许用中文作博论，我去的话就做《黄庭经》。上世纪八九十年代，一纸学历足以压死你，走投无路，我说可以先出去看一下。并连忙攻读英文，以期出去时可以说几句。他帮我办了二个月莱顿汉学院的访问。当时我很感激，无以为报，送礼物

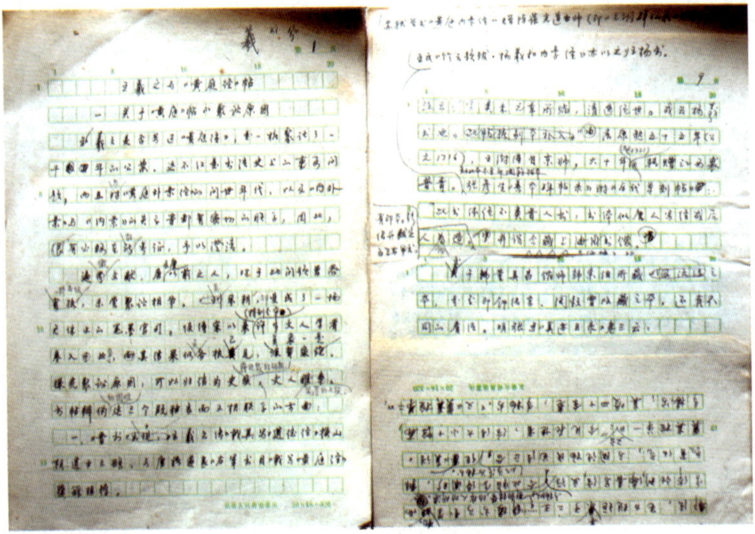

王羲之与《黄庭经》帖手稿

也感觉轻，他既然是中国通，我就为他刻了几方印章：朱文“鼎清”“施舟人”等。那时主持汉学院的是伊维德（Wilt Idema），我也刻了一方阴文“伊维德”印作见面礼，于1996年6月赴荷兰。（插一段间奏：世界很大也很小，二十年之后的今年，我应邀赴台湾大学中国文学系客座，去医院例行体检，忽然旁边坐着一位很帅的洋人，很眼熟，记不起谁。我定神再瞅：伊维德。连忙寒暄，他说后来他去了哈佛，这次来台湾大学作讲座一个月。体检回来竟住在同一座楼里。）最初几天住在施家，因为他刚搬到荷兰莱顿，大部分的书只是堆放在书架上，我就帮他分类整理。一个星期整理完后我搬出去住。施的夫人——一个典型的虽然老去却风韵犹存的法国女郎帮我租了一间房子，记得是500荷兰盾。房东胖太太很好，每天教我英文。有时我晚回，她会把写好句子的纸片放在楼梯上。

虞先生为施舟人、伊维德所治印

王：施舟人邀请您去演讲什么题目？

虞：在去之前，施说要我去法国汉学院作一次演讲交流，我就写了《东汉肥致碑考释》一文。到了没几天，他就把我文稿要去。我每天去他汉学院办公室看书搜集资料，他则忙得四处有事，平时也不常去办公室。一天，他叫我去他家，给我一页需要查阅的典故和问题，说他不能解决。我在他家利用他的藏书，花了半天时间全部解决了。在去之前，他多次表述要我留在那儿，说你全家都迁过来，母亲也来（因为知道母亲离不开我）。所以每个月给我 3000 荷盾，访问两个月。那里在读博士是 1500 荷兰盾。去了之后，我饮食非常不习惯，牛奶面包不是我的生活方式。我母亲更不可能过去！吃面包就不行嘛。这次他又说了，我也没法回答。他国际地位高，说话有时不太顾及别人，刚去没几天，他带我去见一位华人梁某某，一见面就说"我们的接班人来了"，我一下子尴尬得手足无措。果然，后来见到梁，他满脸不高兴，看也不看我，因为他那时刚刚届龄，将退未退。

一个多月之后，他叫我去法国，但并没有叫我去讲肥致碑，只是讲了我对《黄庭经》研究的过程和心得。不几日，他就和袁冰凌驱车到法国南部去了，也带走了我的《肥致碑》文稿，一去就是半个多月。当时也在荷兰的北大王宗昱说，北大八月份要召开一个道教会议，我原来也准备参加，现在文稿也不在，就无法决定。临近我回国的个把星期吧，他回来了，说在南部也写了一篇关于《肥致碑》的论文，我很愕然和无奈。临行前的一天，他叫我去他家，仍然慰留，要我去荷兰读博，我表示不愿意，他拥抱着我慰留，我仍然很坚决地拒绝了（有些事不便说）。那年八月的北京会议我也没能去，后来得知，他的文章蛮引人注目的，毕竟地位在那儿嘛。事后也知道，台湾“中研院”邢义田先生也写了一篇肥致碑的文章，因为汉代是邢的研究领域。多年后与邢先生交谈，他说我从《道藏》的《逍遥墟经》里发掘“大伍公”一人，并与旧题郭宪《东方朔传》里的“大王公”校勘，是一个很大的发现。我的文章后来刊载在《中原文物》1997 年第 4 期，他看到我文章，当然已经很晚，他并不知道这篇文章写作初衷和曲折历程，也不知道我后来在《广博物志》上检出的《西京杂记》亦作“大伍公”，与赵道一《通鉴》引作“历官太史”不同，由此知《逍遥墟经》必有所本。

王：您荷兰之行有何感想？

虞：荷兰之行，让我粗浅地了解到了他们的思想和研究方法。有些思想新得出奇，那是因为文化背景隔空的缘故。他几次跟我和在场的年轻人说：“博士论文就是要新嘛。”而我奉行的学术理念是“真”，是求真而不刻意求新。真可能是新的，也可能是旧的；新可能是真的，也有可能是错的伪的。但是他们研究的方法和攫取资料的手段和条件，那是我们当时所不能同日而语的。使我受惠的是，看到了很多国内看不到的书籍，复印了大量自己所需要的资料。2006 年，我所在的社科院历史所成立传统中国研究中心，主办会议，也邀请了当时已在中国福建定居的施舟人先生，我也想就此回报接待他一次，但他没有应约而来。

十、晋升职称

王：记得您说晋升职称很艰难？

虞：是啊！其实我之所以有荷兰之行，与《汉大》编纂处晋升职称有关。我是一个离开上海就过不惯的人，怎么会去外国呢？那确实是与职称有关。

《汉大》招考的时候，报纸上说清楚是招编纂人员，所以赴考者趋之若鹜。到1983年开始评职称了，就讲学历了。那时《汉大》考进去的几个人和原先已在里面做编纂工作的人，大约有十多个没有学历的，但他们一般多有一技之长，我无法一一评述，至少钱玉林是一个饱读古今中外各种书籍的人，他也只是以一个高中代课教师进入《汉大》的，还有一些是“文革”后期的工农兵大学生，尽管后来像吴琦幸读了博士去了美国成了名人，钱玉林、陆锡兴、李明权等都各有著述行世，但在当时却都受到时代性的不公正待遇。就是说，用人就用你一技之长，卡人就卡你文凭一张，换句话说，不管你有真才实学可凭，最终还是口说无凭。

就我自己来说，我不是已经去人民大学进修了一年吗，他们说这一年不能算学历，那也无所谓，因为我赚到了一整年拿工资看书的时间。在人大图书馆我把《清经解》简本《尔雅义疏》和郝氏家刻足本《尔雅义疏》校核一遍，写下十多万字的异同记，写了一篇《〈尔雅义疏〉及其作者郝懿行》，又写了《清代的两部小尔雅义证》，缘此又将《晒书堂全书》《研六室文抄》等线装书全看了；为了准备写同义复词，把《中文大辞典》四十册逐条过了一遍，收获足以超过一纸文凭。

1983 年 8 月回到编纂处，面临评职称，那时评职称是要先经过编辑考试的，科目是政治经济学、哲学、现代汉语等。记得哲学我还考了 120 分制的 110 多分，但第一批评我根本不指望，因为那都是有学历的人先上的。一两年后老傅找上我，说，没有文凭，将来评职称很困难。我记得那时好像规定，没学历要二十五年才能评一个中级职称，那都要快退休了，高级你就别想啦！老傅的意思是叫我到出版局的业余大学去读书，弄一个文凭。80 年代初，除了通过高考进高校围墙的，还有多少万读书人在社会上啊，全都没文凭，而很多单位好一点的岗位都要文凭，所以不知有多少人就像当年上山下乡一样轰轰烈烈、浩浩荡荡地去补中学高中文凭。于是出现了什么“五大”，我至今还不知“五大”包括哪五大：电大，函大，夜大……我想不起来，只是我什么也不大。对吧？后来又有硕士博士，我也什么都不是。但叫我再去读书，我有些不便和不乐意，一是许嘉璐先生曾叫我去读研究生，我没去，后来像黄典诚（他是《汉大》福建省的主编，我接待过他，他叫我去读他的博士）和其他一些名教授都表示过要我去读研，我都没去，而现在去读一个业大什么的，将何以面对这些老师，尤其是许嘉璐老师，这是不便。后来我也庆幸没去读，读了五大，就可以自大了？读了业大，就家大业大了，就光彩夺目了？这不是“大”的笑话吗？

王：中级职称究竟等了多少年？

虞：等到编纂处里大部分人都升了中高级职称之后，1988年，我的职称也总算给提到议事日程了，也就是工作了七八年之后，总算没有要等二十五年。不过因为没学历，必须要大人物推荐。还是杨蓉蓉利用公差的机会，到北京请了解我教过我的周祖谟、许嘉璐、梁式中等老师给我写推荐。那时许老师已经是忙人了，听说是很晚回家端了一碗面就吃，吃完就给我写推荐。周先生还在我评上之后写了一张明信片寄给我，祝贺我，具体内容忘了，反正中间有一句“实至名归”，我确实很受鼓舞。后来想想，评个中级职称，还要推荐，并且请名人推荐，大概周先生、许老师平生也就给我一个人写过中级职称的推荐函吧，我也算特殊时代的特殊人物了，荣幸之至。

你安于本分，你就安然无事，所谓无欲则刚，你要有求，你就自取其辱。

升中级职称，是1988年升的，已经七年了嘛，我1981年进去的。按理我应该知足安分，没有二十五年就评上了职称，很幸运了。哪知到1991年的时候呢，原人民大学词典进修班的班长、吉林文史出版社社长左振坤，不知什么时候跟上海同学杨蓉蓉说：“像万里写的这些东西啊，如果拿到局里去，可以破格晋升副高的。”是不是因为他在吉林省出版局可以这样，这我至今没问过他。杨蓉蓉也真听了他的话，就把我所写的打字油印的文章，其实都还没出版的，往出版局一送，果然引起了重视。1991年的时候，副局长赵斌，马上要到香港出版界去工作，为1997年回归作准备。他最后在上海出版局开的一个会，其中最后一个附带的小事，就是关于虞万里的升职称的问题。事隔二年之后，有人转述给我说：局里认为大学有 35 岁破格政策，出版局没那个条文，但是像你这种人，是出版局的骄傲，所以工资差价 40 块钱，由我们出版局自己来付。这就意味着让你升副高。决议之后，由相关部门电话通知当时的《汉大》领导，叫他们把我报上去。其次他们觉得杨为出版局珍惜人才，也给了她一个回复，说已经处理，我当然已闻知其事。有一天领导把我叫到办公室，安慰我说："今年某某某要申报，明年我就申报你。"我说出版局的意思是一个额外的名额，不存在与人争的事情。因为领导说要申报的一个人是有名牌大学学历的，与我不在一个档次。我还说："如果这个名额是给一批没学历的人争，那我觉得编纂处读书最多的是钱玉林，你就报他，我没意见，他年龄也比我大十多岁。"结果他说过也就做过——不报。不升就不升嘛。

1993 年国际东方学会议在香港召开，即第三十四届亚洲和北非会议。我受到邀请，写了近十万字的论文《商周称谓与中国古代避讳起源》，准备参会。临近签证，我出示通知提出申请。人事科的负责人说这是私事，应该自己去公安局办理。我奔到公安局，他们说这是公差，应该由单位来办理。我又回来与人事处说，她仍说这是要去公安局办的。这样来回三五次，耽误了很多时间。我一怒之下就去找出版局的人事处，想问问这到底该咋办，接待我的是处长邓毅。他问了情况，说这么高级的学术会议，出版社有人被邀请，这是好事啊。他随即拿起电话拨通了编纂处人事科，让她给我办理签证。哇，几天来回折腾，现在一个电话就解决，实在欢喜，我千谢万谢，说着退出来。他送到门口，若有所思欲言又止的神情，让我不由自主地停下来。他停了片刻，用一个很注意人事干部身份的口吻，低沉而稳重地说："你的职称问题我们最终是要解决的。"他知道我，所以这次这么快给我解决去香港签证一事？我顿时有一种比感激更深的意念。国家干部，出版界还是有正直正义的人。这一闪念后，我连忙说："不要紧不要紧，谢谢您！"他又重复说了出版局当时给我特殊的政策。我不知道说什么好，只有谢谢再谢谢。下了楼在绍兴路出版局的院子里站了很久，让自己的心平静一点。这个人和这件事在我的印象中太深刻了，那场景和对话永远不会忘记。十多年之后，我评上研究员，还想着要去谢谢他的正义与诚意。听说他后来当了汪道涵秘书，当然找不到了。但愿他看到我的回忆，知道我还存有这段感激的记忆。

王：后来您调到上海人民是吧？

虞：不不，是上海辞书。调上海辞书出版社也是一个偶然。李伟国于1996年调任辞书社社长，雄心勃勃，想有所发展。在一次《辞海》编委会会议上，听华东师大的一位老教授汪寿明说起我（汪先生是史存直老先生的大弟子，80年代初，我去旁听过史先生的音韵课，等到《歌支》一文写完，曾寄给老先生看过。他可真是认真，居然把我三四万字的文章仔细审阅，写了14条意见。把我叫到他家里，一条一条给我说），说我要去法国，旁边的杨蓉蓉插话说我回来了。李伟国就说："去国外没什么意思，把他调到我们这儿来。"就这样在1997年10月份调过去了。

调到上海辞书出版社，职称问题仍然存在。那年我的《〈三礼〉汉读、异文及其古音系统》得了上海市的一等奖，就是得王力语言学奖的那篇。因为当时一等奖一个学科只能一个人，不可能有两个人的。我把十一年期间（1988—1998）做《汉语大词典》的所有写稿、审稿数量整理出来，也把我主持卖给台湾版权的《汉大》繁简体转换的工作量全部加起来，再加上在辞书社的《辞海》审音，《古汉语大辞典》改编等，竟有1000多万字。我们八九十年代的词典审稿，每人每年一般是15万到30万字左右，即使加校样，也不过翻几倍，相比之下，这是个天文数字，你能说我编辑水平差吗？你能说我工作吊儿郎当吗？就这样送到局里。我那时害怕有意外，心怀忐忑地想请王元化前辈写推荐，请文堪先生去试探，结果王先生欣然同意。

接下来的问题是什么呢？你没有学历，必须要去陈述答辩一次。这也是很正常，我去答辩了。那次答辩会由文艺社社长江增培主持，学林出版社社长雷群明、出版局人事处处长叶某等七人组成。一进门，阮总编就说："万里啊，你写的那个音韵我们不懂，你就用十分钟时间，简单明了地把它说一下就是了。"好了，我十分钟说完了。江增培说："你这个才是真正的自学成才。"这似乎是定调子，我听了心平静了点。雷群明说："万里啊，我跟你说，我现在不是劝你勤奋读书，而是你要注意身体。你太拼命了。"我连连应承感谢。其他人没说什么。投票，后来知道是六票，那当然也就通过了。这初审、资格审查都过去了。

到了终审，事后李伟国跟我说：评选你的时候，人家一看你的成果都呆了，全票通过。全票通过你还不能决定。为什么呢？因为大专以上才有资格评。你是没有什么文凭的。李伟国补充说，后来送到上面，有关的领导打了个勾，我才算过。那年代有文凭可以亨通一世，工作、升官一路绿灯，毕竟恢复高考十几届毕业生只有极小部分成为大学生；不想我没文凭也竟然显赫“一时”，评职称要惊动上峰才能过，这也是始料所未及。

我应该补说一下李伟国和熊月之两位领导。李对古籍可以说几近痴迷，对敦煌学和宋史特别有研究。他从上海古籍出任辞书社社长，一直想做一番大事业，《全宋文》就是在他主持下出版的。他一直提倡要员工做一种学者型编辑，也许我类似或接近于他理想中的编辑，所以有空经常来办公室谈学问，很投缘。2001年夏天得知我准备调到历史所，他跑到办公室来挽留。先说张元济当年商务馆聘人的情况，说我可以去历史所兼任，但不要离开辞书社，只要保证每星期一二天到出版社上班即可。我说您虽然是社长，但现在出版社是国家单位，不是当时商务的董事会啊，别人效尤怎么办？当时我心里纠结过一阵，他把我调进来，现在却要想离开。因为自己喜欢学术研究，最后还是决定去历史所。为了不影响他的心情，我选择了他出差不在的时机去办理手续。辞书社人事科还是肯定了我的工作，说尽管调走，为了表彰，名义上加我半级津贴。事隔一年之后，辞书社召开海外回归的十七卷《永乐大典》出版发布会，邀我参加，那天九十高龄的胡道静先生也来了。晚上吃饭，李伟国来敬酒时对大家说：“我当时把他调来是对的，现在让他调走也是对的。”这种大气的话，我听了很感动，所以之后我们仍然经常一起切磋学问。无独有偶，当时是程兆奇将我的情况与历史所所长熊月之谈起。熊在上海史研究上是无可争辩的首屈一指人物，他思维敏捷，学术包容度大，文笔又极佳。看了我还未出版的《榆枋斋学术论集》目录说，不需要出版书，就可以调进来。他向社科院呈递的报告说，“一个人就是一个学科的生长点”。但我觉得我没有“真凭”，还是需要

“实据”，所以还是等到书出版以后才调动。后来我与他说：您调十个八个博士生，即使进来都是平庸之辈，也没有责任，不会遭到责怪，但调一个没有学历的我，如果进来了不能胜任研究工作，那一定会遭到指责围攻。因此，我在历史所的十二年中，还是努力地做了点事，写了近二百万字论著。而他叫我多承担一些工作，比如《史林》《中华大典》，历史所里的学术工作等，我虽能力有限也尽量配合。等到《榆枋斋学林》出版，调往交大时，他已超龄卸任，在《榆枋斋学林》座谈会上发言，再次表述了他支持的想法。所以我离开之后，仍然会相隔一段时间约会聚首，纵论君子小人。人与人就是不一样！我这么无所顾忌的实话实说，是缘于我自己做人原则，那就是：直道待人，虚衷御物，焉能尽如人意，但求不愧吾心。

十一、《清经解》研究

王：您家里收藏有五部《清经解》，想必您对《清经解》有深入研究，为什么？

虞：对的，我在前两年写过一篇《我与家藏的五部〈清经解〉》，记述我购置、阅读、研究《清经解》的一些情况。那篇小文开头就说《清经解》是我学术生命的灵魂，确实是这样，我一生如果说对学术有点滴所知，都是拜此书之赐，也就是说从这部书中得到最多。

刚才说，我在上图参考阅览室研习音韵学，由中古音而上古音，一旦到了上古音，就离不开《说文》，主要是《说文》的形声字和读若字等；涉及韵文，主要是《诗经》《楚辞》和先秦经典的韵字。于是就关注经部和文字、训诂方面的书。这些原典性、资料性的书籍，必须时时在手边翻阅检寻，如果在图书馆借着读，时间太不合算，因为图书馆开放的时间是有限的。那时参考室开架的书如《全唐诗》《全宋词》《太平御览》《全上古三代秦汉三国六朝文》，等等，我只是需要的时候查，而不能去阅读，但我暗誓一定要拥有它们。后来在旧书店竟也觅到了《全上古》等书。《清经解》木刻部头太大，石印字太小，何况并非常用，没有开架。我是在古籍书店得知有此书，后来在阅览室借阅过部分，那时让管理员拿进拿出，你自己也会感到歉疚，太麻烦了。而且看这些书也不是抄一下可以领略知晓的，所以我就经常去书店问。久觅不得，就四处托朋友代为寻找。也是天意，我同学的弟弟，一个原来绝不读书的散漫人，不知怎么迷上了谈家桢的遗传学之类，忽而又折节攻读日语，每天睡几个小时，八十多天后已可借助词典翻译了。那时气味相投，与我很好，大概感于我对此书如此向往的痴情，所以他就四处寻问。正好他南通的舅舅在图书馆工作，说正巧有此书，但开价五十元。1978 年上调到上海自行车厂，拿了半年的三十元六角，刚拿三十六元没几个月，碰上这个价位，确实有些心跳吃紧。庄子说至人无梦，我这种凡夫俗子，有欲就多梦。我在四十岁之前做梦最多的就是买书，想要《辞海》买不起，就做梦买《辞海》，想要买篆刻的书买不到，做梦就买到了。因为这个原因，我想必须买下这套书。

王：去买了吗？

虞：既然思念已定，我是说做就做的人，立刻去十六铺码头买船票。哪知船票告罄，路边的黄牛要我三倍的价——三元六毛，我毅然买下。那是一班去往农场的船，以前很空，70 年代后期已经有人开始做小生意——那时叫做投机倒把，所以船票开始紧张。晚上十点，我提着一只那年代都是自己买料做的黑色旅行袋上船，挤在统铺舱里，揣着怀想，在昏黄的灯光下半梦半醒地度过了六七个小时。凌晨五点到南通，我本来是路盲，只能边问边摸，摸到同学亲戚的家。渴望他给我先看书。他说书在单位，要下班带回来，让我先睡。怀着无奈，捱着日头，等他把书带回来，天也要暗了。我匆匆点了数，点石斋石印本《清经解》二十四册，鸿宝斋石印本《续编》三十二册，付了钱，立即踏上回程的船。在船舱里，我忍不住拉开旅行袋，取出字如蚊蝇大小的石印本，在昏暗的灯光下阅读，结果发现《续编》最后二册是配本，一丝遗憾闪现，旋即又被如获至宝的欣喜淹没。那年代提着旅行袋挤在船上蜷缩的，不少是投机倒把做小生意的人，我不在乎人家怎么看我，而我似乎既被投机倒把了一回，又想趁此去投机倒把一回，用沉重的代价换得了日思夜想、久觅不得的书。这种付出的心痛和得到的欣喜，让我产生错觉：有了这部书，就拥有了这部书的知识。

《清经解》石印本二种

王：拥有《清经解》后，给您带来了什么好处？

虞： 当然，拥有书不等于拥有书的知识，知识要靠点滴积累。买回来以后，我将它放在床头，每天总要翻阅几小时，即使中班回家已近午夜，仍然翻到凌晨二三点。先熟悉书名，后熟悉内容，继而查阅作者的生平，希望知人读书。1980年底《汉大》招考，我为了行卷，写了一篇小文章，就是第一次利用《清经解》这部大书。利用过程中使我感觉到，你所想到的各种与经学相关的问题，这部书里大多数都已经关注过，都有各种各样的观点与说法，这使我更加依赖此书，相信此书。进了《汉大》编纂处之后，我凡是条目中涉及到的经典词汇，词义不很明显或有异说的，我就会参据《清经解》中各家说法加以折中诠解，这也是傅元凯主任看了后颇为惊讶的一面。同时，我将《丛书综录》中《清经解》目录复印后标上册卷，便于翻检。又将四百种书名抄录在本子上，逐个标注书名、卷次异同、不同版本、作者碑传、学派关系，渐渐形成一种研究资料。关于《清经解》作者和他们的学派，我最初看江藩《汉学师承记》，后来在旧书店买到太炎学生支伟成的《清代朴学大师列传》，这是我熟悉了解《清经解》作者的最直接资料，对清代学术有了一个整体性的框架把握。从这开始，我去古籍书店所买的书就更有目标，而古籍书店的营业员竟然也看我买什么书，他们就将什么书抬价。《清经解》没有孙诒让《周礼正义》，我在文庙书展中买了一套六元钱的线装备要本，宣扬了孙书的价值，后来就涨到几十元；我想买一套万有文库本马骕《绎史》，结果他们也将此书提价到36元（原来应该在6元钱左右）。凡是我想要的，他们就认为是好书，其实我只是在围绕《清经解》配它所缺但却实用的书。吓得我后来要买书还不敢声张说哪一部书好。

王：《正续清经解编纂考》的写作动机是什么？

虞：我虽然准备了很多《清经解》资料，但因忙于审稿，也没有想到要写文章。真正动笔写《正续清经解编纂考》的契机，是上海书店给推动的。因为我与书店熟，他们知道我后来买到《经解》，并且做了很多资料收集工作，1987年准备影印《清经解》，总经理俞子林来找我，说是否写一篇概要放在书前，大概五千字左右。那时他们影印《申报》《道藏》《四部丛刊》《明实录》《天一阁方志》《碑传集》等，做了很多工作。《清经解》也用木版九拼一影印。我答应下来，并建议他们加上庚申补刊本的许鸿磐《尚书札记》，说上图有此书。他们借出复制，附于书后，我则开始撰写《编纂考》。这篇文章既然要作为影印前言，就必须内容上面面俱到，使读者看了知道这部书的大概，但《清经解》的刊刻缘起与清代刻经之风有关，阮元刊刻此书之体例前后有变化，刊刻之后遭遇兵燹，木版毁坏，于是有补刻之举，王先谦刊刻《续经解》，不仅仅收录道光九年以后著作，还收录了以前的汉学著作，这里面有一个选取标准和搜寻难易的问题，所以我展开之后，做了各种统计，并翻阅当时尽可能找得到的资料，如徐时栋《烟屿楼文集》、李慈铭《越缦堂文集》，都不是手头所能有的书。因为一边要上班，到图书馆找资料还必须等休息日（那时仅休星期日），所以日子一拖再拖，文章越写越长，草稿已有四万多字。等到他们拼接完成要付印之前，我刚刚完成。书店说那就把原稿先给他们，由责编根据我的文章撮要写了一篇出版说明置于书前。为了表示酬谢，送了我一套影印本。影印本十六开，比石印本大一倍，成了我案头常用之书，原来的石印本就束之高阁了。

王：《正续清经解编纂考》写完给别人看过吗？

虞：《正续清经解编纂考》一文，我曾经给吴广洋老先生审阅过。吴老是吴格兄的尊翁，与很多名流学者都有交往，邃于旧学，尤深于《尚书》。我将文章寄去，他不在上海，一日来电说要约我去谈，我前往拜访，刚进门，老夫人就说，他是半夜回沪，马上就看，一直看到早上，这话吓得我不轻，因为吴老当时已七十多岁。吴老对我文章大加肯定，并且说，王先谦之后的民国间，有很多人都想接续阮王的事业，继续编纂《清经解》。他说，将清初以来阮王未收的，可编为《清经解三编》，民国以后的经学著作可编为《清经解四编》。当时我真是小子识之，铭记在心，此后也多次伺机想有所作为，来实现前辈学者和老人的愿望，却一直机缘未到，一事无成。好在林庆彰先生的《民国经学丛书》和刘晓东先生的《清经解三四编》都已成书，也可告慰老人了。

文章虽然受到吴老的嘉奖，但在那个年代是不大可能发表的，一则是长，有几万字；二则是偏，那时无人关注经学，你什么不可以研究，为什么去研究经学？这是当时人的时代局限和普遍想法，所以我就把它往藏书的小阁上一堆，这一堆就是五年，平日里忙乱，也不会想到。1993 年，台湾有个书商来大陆搜求学术书稿，不知是谁介绍，竟然半夜十一点以后来访。那位年轻的圣环图书公司老板自称是周何的学生，对经学情有独钟，相谈甚欢。问起我有什么书稿，我说有些古音学文章和《清经解编纂考》，他说他就是要这种书稿。我爬上尘封多年的藏书小阁，翻出手稿，让他带回，刊在《经学研究论丛》创刊号上。记得他只寄来一本不全的抽印本。我一看，缺行漏段，无法卒读。那时两岸交流不多，求书无门。杨蓉蓉去台湾，托她去问，也没结果，我去台湾开会，也特地找他，接电话而不肯见面（顺便补充一下，这位年轻老板徐耀环是台湾大学者徐芹庭的公子，近年我去史语所、文哲所访问开会，经常在星期四看到他在文哲所底楼设摊卖书，现在已经有儿子帮他看顾了。我们经常相视一笑，简单闲聊，绝无前嫌）。90 年代，学术形势有所好转，纯粹的学术论文，即使稍长，也有可能刊登了。我同事文堪先生和朋友傅杰兄正在帮助王元化前辈编辑《学术集林》，知道这个情况，索稿重新将全文刊在《集林》上。文章刊出后，我又受到两位前辈的鼓励。一是王先生，他由此对我特别器重，两次对我说，某某某的文章我退了几次，你的文章我一定会用。听王老的话，我紧张得有点哆嗦，但受到很大的鼓舞。那时我只是个编辑而已，老人可不管这些，他后来还为我晋升副高作过推荐。另一位是朱维铮先生。听傅杰兄说，朱先生看到《集林》上的《编纂考》，以为是作古之人，问傅杰兄，傅说是个还活着的却没学历的人。朱先生亦由是而对我青眼相加。二件小事：一是点校整理《经义述闻》，钱文忠兄说量大要找人合作，朱不同意，钱说找我，朱就同意了；其次是后来他的博士答辩会，好多次都叫我去凑数圆场。还记得他在医院的最后一些日子，我与傅杰去看望他，他拿出一套《大师》光盘送我，还找了一支笔，拖着病躯，在前言说明书上改字，改了很久。我担心他身体，在旁边有些干着急，结果他改好回转身来说，你做过编辑，会挑毛病的。哇，这大概就是朱先生的天真和认真！

这篇文章在台湾刊出，虽然只是个不全本，但还是引起了他们的注意，因为那时大陆研究经学，尤其是研究这种大型而纯粹的丛书少之又少。记不得蒋秋华教授在《文哲所集刊》还是什么刊物中说我是大陆研究经学的先驱，这实在让我汗颜。

王：记得您说研究《清经解》，也受到过徐复老的关注？

虞：2000年，南师大徐复老九十华诞，我代表上海辞书出版社撰写寿序一篇，颇得徐老颔首，因得于会议期间侍对左右，纵论文史。徐老问我所学，我说比较关注《清经解》，说有《清经解外编》研究计划。徐老说他以前也有一套七百多册的《清经解正续编》，并且也有研究计划。叫我将《外编》计划寄给他，我寄给徐老后不久，徐老就请人传言，说台湾有人欲出版。但当时忙于工作，无法撰写。这台湾之人，应该就是林庆彰先生他们吧，因为林庆彰教授一直盯着我说，赶快将《清经解》研究计划写出来，我们可以与《通志堂经解研究》配套。这个之后，傅杰兄编《二十世纪考据文录》，也将它收录；凤凰出版社影印上海书局石印本《清经解》，上海书店重印1988年的《清经解》，都将此文置于书前作为导读。

四十年前买的一套书，三十年前写的一篇文章，没想到后来对我的帮助有那么大。《清经解》不仅使我告别了工厂卓别林式的劳作，转到一个自己欢喜的文字岗位，还为我撰写《山东古方音与古史研究》《三礼汉读异文及其古音系统》以下各篇文章提供了无数的帮助，真是一编在手，全部拥有。在没有四库系列和电子文本的年代，我一个白天有工作的人，不可能泡在图书馆查核各种图书，大部分都靠这部《清经解》，所以家藏上海书店十二册的影印本上夹插着无数的签条，都记录着我阅读《清经解》的印记。至于这篇文章，当时虽然越写越长，还是受到影印前言五千字的潜意识制约，好些地方不敢铺开，所以另有《清经解外编》的拟目。三十年过去，我已看到好几篇有关《清经解》的学位论文和一些研究论著，这些文章在内容发掘或章节安排上有抄我也有超我的地方，后出转精嘛。但还是有些地方没有涉及。我现在很忙，也不可能立即投入这项工作，所以我把三十年前的计划附在下面，以反映我在撰写时的整体性思维。

《皇清经解外编》草目

第一部分：

1. 皇清经解正续编序跋辑录（包括后人重刊之序跋）

2. 皇清经解被删著作（篇）辑录

第二部分：

1. 正续清经解四百种著作叙录

2. 前人对四百种著作之评论辑录（续修提要逐录，无评论者空缺）

第三部分：

1. 咸丰补刊本新校卷数一览表

2. 正续清经解校勘人员卷次一览表

3. 王目、李目、戴目选书取向比较表

4. 皇清经解所收著作与单行本卷次比较表

5. 《皇朝五经汇解》与《皇清经解》汇辑书籍比较表

6. 皇清经解正续编版本一览表

（四百种著作之其它单刊、合刊、及收入丛书者）

第四部分：

1. 皇清经解作者碑传辑录

2. 皇清经解作者著述总表

（近二百位作者之所有著作，各书均著录版本）

3. 皇清经解作者学术渊源录

4. 皇清经解作者学术年表

5. 正续清经解作者出身仕途表

第五部分：

正续清经解各种版本卷册叶便查表

（分作者查检、书名查检、分类查检三种）

为了实现这个计划，我购置过好多相关书籍，遗憾的是至今都无法利用它们去做这件事。

十二、《榆枋斋学术论集》

榆枋斋

王：虞老师，您的《榆枋斋学术论集》，我们都读，启发很多。请您谈谈这本书的内容和写作情况。

虞：这本《论集》在我学习的道路上来说，是写得很艰辛的。二十年，只写了五六十万字，那是因为这些文字都是业余时间写的。1980 年到 2000 年，那时白天编词典，忙的时候还要带稿件回去工作。自己所有的看书写作只能是业余时间，有了孩子后一般是晚上九点以后才能写，到十二点一点以后又不敢再拖着，因为第二天早上必须上班。那时做资料的时候无法写，就是动笔，每天也只有几百字，不到千字，那本书就是这样集腋而成的裘，当然那时时间太少，晚上家里书也不多，没有像现在这样的电子本，所以我也知道败絮其中。但因为艰辛，自己还有点敝帚自珍的心理。2000 年编辑这本书的时候，我在后记中已有记述，就是首先感谢我农场的农友王耀华的慷慨资助，我同学胡慧斌的接纳。还有就是杨蓉蓉和王瑞祥帮我一起编辑加工，这些我在书后都有记述。说到杨、王两位，就多说几句。杨蓉蓉工作之仔细，在上海出版界是出了名的，她校对《辞海》，曾经有初校无错的记录——就是经她初校后即已达到无错字的记录，她帮我查阅、修正《论集》中所有文章，其中还收入了两篇我们合作的避讳文章。王瑞祥对文字的敏感，也是上海滩所少有的，他从对杂志书籍出版后的纠错者，到成为杂志书籍出版前的错字讹字的消灭者，三十年来，审阅的杂志书籍竟已超过四五亿字！这是一个天文数字，绝不是一般学者的阅读量所能达到的！

那时白天工作，晚上凭兴趣做点研究，应该是业余的研究，所以那本书也算是业余水平吧。但这种研究是没有任何功利性的，没有想发表在什么 CSSCI 的杂志上，所以字里行间显得比较沉静纯粹。其中的内容，有关古音学的几篇，我刚才已经讲过，这里讲讲避讳问题和其他一些内容吧。

王：您为什么会关注避讳？

虞：接触避讳的内容，也有一个因缘。80 年代开始全国上下都一哄而起编词典，据当时新闻出版司统计，全国出版的词典数量逐年递增，数量惊人，什么都可以编词典。最引人注目也最受欢迎的《唐诗鉴赏词典》以及后来它的系列，就是一个显例。

1990年前后，我们人大进修班的班长，当时是吉林文史出版社的社长兼总编左振坤来上海，与我和杨蓉蓉一起聊，说想编一本什么词典好。那时我们工资可怜，而买书支出太大。他无法叫我节流不买书，也是想帮我们开源吧。因为我们都在词典学界，我们思考了很久，想想很多东西都有词典了——尽管有些词典意义不大。那时史学著作、历史文献大量出版，历史文献学的书也出了几本，但对避讳问题谈得少也谈得浅，大多仍停留在顾炎武、钱大昕说过的范围中，而到陈垣的《史讳举例》为止。陈老的著作是经典的，但他主要还是总结了顾、钱等人的成就，加上自己校勘的几部书的经验而成，容易掌握，但与纷繁复杂的避讳文献比照，还有许多可以充实、梳理的地方。陈垣老说没看到周广业的《经史避名汇考》，而辞书社正好有台湾明文书局出版的由乔衍琯作序的影印本《汇考》，资料丰富，所以就选定了这个目标，编一本《中国古代避讳大词典》。这当然是一个很好的但确实是很艰难的选题，老左一口应承，我们就开始做了。我们先是分解《汇考》，做成卡片，其次是将顾炎武《日知录》、钱大昕《二十二史考异》、王鸣盛《十七史商榷》、赵翼《廿二史札记》有关资料摘录成卡片，同时也把黄本骥《避讳录》、周榘《廿二史讳例》、刘锡信《历代讳名考》、张维骧《历代讳字谱》和陈垣的书也制卡。因为这些书的资料多有叠合而局限，所以我就从已出版的有校勘成果的经史子集入手，翻检查核，摘录避讳资料，当时也积攒了二三万张卡片。避讳牵涉到帝王庙制，我还根据《二十四史》本纪和帝王录、《通典》等书，做成一个历代帝王庙制表，以备查核。我当时制定的编写原则比较严格，就是你要认为某词是避讳词，必须找到同类可以证明它确实是避讳的文献，否则就只能舍弃不写。这个原则要求你必须对所有文献的因袭转抄等极为熟悉，比如李延寿在《南史》《北史》中避高宗李治讳了，就必须去找《宋》《齐》《梁》《陈》和《北魏》《北齐》《北周》《隋书》等史书中同类句子不避讳的词汇，这个例子当然简单容易明了。推广到经史子集，就看你对文献的熟悉程度了。后来我写了四十多万字，其他几个人加起来有五十多万，共有九十多万字，离全部完稿还差六七十万字。这稿子一搁就是二十多年，这还不要紧，最于心不安的是，潘景郑潘老给我写了序，顾廷龙顾老题了书名，这实在是对不起他们二老的地方。

由避讳词典说到我《论集》中避讳的文章。《避讳与古音研究》《唐五代字韵书所反映之唐代避讳与字形》两文是我和杨蓉蓉合写的，当时为了参加音韵学年会，正好又在编避讳词典，所以就选了这样的题目。我好像叫她写《韵书与避讳》和《字韵书在

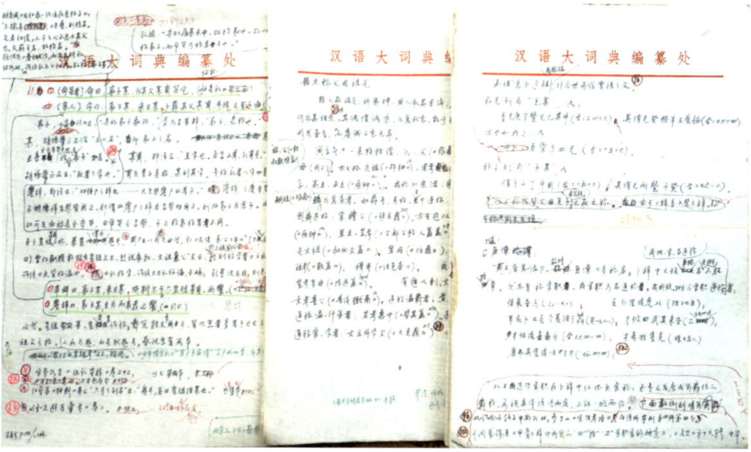

虞先生《商周称谓与中国古代避讳起源》手稿

固定避讳字形中的作用与影响》吧，有些记不清了。这两篇文章立足音韵，但已涉及字形和字韵书，牵涉面也很广。音韵与避讳问题，以前李新魁先生也写过，但我们这两篇应该是严格意义上的论文，尽管只选取了唐宋的部分韵书，如果能够延及元明清更多的字韵书，那就更完善了。

王：您研究避讳比较满意的是哪篇文章？

虞：关于避讳问题，稍微可以作为谈资的是那篇十万字的《商周称谓与中国古代避讳起源》一文。写这篇文章的缘起是，1993 年要在香港召开第 34 届亚洲及北非研究国际研讨会，也就是东方学家会议。他们约我参会，我觉得这是一个机会，手头正好在做避讳词典，想到避讳的起源，著名学者都有说法，因为牵涉面太广，各自局居一隅，所说大多不得要领。于是就起源问题作专门讨论。这篇文章写得时间很长，约有八九个月。我的思路是这样的，避讳与名字、称谓关系最为密切，所以就从这两方面切入。先说称谓，前贤研究称谓，都是静态的，即称谓的名词及含义，如冯汉骥的《中国亲属称谓指南》，芮逸夫的《九族制与尔雅释亲》《尔雅释亲补正》《论中国古今亲属称谓的异制》等，当时芮逸夫的文章都必须去图书馆抄录或复制，复制要一元钱一张，很贵，与可怜的工资绝不成比例。但这些成果所表现的都是静态称谓，看不出在活生生的社会中有没有避讳的问题。要论定一个社会中是否有避讳习俗或制度存在，必须在相互间的称谓中表现出来。于是我就从制度上着手，先勾稽《三礼》中所有涉及到的具体称谓，分为：丧祭中的等级称谓、其他场合中的等级称谓，其中又细分天子、诸侯、卿大夫的不同等级，自称、他称的不同场合。再就争论不休的《春秋》书法上去求证，《春秋》书法确实也有对天子、诸侯、卿大夫等不同的称谓，凡此可以说明周礼制度下的称谓有明显的尊卑观念。但礼制与《春秋》上的这些称谓的尊卑，是当时社会上实际通行的，还是仅仅是一种礼仪的规定、史官秉笔时的书法，这就需要验证。接着就从甲骨卜辞的贞人占辞，铜器铭文册命中的上下级对话契入，搜集殷商和两周对话中的称谓，又从《诗》《书》《左传》《国语》等古文献中辑录对话的称谓，我将这种称谓定名为动态称谓，以与静态称谓相对。因为只有在动态称谓中，才能清楚地看出避讳的习俗是否存在。经如此地毯式的搜集归类排比，这些活生生的称谓形式与礼书和《春秋》所记述的一样，呈现出一种规律：一、下称上，不名不字；二、上称下，名；三、上对下自称，不名；四、下对上自称，以称名为常。这种称谓的上尊下卑的取向表明：商周不仅有等级称谓制在约束人们日常称呼，而且已有避讳亦即主要是避名的习俗存在。再次，探寻最根本的名、字关系和取字的原始心态，探寻爵号、谥号、庙号起源以及它们与避讳的关系，揭示出“字以敬名”“谥以尊名”和尊而称爵、讳而不名等不同形式，都是承自遥远的珍名心理，而在等级森严的君主社会中的曲折反映。上世纪九十年代国外的民族学名著陆续翻译出版，打破了过去只有摩尔根《古代社会》独行的局面，我也非常关注这类书籍。所以利用国外人类学、民族志资料，如《金枝》《原始文化》《事物的起源》《澳大利亚和大洋洲各族人民》等著作中关于名字避讳的材料和我国近数十年的考古资料，来展示原始民族对本人长辈和姻亲长辈，对国王、祭司和高级官员名字的严格避讳，分析这些惧怕巫术的原始避名心理，并追溯新石器时代墓葬和先秦古籍中记载的鬼魂观念，将中外的原始避讳习俗作一种比照。通过大规模的材料搜集排比，多角度的审视和分析，我对中国古代避讳起源的结论大致是：语言中的禁忌避讳早于文字，殷商已有从文字上避先王之名的现象，则语言的忌避更在其前，这与考古资料和国外民族学调查所得是相吻合的。周人继承殷商的讳名习俗，经过损益，纳入礼制。周代的讳礼首先体现在丧祭礼中，随即与丧服制度结合，讳及旁系亲属，而后渗透到阶级社会中，形成绵延两千余年的避讳制度。所以避讳的形成是一个多层面发展，最后搅和在一起的复杂过程，绝不可以很轻率地拿一些先秦的铜器铭文上的字与殷商帝王名字比较一下，随便说说避和不避。比如郭沫若曾写过《讳不始于周人辨》，举《令彝》等铜器说不讳伯禽之名，等等，我根据吴镇烽《金文人名汇编》5228条人名中涉及周王名字的字，以周礼七庙之后不讳的礼制来衡量，如果陈梦家《西周铜器断代》、唐兰《西周青铜器铭文分代史徵》、马承源《商周青铜器铭文选》中所定的铜器年代大致正确，那么所有铜器中出现的被举认为不讳的与帝王相同的字，都在应讳世数之外，并不能证明当时在世数之内也不避帝王之讳，也就是说，在没有新的确凿证据之前，不应轻率否定文献中所载的周代讳礼。

王：迁庙了就可以不避嘛？

虞：对，从先秦制度上说迁庙就可以不避了。当然汉代以后，汉高祖、唐太宗因为功高盖世，成为不祧之祖，庙主不祧，就必须要避。唐太宗是不祧之祖，所以一直到南唐，也一直在避，比如后梁。一般的帝王庙主，迁祧了就可以不避的。你比如说武周新字，我把千唐志斋墓志全部翻过，看那两厚本，一千多块碑啊，武周执政时期，触目都是武周新字。一到中宗即位，一下子全部没有了。当然那是武周所造新字，但由此可见一斑。庙祀避讳也是这样，但也有例外，古代交通不便，信息难通，京都已经颁讳，远方四裔接到你这个通知会很晚，这种时间差在依据避讳考证文献年代时一定要注意。回过来说，前贤在考证殷商西周避讳礼俗时，没有关注这个最实际的制度性问题，所以都有偏差。

王：这篇文章涉及哪些重要问题？

虞：这篇文章还涉及到一个殷商史上较为重要而且众说纷纭的问题，就是殷商庙号的日干称谓。关于商王的日干名字，自董仲舒、谯周开始一直到现代诸多大学者，都有自己的说法，我当时就归纳出十种，一、生日说，汉儒主之；二、庙主说，三国蜀谯周主之；三、祭名说，王国维先生主之；四、次序说，陈梦家先生主之；五、死日说，董作宾先生主之；六、卜选说，李学勤先生主之；七、阴阳葬日说，日本井上聪先生主之；八、嫡庶说，朱凤瀚先生主之；九、二分支派说，张光直先生主之；十、四分组制说，陈其南先生主之。近三十年来，还有左祖右祖的人。不管有多少说法，商王日干名肯定只有一种意义。我首先将日干名认定为庙号，而非名或字，因为它是出现在祭祀中，祭祀必须在宗庙里；其次很多商王他另有名字，商汤就有好几个与“天乙”无关的名字，见梁元帝《金楼子》。确定这些日干是庙号而与人名无关，我就从庙制，也就是古礼的祭祀上去考证。就已有的周代丧葬礼制卜葬、虞祭、卒哭、祔庙的天数推算，祔庙日应该都是柔日，也就是阴日，《礼记·曲礼上》说：“外事以刚日，内事以柔日。凡卜筮日，旬之外曰远某日，旬之内曰近某日。丧事先远日，吉事先近日。”内事要以柔日为首选，这可能是很古老的习俗，或者说是周因于殷礼的一种。卜葬所以选柔日，与虞祭有关；虞祭所以用柔日，与祔庙日有关；祔庙所以选用柔日，自然是因宗庙祭祀，亦即内事之需要。日干称号就是刻于庙主背面的祔庙日记号，这个说法已经为近年的考古材料所证实，而我当时是得之谯周说的启示。这不仅恰当地解释了殷商丧祭中忌避庙主名讳的礼俗，更重要的是对近百年来争论不休的商王庙号有了一个在丧祭庙祭礼内部自洽而合理的解释。我的一位做西周年代学的朋友周言几次对我说，如果要在现有十多说中选择一个正确的说法，那我的祔庙说大概是最接近事实的一说。我并不敢以此自居，确实因为解释古史，必须切合古代的习俗礼制，而不能随便想象以立新说，以搏一奇。只是因为我这个说法是淹没在讲避讳起源的十万字长文中，研究殷商古史和日干名号的学者未必注意到，所以二十多年来从不见有人讨论，所以特地提一句，希望有人来与我深入讨论这个问题。

王：这篇文章最早发表在什么刊物？

虞：这篇文章写好有近十万字，除了拿去香港开会散发，要发表是不可能的，要出版也是不可能的，因为那时出版学术著作要贴钱，我自费印刷已经用了二三百块，也不愿意再出钱，所以放了几年，后来蒙《国学研究》《文史》《中国文字研究》等杂志愿意刊登部分，于是就有了《论集》中《先秦动态称谓发覆》《先秦名字、爵号、谥号、庙号与避讳论略》《先秦讳礼析论》三篇，其实都是一大篇中的一个章节。到2006年我在社科院成立中心，办《传统中国研究集刊》杂志时才全文刊出。2012年编辑《榆枋斋学林》，我看看二十年过去，学界还没有一篇超越推进我避讳起源观点的文章，台湾大学黄俊杰教授来社科院看到我这篇文章，说是填补了台湾五十年的空白。空白一词怎样理解，其实也因为没有人去专门研究，也就是冷落了这个问题而已。所以就润饰整理，收了进去。近来有好几位朋友说，叫我略加疏通解释，出个单行本。我也一直劳碌瞎忙，始终没有去做这件事。

王：《榆枋斋学术论集》中其它文章在探讨什么问题？

虞：《论集》中《金文对扬历史观》一篇，是我 1982、1983 年在人民大学进修时所写的。当时我的热点在编词典，编词典就关注词汇。我在词典编纂过程中对同义复词发生兴趣，我是凭兴趣做事、凭兴趣活着的人。有了这个想法，人大图书馆正好有四十册《中文大辞典》，我就下功夫翻了一遍，将所有的同义复

2014 年虞先生在台湾留影

词摘录出来。为了探索同义复词的源头，又翻检金文词汇、清人近人的考证。对“对扬”兴趣就是这样引起的。当时看到沈文倬先生的文章，与我理解的同义复词不同，那时我真也不知先生何许人也，总觉得他求之过深，将“对扬”解释为古礼的仪注，一种手拿被赐物表示感谢的动作。照他这么讲，那铜器册命铭文中赐予十几家人、赐予一些大的东西，是不可能举起来表示感谢的，该怎么解释？又看到刘雨、张亚初先生的驳议和沈老的回复，总觉不能释怀，于是就将我的想法写出。我的意思仍然紧扣古代册命礼的场景，那必须是在宗庙进行的，但是真正铸造器物、记述册命，则已经在事后，他是一种追述。因为好多册命铭文有受赐后“出”的记述，然后再“对扬”，表明不是紧接着受赐而说的话。所以我认为应该是“称扬”的意思，这不仅与魏晋间张揖的《广雅》解释相符，更与历代运用这个词的词义也一致的。近年我一度研究乾嘉二王著作，王念孙说张揖《广雅》保存了很多汉魏经师的古注古义，那么《广雅》“对，扬也”也一定是汉代经师所保存的古义了。可惜那篇文章也迟至1992年才刊载在《语言研究》上，见到的人也少。1995年去杭大，我曾经拿给沈老看，请指教，他没有回答我，大概不同意我的看法吧，我年轻浅学，问都不敢问。后来郑仁甲兄寄给我张亚初先生的《殷周金文集成引得》，我与张先生联系，希望出版他的《金文姓氏》稿，也说起这篇文章的观点，张先生说他是非常同意我的观点的，尽管他当时写的与我看法不同。张先生与我谈姓氏时，已身患重病，对我说此稿是他长期研究金文的心得之作，很希望出版，我答应为之游说。不久他逝世，那时出版难，我也没联系上接受的出版社，心里很内疚。本世纪初，出版业转好，我曾经打听过遗稿下落，听说已给了中华，就是现在出版的《商周金文姓氏通考》。我想张先生地下有知，也可欣慰，我也稍稍释怀了。

我1978年在上图自学时，就借阅过屈万里先生的《汉石经〈尚书〉残字集证》和《〈周易〉残字集证》，对其复原汉石经碑图很惊讶也很感兴趣。那时对汉石经根本不了解，也没看过罗振玉和张国淦的书，更没想到三四十年之后会去做《历代儒家石经文献集成》的工作。有了复原这种意识，我在接触敦煌残卷时，就想到残卷也可以复原，所以就有《论集》中《斯坦因黑城所获单疏本春秋正义残叶考释与复原》《黑城文书辽希麟音义残叶考释与复原》两篇。《春秋正义》一文是看到郭峰的定名有问题，他可能不知道有单疏本，所以我试着考证与复原。但我没看到原件，又被他的残缺符号所迷惑，怎么也复原不好。后来经荣新江提示在黄永武的《宝藏》55册看到影印件，一看恍然，才将它复原出来。同样，希麟《音义》残叶也是看到李逸友先生的定名有问题，经查证，应是希麟《音义》。不同的是，这篇文章中的复原图，我是用了一个月的晚上，在应县木塔出土的辽藏佛经中集字而成，为的是证明它与辽代版刻有关系。敦煌学者，一般都做到对残卷的定名之后即停止不再深入，而研究版本的学者，又大多不去关心敦煌、黑城和吐鲁番残卷。我则在定名之后，再深入下去，去考证复原它的版刻形状，这有两个好处，一是让你的考证结论更有说服力，第二如果没有现存的宋版比勘，而你的考证正确，等于又复原了一个已经消失的宋辽金元的版本。这种视角是多面的，方法是多样的，收获也是多重的。继这两篇之后，我又写了《黑城文书新编待问残叶考释与复原》《黑城文书资治通鉴纲目残叶考释》，前者复原了一个至今只留存丁丙抄本之外的元刻一叶，后者则纠正了现在图书馆所藏宋本著录的年代问题。这两篇收在《学林》中。

王：记得您还探讨过《经典释文》刊刻的问题？

虞：《论集》中有《经典释文单刊单行考略》一文。钱大昕，不仅是我佩服，也是近二百多年来学界公认的大学问家，我还尤其折服他有学问而不趾高气扬训斥别人，所以一直对他敬仰不已。他在《廿二史考异》中批评元脱脱的《宋史·艺文志》草率，这当然是对的。但列举完整《经典释文》三十卷之外，又分见于《易》《书》《诗》《春秋》《礼》《论语》《尔雅》各类，这曾引起我的思考，说脱脱他们粗疏，一年多编了四五百卷的大书，肯定疏漏百出，但一书会分散在那么多地方都重复，好像也不会粗疏到如此地步吧，况且书目一般都是见书著录，或转抄前人书目，不比写其他史实啊。于是我就普查了七十多种书目，发现二三十种书目中都有单行本的著录，这就不是粗疏所能解释的了。通过对唐抄本流传和宋代景德年间校书过程的梳理考证，确定当时是先分经校勘，而后才有三十卷的合刻本。这篇文章就事论事而言，只是对一种典籍的刊刻年代的考证，但

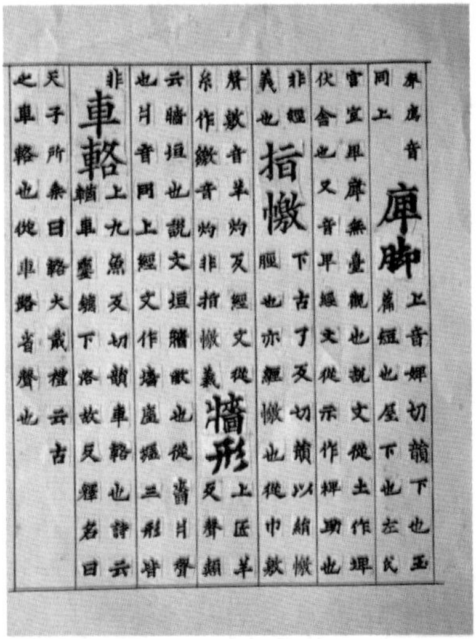
彝虒音同上
庳脚
上音婢切韻下也玉篇短也屋下也左氏
宮室卑庳無臺觀也說文從土作埤伏舍也又音卑婢文從示作稗助也
非經義也
指懒
下古了反切韻以絹懒腿也亦經懒也從巾款
辟款音半灼反經文從糸作繳音灼非指懒義
牆形
上匠羊反聲類
云牆垣也說文垣牆獸也從嗇爿聲也爿音同上經文作墻廧牆三形皆
非
車輅
上九魚反切韻車輅也詩云輶車鑾鑣下洛故反釋名曰
天子所乘曰路大戴禮云古之車輅也從車路省聲也

辽希麟《音义》复原图

放大来看，对我们音义书的反切异同，也就是单刊和合刊本的文字、反切异同，单刊、合刊和十三经注疏本的异同，都可以很贴切的解释，还与卢文弨在乾隆年间所说的宋元合刻十三经时改动经文或注文、《释文》可以联系起来，看出版刻史对经典的影响。

十三、《上博馆藏楚竹书〈缁衣〉综合研究》

王：这几年您除了做经学、文献学和音韵学研究之外，也十分关注出土文献。我记得如果是要向前推十五六年的话，大家要说研究简牍，基本上是研究我们老家甘肃出土的简牍。我曾经关注过，甘肃出土的简牍大概有五万多枚，就是居延旧简、居延新简，加上敦煌简、武威简、武威医简，等等，其它地方有一些，但主要是在甘肃，所以甘肃有个称号叫“简牍大王”。第一届国际简牍学学术研讨会就是在甘肃开的。后来先是出土了吴简，一公布十五万枚，这个量是很大。但对学术影响最大的还是郭店楚简、上博简、清华简，等等，这些简牍出来以后，对学术界冲击就特别大，原因就是因为这里边有与儒家经典有关系的简牍，您关注得最多的是《缁衣》简，写了很多文章，后来把有关《缁衣》的文章结集成《上博馆藏楚竹书〈缁衣〉综合研究》一书，为什么当时您要花那么大的心血来关注这个问题，这本书当中您在讨论一些什么样的问题？

虞：写这本书的缘起是这样的，郭店简出版时，我还在上海辞书出版社工作，那时忙于1999年版《辞海》的音读审阅和《古汉语大辞典》的改编，买了书，批注了几条，根本没有时间去想，更不要说写什么东西。你去想，我三四个月，将《辞海》十万条稿子翻一遍，音读问题改动过2800多条，忙乱程度可想而知。当人家都在深入研究竹简的时候，我还埋首在词典中做智力劳工。后来朱渊青、周言一直来我这里高谈学术新闻，说美国达慕思会议怎样怎样热闹，现在是新的学术机遇，应该怎样怎样，我也被感奋起来。他们怂恿我应该写一点什么，我说我一没有头绪，二没有时间，怎么敢写？等到上博简第一册出版，朱要编一本《上博馆藏战国楚竹书研究》的论文集，遍约两岸三地的学者撰写，要我参与编辑，并一定要我写一篇。经不起催逼诱惑，就选一篇《缁衣》边读边思考。说是随便选一篇，想想也是有潜意识的。自己做过《郑注三礼汉读异文》的文章，对陈乔枞、俞樾的著作都熟悉，做《缁衣》会顺手一点，所以鹦鹉学舌，邯郸学步，写了一篇不像样的文章。没有一二年，一个机会，我调到了历史所，可以或者说需要申报课题，一申报，居然中了市课题，于是就只得继续做下去。一做下去，问题就多了，要想解决各种细节，没那么容易！拖了几年，勉强结题。这时陈伟教授拿到了教育部的重大课题，要联合各方人马，我这个题目与他有些关联，就被整合进去。这样我就必须再深入一步，才能交账啊。但这中间我一会儿做这个，一会儿做哪个，也没有集中精力去做《缁衣》，以致他要结项出版时，我仍没有全部按计划完成。按计划，我应该还有《上下、大人小人与君子指属之推测》一章，专论儒家文献中这些称谓的专指、泛指与统称；《〈缁衣〉与儒家之礼》一章，揭示《缁衣》及其相关四篇旨意，是儒家继承周代之礼并加以发挥，以应对、挽救春秋、战国礼崩乐坏时局的政治纲要。《从简本文字论〈缁衣〉经义注释》一章，专论简本与传本的优劣、郑玄及历代旧注之是非。《历代注释辑校述评》一章，则是将我搜辑的各家《缁衣》旧注（约有十万字），参照不同时代的思想背景，作一个总的评述，以见儒家思想的发展。最后将简本、传本之通借字声韵列一对照表，附上两种竹简图版和一个人名、书名、术语等专名索引，才算是原来设想时的模式。因为这里没写完，那里又不敢拖人家的后腿，只能先交出去，结果第一版白皮的出来，错字也很多。十多年前，电脑系统不先进，我技术也很差，转来转去，出错很多。后来改正了一二百处，重印成黑封面的，要好些。

王：我手头是白皮的。

虞：那就是错字多的一种，应该尽量看黑封精装的。我近年在台湾买书，光《荀子》的研究著作就买了近二十种，总想把计划中的那些章节完成，出一个增订本，也算了却一件事情。

我知道您问我这书的意思，是想要知道我对竹简经典文本的看法。我对所有出土文献和传世文献都一视同仁。出土文献未经后人改动，这是可贵之处，但它有可能是一个"善本""佳本"，也有可能是一个"烂本""不全本""节本"等，这无法说得周延。传世本几经后人转写润饰修改，这大家都知道，无可避免；但刘向他们校勘时是经过择别的，他们看到的和选取的在常态下不会比出土文献差，我说的是常态下，如果当时"善本"未能进贡到皇家图书馆，则另当别论了。我们不可以存有先见，不能预设，出土文献一定比传世本好，传世文本肯定比出土文献强。我们可以细心的去观察、比对、分析它们的不同，找出出土本与传世本之所以会不同的各种可能性，这仅仅是可能性。我不主张，一碰到出土文献与传世本不同，就不加思考地斥责传世本是经后人篡改和伪造的“伪劣商品”，要知道“篡改”“伪造”是一个带有恶意的词汇，即使不说它恶意，也都是带有主观意识的。我在那本书的序言中说过这样的话：“在梳理、判别简本与传本种种异同之际，笔者绝不用‘古人造伪’‘汉人窜改’‘经师窜入’之类词语。纵观历史，无可否认，古人在特定历史特定环境特定人际特定心理下可能造伪欺世骗人，但恐怕更多的是在无缘无故无知无觉前提下，以为无碍无妨甚至无可奈何之心境下所铸成的种种变异与错误。是古人品行不端篡改成性作伪成癖？还是事理人情太复杂纷繁雾闇云深？是因历史浓缩致使证据失落乃至荡然？抑是我们智商太低知域有限读书不多思虑欠周？这是每个研究者无法回避的问题。如果一味简单、武断地将数千年后无法理解、诠释的种种异同多归之为古人有意作伪和窜改，不仅厚诬古人，欺骗世人，贻笑后人，而且还将‘研究’这复杂多变神秘莫测充满魅力且使人饶有深趣的工作变得简单苍白乏味无趣。”我写这段话，是我对简帛和一切出土文献的一贯态度，而这些个措辞是经过深思熟虑的，大家可以体味评判。

王：如何看待古籍的真伪？

虞：古籍伪造当然是存在的，但必须是在特定的历史、环境、人际、心理下来伪造达到目的，如果没有现实的目的，他为什么要这样作伪？他不感到累吗？他不累，我看了也感到累，为什么？因为这里要弥缝，那里要吻合，前后要照应，等等。有那么大的一批作伪群体，能想象吗？他们是否也像今天作伪的古董商一样可以卖钱牟利？我觉得常态情况下，一种是主观上认为是对的而实际却弄错了，一种是无可奈何，明知不是这样但却无法知道原本怎样，只能姑且如此。当然还有其他种种复杂情况，无法备举。时隔一二千年甚至更久，其中历史的偶然因素和必然因素多到你无法想象！而且很多很多历史事件的因素湮没失落，因为很多没有被史书记载留存，即使记载留存，史书也散落的太多而留存的太少，即使留存，我们也无法遍读，即使读过，也完全可能轻易滑过而没有引起注意。不要把复杂的历史、复杂的事情简单化，简单到非此即彼，简单到非真即伪，最后落得的是我们的头脑太简单，我们的智商太低下。真正要判定某书为伪，必须要举证作伪者的目的、手段（也就是过程与细节），才算人赃俱获。所以我很多考证，多是在考证具体细节，甚至提出一种新的途径、设想，而不作轻易的判断。比如我考证《老子》，不斤斤于《郭店简》甲乙丙三种的先后或是摘抄还是节录，而是从一源产生，多途增益，最后形成定本的思路来提出一种新的形成途径。

讲到研究方法，我看大多数学者思维多是立足于出土文本，用传世文献来诠释它。我自己的内在理路是立足于传世文献，去思考出土文本为什么会与它不同；立足于先秦文本多途径的流传，去思考它怎样会流变成汉以后的文本。当然求证过程中必须运用文字、音韵、训诂的工具并作历史的审视。所以，可以说我的思路是用出土文献来帮助解释传世本的一些问题，正好相反。

王：思路和路径恰恰相反。《缁衣》一篇，上博简有，郭店简有，我们传世的《礼记》当中也有，那么很多人就会觉得出土的肯定比传世的好，您怎么看？

虞：是的。所以我在分析《缁衣》二十三、二十五章不同的时候，没有说汉代文本经过汉人篡改增加。而是从历史角度思考审视，就是从惠帝除挟书之律，民间进书，到宣帝、元帝之后，已经历一百多年，纬丝一定是腐朽散乱的。更何况还有进贡时就是一堆散乱简牍的书，像现在出土的简牍一样；而且当时进贡的书多，堆放在一起，临近的简牍在纬丝散乱后可能聚集混杂到一起，这是常识可以想象和理解的。等到刘向等人开始校勘，把临近混杂在一起的简牍误认为一书或一篇一章，这是再也正常不过的了。他认为这是客观的，在我们现在尤其是有了出土文本对照后来看是主观的，但你却不能说他是故意的、恶意的，存心作伪的，你说对吗？与此紧接着的一个问题，就是章次也乱了。对啊，章次乱，正可以证明当时纬丝已经散乱，如果编连整齐，怎么会乱？是他们有意去拆散打乱来作伪，你不会这样想吧。散乱了，怎么办？总得要排出个次序来，没有原本参照，那只能自我作古，用自己的理解来揣摩先秦文本的原样。要恢复先秦文本原样，谈何容易！但你不能说，这连缀起来与先秦出土文本不同的章次是出于恶意的作伪啊。试问他为什么要作伪，改变章次可以升官，可以拿钱吗？他们本来已经拿了皇家的钱在做校勘工作啊。打个比喻，上博简《诗论》出土，马承源先生先做了一个复原连缀本，发表后，至少有十多种不同的连缀法，但大家知道只有一种是对的。假如将来出土了一个连缀的真本，只与一种连缀本相合甚至与所有连缀本都不相合，你能说其他十几种连缀本都是这些学者恶意的篡改本吗？当然不是，这些研究者都怀着严肃的态度在千方百计地拼接啊。在这种历史背景下来讲章节多少、章次错舛，都觉得合情合理。我们有什么必要一定要去说出土文本好、传世文本不好，汉人如何篡改，这都是没有意义的。研究的乐趣应该在揭示其过程，而不是急吼吼要弄个什么结论来炫耀。

王：您如何看待《缁衣》?

虞：那么回到《缁衣》的那个问题来说，每讨论一个问题，我一定要把它放在经学的流变中进行阐述，这就是我写的和其他人有些不同。我是有意要微观和宏观、义理与考据结合起来研究，而且微观不避繁琐，宏观不嫌枝蔓。我的主意是，如果浮面上谈一些文字现象，比如字形的考证，文句的比勘，不进入到经学文本的流变中去思考，更加得不出正确的结论。譬如说，《缁衣》虽是《礼记》中的篇名，但它本来是郑国开国历史的诗篇名，因求索确切的章旨而去推考诗本事，又进而去探索缁衣形制和用途，去追溯桓、武开国历史和诗篇制作时代，等这些历史全部清楚了，你回来看《缁衣》一篇二十余章的宗旨，就很明显了。又譬如，为确定《缁衣》最后引证《诗》《书》的年代，我将西周国学“六语”的教授、春秋外交的赋诗，一直到战国作为格言引《诗》的远因近果一一叙明，这不仅让我们知道为什么《缁衣》会这么引《诗》引《书》，它就是从出使赋诗到作为格言引《诗》的继续，是为了突显作者所要说的意思是有古训为式的，而且还可以让你思考，他就是引述古训展示自己的意图，没有其他的目的，所以《诗》《书》前后与作者意图没有关系，现在简本与传世本《诗》《书》前后错乱，是编连者面对散乱竹简的无奈之举，这就可以说明不是像有些人说的那样是汉人有意的篡改。《诗》《书》前后既然无关宏旨，他们去篡改有什么意义呢？凡是这些，不明我意图的人，可能会觉得我写得离题，其实我是有自己的想法的。

十四、《榆枋斋学林》

王：虞老师，2012年您出版了《榆枋斋学林》两大册，分上下两编，收录了三十多篇文章，长的近十万字，短的只有几

2009年与王锷教授在榆枋斋

千字。请您谈谈此书的内容和编辑情况。

虞：这本集子是我在2012年编的，所收文章主要是我到了历史所以后写的。只有一篇长文《商周称谓与中国古代避讳起源》是1993年写的“旧文”，因为先前《榆枋斋学术论集》只收了当时发表的几个片段，没有全面反映我对避讳起源的看法，所以重新将全文收进去，内容我刚才已经说了。但这十一二年写的，也还有没收进去的，比如《〈韩诗外传〉“传”文寻踪索隐》等好几篇，也都是几万字的长文。

这本集子体量较大，内容也杂，很难给您一个满意的回答。好在刚才有些地方我已经涉及介绍了其中的一部分内容，可以略谈。现我再就几个较为集中的专题与你们聊聊。我这个人，既然不去读学位，就没有想要去和“名”与“家”结缘沾边，没想要做什么专家，写文章做研究只是率性循兴，对什么感兴趣，有心得，就写一点下来。虽然有时候对某个问题发生兴趣，但因问题很大，一二篇文章，三五万十来万字不够，但因为兴趣转移了，也就半途而废了。读过我的文章，看看这本集子里的散漫内容，您也大概可以认同我说的了。我这么表白我的率性，就是想要说明，我一生绝对不会要想去翻什么案而去做文章。我一直抱有这样一个理念：当你萌发一个翻案念头的刹那间，你的撰作动机已经不纯粹了。这样作文，一开始就已偏离了纯粹的研究，难保客观——尽管所有的文章观点都附着在主观上，离不开个人的主观意识。所以在撰作之前，尽量不要有先入为主之见，也就是尽量不要萌发我要翻什么案的念头。说这些话，就是想要表白一下《学林》中前三篇文章的写作初衷。

王：《学林》中前三篇文章在探讨什么问题？

虞： 前三篇是因为《清华简》出来才写的。其中第二篇《由清华简〈尹诰〉论〈古文尚书·咸有一德〉之性质》主要讨论今存《古文尚书·咸有一德》到底是一篇什么性质的文章，也就涉及到最为敏感、争论也最为激烈的《古文尚书》是真是伪问题。很多人粗看我的文章，或者没看我的文章，就以为我是主张《古文尚书》不伪的，这实在是让我感到冤屈，甚至有点让我感到他们看待我的文章就像看待《古文尚书》非真即伪那样简单。其实我对这个问题思考的要比一般人不说深得多，至少多得多。为什么？我大概在十年前，有过一个计划，就是要将朱熹、梅鷟以还，尤其是阎若璩以来三百多年所有有关《古文尚书》真伪之争的著作全部汇集在一起，供学界细心、彻底地研究因真伪而涉及的各种问题。初步估算下来，光专著就有20000页，论文和附说还不算。你可以想见，这么多的篇幅，它所涉及的已经不仅仅是《古文尚书》本身的真伪，而是关涉到其他各种天文地理等等的考证与认识。表面上看是《尚书》真伪史，实质上已经是三百年学术史的一个重要组成部分，其中有材料，有方法，都需要重新梳理。这本来是很好的一个选题，后来由于扬州大学的《尚书集成》作为国家重大课题立了项，虽然他们不一定有我这个想法或理念，但内容已经覆盖了我的计划，所以也就搁置了。

王：您为什么会想到做这个题目？

虞： 也是有前因的。因为我不信阎若璩和惠栋等清代学者所说《古文尚书》是后人摭拾先秦文献成句拼凑而成这种说法。它是基于一个浅显道理和普通常识，就是你要掇取十数句甚至数十句先秦文献成语，去拼接连缀成一篇篇与史实吻合、首尾连贯、中心明确、脉络清晰、文字流畅的文章，即“伪古文尚书”，真的是谈何容易！我觉得古人不能，今人也不可能。为什么？第一，假如说它变更经典文句连缀成文，那么先秦文献互相因袭或相同相近文句比比皆是，我在编纂《汉大》时不知碰到多少，或者换一字二字，或者小变句式。现在香港中文大学的诸子资料出版了，一句一段见之于各种书籍就更加清楚了，不仅仅只有《古文尚书》是这样，你能说这些著作都是摘抄伪造吗？第二，还有一个普通常识问题，我们每个人读小学时都做过造句，一个词的造句很容易，二个词稍微难一点，三个词，再难一点，四个词、五个词，如果是十几个甚至二十个词，如果这二十个词没有什么牵连关系，要你做一篇文章，这篇文章必须是我上面说的与史实吻合、首尾连贯、中心明确、脉络清晰、文字流畅的，而且还要符合先秦文章文气、用词习惯等，你说难吗？你能吗？谁做过这样的文章？有人会说，宋元以来的集句诗就是这种性质。我说你别忘记，集句诗只有两句、四句，至多八句，很少看到长篇像古风一样的集句诗，而且最重要的是，集句诗可以随心所欲，它没有既定的内容限制，它可以不符合历史史实，这与《古文尚书》必须与所造历史相关不同，就这点点不同，它的难易就差以千里了。所以我说，即使这些篇章是伪造的，作者也绝不会用这种戴着手铐脚镣的方法造出来的，他一定另有“伪造”途径。

王：您是如何思考的？

虞：基于这一点认识，所以我一直在思考这十六篇或者说二十五篇是怎么出来的。按理，清华简《尹诰》的公布，与《咸有一德》文字已经不同，你再去争论伪与不伪似乎没有意义了。我为什么会去将两篇文字对读几十遍，为什么会想到可能是西汉孔安国发挥经义的传文呢？这都是与我曾经考察过传注章句兴衰有关，与我对两汉经学史的认识有关，与我对先秦文本流传的认识有关。我既然不认同阎若璩等人所说的掇拾先秦群籍经文加以臆说、拼凑而成，也就必须对他形成与来源有一个解释。根据《尹诰》与《咸有一德》字句不同而意义相吻合的特殊关系，我倾向这是魏晋间人在皇家兰台整理旧简中形成的。正始年间魏石经的刊立，告诉我们一个真实的信息，就是那时已经将马郑古文镌刻在石碑上了，接着要追寻已经亡佚或者说失落的十六篇古文，这是情理的发展，谁都会想到的。这时，谁要从民间献出古文篇章，都会遭到质疑，只有皇家派人去天禄、石渠、兰台这种地方去整理旧简，不管你怎么误读误拼误录，不管整理出来的是真是假，都不至于遭到质疑引起波澜。大家知道，张霸伪造百二篇，不旋踵就被戳穿。而裴松之用二百多种典籍注解《三国志》，魏征等鸠集二十多种《晋书》资料来编纂今见的《晋书》，都没有谈到这个问题。你说这是默证，那我不去否定，至少可以引起你思考吧。从经学发展史的角度看，魏晋人日常接触的经典体式已经多是经注合编的形式，你们看郑玄《三礼注》《毛诗郑笺》、杜预《春秋左氏传》等书就可以明白，他们对二三百年前的西汉经、传分离，经归经、传归传各自单行的形式已经陌生，所以整理者会将西汉孔安国那时的传文作为经文一样整理出来。当然，也有可能他们明知是传，因为经文亡佚无法复原，只能将传文来充当。我这种解释当然不是要作为定论，而是想从简单的真伪之争外去寻求另一种可能的途径。因为我始终认为，古文十六篇的来源和

虞先生于北京大学做讲座

行世过程，要比我们那么多学者的集体想象还要复杂得多，绝不是你说真、他说伪那么简单。我现在口说无法表达我文章的全部观点想法，你们如果能够放下真与伪的意识，静心去看我所写的文字，领略我所要表达的意思，对不对、同意不同意这都在其次，主要是可以让我们从简单的真伪概念中解脱出来，让我们的思维复杂一些。

为什么希望大家从简单的真伪概念中挣脱出来？世界是复杂的，当今的世界还呈现在眼前，有的东西还可以说清楚。历史是复杂的，历史上的许多情节已经失落，我们再怎么花力气去考证，都很难复原，即使让你说对了，也只是一个大概的轮廓。反观我们自身，人储存信息最好是越简单越好，所以最好是概念。一连串复杂的程序，脑子里储存起来不太方便，会混乱交叉。回归到《古文尚书》的问题，就希望有一个“真”与“伪”的概念，以便储存，但这种简单的真伪概念实在是一个认识、理解复杂历史事态的避风港，是一个追求真理途中的误区。推而广之，文史甚至科技领域有很多很多悬案疑案，一般大众愿意在这避风港中说一些茶余客话，可以理解；遗憾的是，有些学者也经常放下书本，在这种港湾中得意地说教——我虽然也未能免俗，但却时时在警醒！所以书本一定不能放下，思维永远不可停止！

王：您如何看待“王肃伪造说”?

虞：《学林》所收《以丁晏〈尚书余论〉为中心看王肃伪造〈古文尚书传〉说——从肯定到否定后之思考》一文，或许就是我拿起书本，继续深入思考的一段过程。这篇文章主要梳理从惠栋《古文尚书考》怀疑王肃伪造《古文尚书》，此后二百五六十年中，“王肃伪造说”一直有一定的市场。直到民国吴承仕撰写《尚书传王孔异同考》为止，才彻底被否定。“王肃伪造说”仅仅是《古文尚书》案中一个极其小的枝节问题，从怀疑、肯定到否定，虽然最后仍回归到无罪原点，但却能从中引出很多研究中思维的单向性、独断性，取舍原则模棱两可等问题，值得后人思考。我曾总结出八条，撮其要说几句：考证先秦、秦汉的文献，必须对先秦、秦汉文献的形成有一个清醒、正确的认识。将仅仅是被怀疑为伪的文献作为自己的正反证据，应该极其谨慎，否则就会掉进自己思维预设的泥坑里去。分辨今古文及其家法师法，最传统运用也最多的方法是：经文，甄别文字异同；传文，区别注释旨意。但两汉以还经学传授的实际情况并非这么简单，文字异同虽是分辨师法家法的主要途径，也并非一无例外，就是说同一师法家法可以有不同的文字，不同的师法家法也可以有相同的文字不同的解说。过去我们都掉在陈寿祺、陈乔枞和皮锡瑞等人预设的泥坑中，这是应该警觉的。马融所谓十六篇“绝无师说”，一般理解为古文十六篇没有传注文字，这实际上是绝对的误解。没有传注文字，怎么传授？即使口授，也会有弟子记录，这是常识。所谓两汉师说，就是指被立为博士而传授的师法经解，没有立为博士，虽然可在野传授，却不能称为“师法”或“师说”。这个概念分清楚，认识也就可以提高一层。马融说是“绝无师说”，不是“绝无解说”。《古文尚书》在朝廷博士制度外传授不绝，有传授，必有解说，亦即有传注文字。所以古文十六篇之传注并非无源之水，这个千年误解必须澄清。所以，复杂的学术问题或历史史实，有时不宜用简单概念来表述。复杂事物一旦抽象化或概念化，往往会使真实僵化乃至变形。古文《尚书》和孔传的来源，不仅要从文本上去研讨，更须联系政治史、经学史、学术史、简牍与纸张交替史多方面做综合考虑、研究，绝对不能用简单的“真”“伪”来一言以蔽之。研究需要怀疑，怀疑是研究的起点，没有怀疑便无从深入研究。但在证据有限的历史阶段，并不是任何可怀疑的对象、事物都可以研究、证实。怀疑偏于感性，尽管蕴含理性成份；研究偏于理性，却无法摆脱感性成份。研究中对治情感因素的最有效良方是平心静气，如果执意要将无法证实的怀疑对象证实成一种结论，这个结论本身就值得怀疑，遗憾的是很多人都在做这种无谓的努力。绝大部分人或者说人的绝大部分思维，都有一种从众心理。这从主观上说，轻松；从客观上说，无奈——因为有限时间下再聪明的人也无法穷尽所有知识。回顾以往历史，一种理论或观点风行之后，往往会形成吠影吠声的势态。个人置身于某一历史阶段中，其认识很难跳脱出历史的局限。所以，对“成见”与“定论”作尽量客观的审视和时时对历史局限的自觉，是学术发展的基本动力。

王：您如何解读清华简《尹诰》？

虞：《学林》第一篇《清华简〈尹诰〉“隹尹既返汤咸又一悳”解读》，只是对《尹诰》这一句提出我的看法和解读，可以有不同意见，但这种读法和解释与我后面的一篇《〈咸有一德〉之“一德”新解》是有联系的。《咸有一德》的“一德”，不仅现存最早的孔传释为“纯一之德”义无法想象，历来解释也都很让人捉摸不着，旧解既然不确切，我就另寻确解。我从先秦经典诸子中“一”的含义和“德”的含义入手，揭示出先秦的“一”和“德”都是有明确可指说的概念，绝不像宋元明清以还的理学家所说的那样。所以我又从《吕览》中找到了一个历史片段：商汤看到捕禽兽的人将网罟布满四周，并且祝祷从天地四方来的禽兽都堕落到自己的网罟中。商汤看到后说，你这样捕获禽兽，天下的禽兽不是都没有了吗？叫他把网罟去掉三面，独留一面，重新祝祷说，想往哪里走都可以走掉，我只获取“犯命”的禽兽。商汤的捕获方式表现出他的仁慈，所以汉南四十个国家部落听到后，就来归顺他。这则历史故事就是成语“网开三面”的典源。网开三面就是独留一面，这所留的一面，就代表了商汤的仁慈之德，也就是一德。随后我又在先秦两汉典籍中罗列出很多古代对于田猎的一些成文与不成文的规定和约束，就是在禽兽孕育时不捕获他们，也就是不赶尽杀绝，展现出古人在一年四季的田猎中，确实遵循着一种自然生态的规律，目的是为了与自然界长期共生共存（后来在出土文献中也找到类似材料，未及补入）。商汤这个理念被汉南之国引申为仁慈之德而归顺他，也就是说从田猎经济的“一面”上升到了政治层面的“一德”，从而使得这个故事被后人记录下来，作为历史档案，最后成为经典，成为《尚书》的一篇。

我在捕获到《吕览》这则故事，与“咸有一德”发生联想时，并未完全清楚“一”与“德”在先秦的用法，及至研究的深入，“一德”的词性和语用规律完全证实了我的想法。应该讲，将“咸有一德”的“一德”与“网开三面”所剩“一面”的仁慈之德，也就是“一德”相联系，不仅在语言词汇的用法上符合汉语的发展规律，在先秦社会历史中得到如此切合的事实和部落或国家的政策性证明，而且还有那么多的经学家与学者的相继记录与阐发，确实是我始料所未及的。糅合“一德”的语词引申和商汤故事及《咸有一德》的政教篇章，我在文章最后，把它提升到思维、语言与文字起源衍化的高度作过这样的阐释：“人类思维丰富而且多维扩散、迅速发展，丰富的思惟促使语言发达，发达的语言又促使文字日繁。有限的文字永远无法准确表达丰富的语言，丰富的语言亦永远无法准确描述‘思接千载’‘精骛八极’的思维。前代用拙略的语言、有限的文字所记录的丰富情态与思想，传至语言与文字均有发展的后世，人们受现实世界意识的限制，惑于已发展和变迁的语言和字义，已很难准确理解前代所记录的思想（文字代码）。此种在逻辑理念上至为浅显而求证探索却至为深奥复杂的现象，足以引起研治中国哲学和语言学及语言哲学者之关注与深思。”

我现在这样讲，你们听了不一定很清晰，但如果看了文章，也一定会有很巧合的感觉，语言、历史、政教篇章正巧都汇聚在一个点上。说到巧合，我不妨给你们爆个料。这篇文章写完投给某个杂志。开始编辑来电话说看了很好，那么巧合，她准备用，但要外审通过后才最后决定。结果外审意见回来，说写的太圆融巧合，似乎要说三千年前的一桩历史事实哪可能给你“戳穿”呢，否定了。我一晕，无语。以前总听前辈老师说，写文章要逻辑自洽，要自圆其说。研究考证，尤其是人文学科，在没有，或不可能有终极真理的前提下，就看你是否能逻辑自洽，是否能自圆其说。即使不能很自洽的文章，也不妨聊备一说，以便人们由此得到启迪再深入研究，却从来没有听说过因为太巧合，太自圆其说，太逻辑自洽，并且拿这个作为理由来否定的。我当然无意于发泄一种不满，而是要想申述一下我们应该怎么审稿。编辑部要你审，是请你审阅文章的历史事实是否有误，材料是否有缺漏，观点是否脚站得住，逻辑推理是否成立，等等，而绝不是要你表达是否与你的观点相同，你是否喜欢，我知道大多数人都懂得应该这样，确实也有少数人是以个人好恶来上下其手的。有审稿制度的杂志固然比较严谨，但也时有各种冤假错案发生，并且不容你上诉复审。我倒不是为这篇文章刊登与否发一点牢骚，以此要否定审稿制度，而是想提请审稿人注意一点职责与德业，希望我们都“咸有一德”，当然是说句笑话啦，我并不是说要网开一面喔。

王：记得您对献《古文尚书》的人名有考辨？

虞：《学林》里有一篇《献〈古文尚书〉者梅颐名氏地望辨证》小文。文章很短，几千字，但关涉面却很广，那就是现在大家一说到《古文尚书》的真伪，就牵涉到献书者梅颐的名字。梅颐之名应该作“颐”，而不是作“赜”，因为他字仲真，他的弟弟梅陶字叔真，颐真、陶真都是道教常用的词汇，颐真就是养真，颐、养同义，见于《易·序卦传》。兄弟两人的名字都与魏晋以来的道教有关。古人名与字的字义一般都相应有关联的，研究古代文史的人都应该知道。这个问题其实段玉裁早已讲明了，只是文献中颐、赜太混乱，以致现代的《尚书》专家竟然糊涂起来，都随便写写，所以我又用了好多例证进一步来证明，应该是没有商讨余地的，但学术界还是随便乱写，我也真无奈。

王：您多次给我谈过对注疏学的一些想法，《学林》中有体现吗？

虞：《学林》里的《〈孔子诗论〉应定名为“孔门诗传”》和《从夏小正传文体式推论其作者》两篇文章有涉及。这个因缘也得追溯一下。我编纂词典二十年，日日与训诂打交道，对训诂学当然不陌生，市面上的训诂学著作，我大概收集了三四十种。2004年在清华大学结识静宜大学鲁瑞菁兄，他希望我去静宜大学客座。我说我能讲什么呢。他说随便讲什么。我想台湾高校文字音韵训诂都是强项，我去就是班门弄斧。最后就想到与训诂关系密切的先秦两汉包括魏晋的注疏学问题，所以2007年就去讲了几堂注疏学。我在梳理先秦以来的传注、章句、解诂、经说等等的脉络时，渐渐发现那么多的训诂俗语，并不像那么多的训诂学著作所说的那样，全都是解释词语。说全都是解释词语也对，但那是后来的事。好多训诂俗语，当它产生时，都带有特定的含义，到后来渐渐扩大、融合，最后就不再分别。训与诂的古今语与方俗语或说本义与引申义，语言学家各执一词，但都认为有区别。马瑞辰曾经区别过传与训诂的差别。我发现传体最早，是先秦延续下来的，它的体式类似格言，西汉的大义是传的发展形式。传的得名是因为师弟子代代相传，犹如古代邮驿一样的传递。弟子听老师讲解时记录下来，就称为“记”，将这“记”传给他人或再传给弟子，可称“记”亦可称“传”。所以“传”“记”义相近。到了西汉中期，“章句”体式兴起，详细解释经典，原来比较简单的概括性的“传”或“大义”体式逐渐被章句替代。训诂体式先秦就有，后来渐渐融合到传记与章句中去。因为章句的繁琐，阻碍了人们的学习，东汉章帝数次下令删章句，于是新兴的注体，也就是融合传记、训诂、章句为一体的“注”悄然兴起，替代了繁琐的“章句”。我曾经将这几个训诂术语兴替过程说给教训诂学教了几十年的老友祝鸿杰教授听，他说：“哎呦，我教训诂教了三十年，这真是闻所未闻。”我也知道，我手头的几十本训诂学概论性著作，都没有讲清楚这些定义和发展过程。这个所谓的发现，我在静宜大学讲授过，后来在台湾好几所大学和大陆的几所大学都讲过，也在我所在的社科院历史所给研究生讲过，并在讲的过程中逐渐完善。我准备写一部注疏学史之类的东西，资料准备了很多，却也一直没有时间。比如刚刚说到我有《〈韩诗外传〉“传”文寻踪索隐》《〈说苑〉中的传文寻踪索隐》，都是这个题目的前期积累。跟你们说了这些，你们就知道我为什么写《〈孔子诗论〉应定名为“孔门诗传”》了。

王：《孔子诗论》应该定名为《孔子诗传》？

虞：上博简第一本由马承源先生整理的竹简《诗论》，他定名为《孔子诗论》，我看里面老师和学生问答形式非常明确，层次很清晰，分明就是典型的古代师弟子传授的记录，他不一定都限于孔子的说法，或许也夹杂着弟子或弟子的弟子的说法，所以我觉得应该定名为“孔门诗传”。《夏小正》收录在《大戴礼记》中，这篇古籍中已经将传与训诂附着在经文下。《夏小正》经文产生很早，这有专家考证，但我觉得将传与训诂附在经文下面，一定是后来的人做的。因为古代的经与传、记、说等都是分开别行的，它的传文具体是什么年代，历来少有考证，我通过对它的语法和词汇、解释语形式的分析，推测其年代上限稍晚于《公羊传》，其中可能有孔子的口授言语，等到七十子后学本孔子的意思，递相传授，又各本私意推阐老师的说法，附益增饰，积句成文，纂简成篇，才渐渐成规模。再到戴德整理七十子后学篇章文字，才重新排比整齐，将传文附于经文之下。我对注疏学研究的过程很长，发表的就这两篇而已，其他文稿有待修正后逐渐刊出。

王：您在《学林》中有一组文章讨论姓氏问题，为什么？

虞：我对姓氏的关心仍然缘起于上世纪研究上古音的时候，因为想对有异读的姓氏作方音的追踪，所以那时看到姓氏书就收集。最先我写过《孙诒让〈广韵姓氏刊误〉推阐》，那是根据杭大《孙诒让研究》一书中的孙诒让《刊误》而作。为什么要做这篇文字，因为我实在既敬佩又好奇，孙的《刊误》是他十三四岁时所作。想想自己十三四岁是个啥样的，连平仄也不知道，现在的十三四岁的儿童又在做什么，孙十三四岁到底能做到什么程度，所以就写了《推阐》，其实也只写了一半，余下的一半一直没时间完成。做了《推阐》，才知道他在儿童时代已经识见超群，文献运用的能力那是足以超过我们现在的博士和一般的老师。这是我当时四十多岁时为他做《推阐》后得到的感想，人与人就是不能比，天才就是天才，庸人就是庸人。接着我曾经做过一篇《〈广韵〉姓氏来源与郡望音读研究》，对《广韵》中文吻问物四个韵部中的姓氏做了普查和姓氏音读的方音追踪。那时我想完成一桩夙愿，就是接着《歌支》异文中所提出的特殊姓氏音读与方音的关系作进一步研究，但一深入，就觉得非常吃重，所以只做了四个韵部，如果要做完，估计至少要几十万字，但同时我也认识到，这是必须的也是有意义的。这篇文章的前面，我对《广韵》中的姓氏来源做了初步的考证，这是音韵学界研究《广韵》的学者所忽略的，包括新出版的赵少咸先生的《广韵疏证》等，可能有些参考价值。

王：还有哪些文章讨论姓氏问题？

虞：《学林》下册接《推阐》后有《姓氏起源论》《先秦至唐宋姓氏书之产生与发展》《明清以来之姓氏与姓氏书》三篇，又是我经历中的一段因缘。2001 年前后我在辞书出版社工作，一天忽然门房有电话打到办公室，说有一位老先生要见编辑，说他要编姓氏词典。姓氏我有兴趣，就下去把他接上来谈。这位徐铁生先生，原来是一名采暖通风设备的工程师，但对于语言和姓氏特别感兴趣。他帮助王均编过《南通地区方言研究》，写过《海门县志》中的方言章节，也算与我有缘，从事着相近的研究。他说他已经将近千种新方志中的姓氏资料都摘录了，古今姓氏书中的姓氏当然已经囊括。我一听已经包罗了那么多的方志姓氏资料，就感觉他已经下了功夫，出来的书一定有自己的特色。1996 年袁义达、杜若甫《中华姓氏大辞典》出版时，要 98 元，我喜欢，也买了，袁、杜并没有将所有方志尤其现代方志姓氏囊括，所以只收了一万多姓氏。徐说他完全可以超过，我相信。当即我就和编辑室主任杨蓉蓉商量，要接受这个项目，请徐着手编纂，由辞书社来出版。那天我们谈得很投契，他见我对姓氏也有见解，就表示是否同时署名编写。我说我既然做责任编辑，就不能署作者名，这是行规。但我表示会尽量帮助他的。他说他已检出罗福颐《汉印文字征》中的姓氏，我问罗振玉的《玺印姓氏征》是否收罗了，他说没有书，我就设法借了复印给他。从这以后他就铺开二十多年积累的资料开始编写。可惜没过半年，我就调往历史所从事研究工作。他与辞书社签订合同，送审稿件等事我就不甚了了了。

后来只是听副主任宦荣卿说，徐的稿件里新旧地名不规范，要他按照新版《辞海》规范，我说这也容易的。他又说细小的问题蛮多。我想一个没有编过大型词典的作者，要编写一部几百万字的词典，前后有失照应，存在这样那样的问题也是正常的，希望按照合同的原计划执行。后来徐屡屡电话说，与辞书社有些矛盾，最后说辞书社毁约不出版了，也不给退稿费。他想诉诸法律。我一听连忙说别这样，我去问问。但问下来似乎无法挽回，我还是劝他不要走法律程序，我会尽量问别的出版社，尽量让书出版。从此以后我一直中夜醒来睡不着，觉得有些对不起人家。为什么呢？当初他只是收集了一大堆材料，有编纂的念头想法，毕竟尚未动手写，现在已经写了几百万字，年龄也已超过七十。我知道他情况，退休早，退休工资也少。他几次与我说，事已至此，不要稿费，只要出版就可以了。我理解这样的心情，但真的有点心酸，90 年代的退休工资是可以想见的。我叫他不要急，我一定想办法。这期间我与好几家出版社谈过，都没结果。只有老友许仲毅（其时任职上海人民社）很慷慨，他说，我们给他出，稿费开不出，我用审稿费开给他3万元。这算是谈得最好的结果。2008年，在一个什么会上我忘了，与中华顾青副总谈起此事。顾总为人豪爽，大家都知道的，他一口应承说，我们来出，也给稿费。问我要了电话，他自己与徐铁生联系。几年后就有了轰动一时的《中华姓氏源流大辞典》的面世，徐铁生先生也一下子成了名人。当然，这中间侯笑如等编辑队伍也出了不少力。

王：写这三篇文章与《中华姓氏源流大辞典》有关？

虞：这三篇文章其实就是徐老要我写的序言。这十年中，一面是出版无着落，一面是他盯着我要写序言。我本来对姓氏有兴趣有看法，只是没时间，他这本书的经历这么坎坷，而且也是我引发的，好像不容我推辞。既然篇幅也那么大，我也想就此把我三十多年对姓氏的想法做一个总结，于是写成长达七万多字的文章。因为太长，就分三篇发表。全文交给中华后，编辑觉得作为序言太长，要删节。于是就撮其要写了一篇一万多字的序置于词典前面，原文就依发表的样式收入《学林》。

现在所刊出的三篇中，主要是第一篇《姓氏起源新论》，有我长期思考的一些想法。首先是对"姓氏"的"氏"的看法，这个字，许慎的解释就令人摸不着头脑，你如果翻开《说文诂林》，就知道人各一说，莫衷一是。甲骨文出土后，"氏"或"示""以"又有纠葛，再延伸开去看姓氏学家的解释，也纷乱之极。我在这之前，专门做过一篇《〈说文〉姓氏义重校新释》的文章，搜罗了各家学说，最后写出自己的意见。我对"氏"的解释，是从"氏"与"土""社"等字形的比较比勘中去求得它的原始意义的。他的最原始意义是远古部族首领手持标志本族神主之类的石、木或土的标识物。就所持这个立体的事物而言，它既可以指人——首领，也可以指该部族或集团，引申开去，也可以指个人。这样的解释，与先秦文献中所体现的意义都相符合，与《说文》的解释和甲骨文字形也都串得起来。当然你们乍一听，未必能理解或同意我的看法，因为我用了六七千字去证明，这里无法展开。

姓氏学家对姓与氏的区别与界定，也是姓氏学中一个重要问题。流行最广也就是说广为人知的是郑樵的说法，就是“生民之本在于姓氏，帝王之制各有区分。男子称氏，所以别贵贱；女子称姓，所以别婚姻：不相紊滥。秦并六国，姓氏混而为一”，又说“三代之前，姓氏分而为二：男子称氏，妇人称姓。氏所以别贵贱，贵者有氏，贱者有名无氏”。郑樵没有看到过甲骨文，甲骨出土之后，人们知道的殷商社会是有氏有族而无姓。十五万片卜辞甲骨，没有“姓”字。所以郑樵所说的范围只能是西周以下，而且未必讲到点子上。很多人知道，“女子称姓”是与外婚制联系在一起的，这当然没错，但它不必到西周才确定。“男女同姓，其生不蕃”的优生观念，是从实践中产生的，先民肯定很早就知道了，它是历史发展的必然，也不必到两周时才强调。

关于姓氏的血缘问题，我提出姓隐而氏显的观点。姓的血缘标识虽然百世不变，但它却呈隐性，表面上是看不出的，现在的DNA也是这样啊，所以五世、七世、十世之后，除了显赫的姓族集团会被传承外，一般就很难寻它的血缘标识，那时没有DNA检测手段。但是，古老姓族的血缘标识虽然随着时间推移而逐渐模糊甚至消失，而新的氏族集团中的血缘关系亦在随时形成并传承。氏的政治、经济、军事等强弱乃至整个氏族虽然可以不断变更，然它却呈显性，就是可以看得见的，所以虽然迭经兴衰变更，除中小型的氏族会消亡无痕外，名望显赫的氏族一般总有踪迹可以辨识。姓与氏各有特点，各有血缘。同姓结婚，血缘近，其生不蕃，血缘远，其生未必不蕃。姓既然五世、七世、十世之后已经无法分清，血缘已远，不一定会妨碍蕃衍。现在两张两李结婚的很常见，也没听说生出的全是低智商的人。那么，三皇五帝、唐虞夏商——如果有三皇五帝的话，那就是上千年，再朝前推，几千年历史，同姓不蕃的因子在实际历史中已经很微很弱。相反，确确实实的相近的同氏，倒要注意同氏不蕃了，因为相近的同氏血缘也相近啊。姓与氏的这种血缘隐显性明确之后，我们可以恍然觉悟到为什么十多万片甲骨卜辞中有数量极多的“氏”“族”而没有“姓”，因为作为血缘标志的姓或作为姓的血缘因素只能融入并体现在各种大小不同的氏族或族氏当中去了。再来看西周统治者一方面大封同姓，当时封姬姓之国五十三人，一方面又提倡“同姓不婚”，很明显地体现出西周统治者的政治意图。这种政策，落实在具体的社会中，贯彻、渗透到朝聘盟誓、作揖亲疏、车旗服饰、政策谋划、丧祭临吊、重罪轻刑等各个方面。

王：您是如何看待先秦姓氏的？

虞：我对姓氏的认识是：“氏”为远古所传，“姓”为西周所重。而对西周政策的认识是：姬周克殷，总结殷商败亡的经验教训，周人所总结的教训，是殷商族氏无数，方国林立，不强调血缘亲情，别族即可通婚。于是改变政策，大封同姓，以蕃屏王室；强调宗法，以凝聚同姓。分封是扩展与控制，宗法是聚权与收族。二者一分一合，就是以“姓”为中心的一项强有力的政治措施。

此项政治措施着重体现在以下几个方面：

（一）对三代或三代以前为数不多真实的或记忆中的显赫旧姓予以褒赐，作为一种政治上的安抚羁縻，以达到稳定政局之目的。

（二）分封同姓兄弟子孙，强调血缘亲情，筑起一道巩固姬周王室的屏障。并在礼制、礼俗等方方面面制定出一系列优待同姓的律令与守则，使同姓子孙永远亲亲尊尊，互助共保。

（三）制定百世不变的同姓不婚大法，祈望在分封世袭的制度下，永久地推行外婚制，不断联姻，最终同姓与异姓联成一片，形成一个普天之下，莫非王土，域内之民，莫非姬姓血脉的大一统世界。

所以，我这篇文章虽然属于姓氏学的一篇追溯姓氏起源和定义的文章，但实际是一篇兼论西周政治史的论文。

王：《学林》有《别集流变论》一文，您为什么要写这样一篇文章？

虞：《别集流变论》是一篇文具有学与学术双重性的文章。我在这篇文章的小引中虽然已经表达了一些缘起，但还是不全面。在编纂《汉大》的时候，每天翻阅古书，查阅古人文集。碰到最头痛的往往是，《佩文韵府》中的一条陆游诗，没有篇名，你得在九千首诗题中一一翻阅，这还好，因为那时五大册《陆游集》出版，已经有了目录，如果是“杨万里诗”“刘克庄诗”，好，只有从刊本《诚斋集》一百三十三卷、《后村先生大全集》一百九十六卷，前者总卷次没有，目录也没有，后者有总卷次而无篇目，你得一页一页翻，万一眼睛一晃，错过了，对不起，请从头再来一遍。翻阅的过程中，你就会感觉到，很多别集的编法都不太一样，诗在前，诗在后，古风在前，古风在后，等等，本来寻找已很费时间，文体的编排不一更困扰人。那时我已买了二本《文章辨体序说、文体明辨序说》，长期放在案头。但吴、徐二人的编排也不一致。我虽然知道，宋代以后的文集编排与《昭明文选》有一定关系，但《文选》之后，《文苑英华》《唐文粹》《宋文鉴》《元文类》这些书，虽然也不断在翻，里面的文体排列也不尽一致。总集已经如此纷乱，别集就更不谈了。你想从刘勰《文心雕龙》、钟嵘《诗品》等书中去找，也没辙。到了清代的《古文辞类纂》《骈体文钞》《经史百家杂钞》，编排也不相同，姚曾已经是古文辞的一路了，编排有自己的意图。不知编排体例，你寻找诗文就费时费力。这以后，我虽然没有专门去研究文体编排，但一有这种书，我就会买，比如褚斌杰《中国古代文体概论》和其他诗文律赋八股等。在词典的编纂中更多的会碰到文体的解释，我一般都就手头的吴、徐二书来解决。有一次同事问我"牌"是什么意思，无法解释。《荆川先生外集》中有几篇"牌"，其实"牌"是明清下行公文的一种名称，与之相联系的还有"火牌""信牌""兵牌""护牌""传牌""功牌"，等等。《汉大》漏收了"传牌"，其他几个解释也不尽如人意。所以，我对公文虽然没什么兴趣，为了编词典，也将许同莘《公牍学史》，以及《清代文书》《清代文书纲要》《中国历代公文通览》等购置备查。有了这种经历，我看到经常用的姚华《论文后编》，将要补充说明的文字注于文章之下，后来吴淑《事类赋》出版，知道宋代就有自注之体式。一直想对古代文集的起源、发展、编排、命名等等做一种梳理。

后来就借了陈鸿森教授叫我为他的《王鸣盛、钱大昕、阮元三家遗文》做序的机会，写了这样一篇别致的文章。全文只有五千字左右，注释却有二万字。我多次与朋友说起这篇文章，倒并不是要人家看我的文言。我对文言和骈文等有兴趣，但实在做不好。因为这也要花时间去浸润、琢磨，光闲来看看是无济于事的。我现在忙得连毛笔都没有时间执一执，根本无法去研究，尽管我把很多骈文、律赋之类的书籍，都买了放在床头，也只能带着瞌睡看几眼而已。我想叫人看的意思是在，就古代别集而言，竟然会牵涉到那么多的知识，就像古人的名与字、文士的别号与书斋一样，非常非常有趣。你随便浏览文集目录，比如柯愈春的《清代诗文集总目提要》，几万种，不经于心，一览而过，就是过眼云烟，但作为每一个作者，都是他一生精力的结晶，他在书的命名和文体的编排方面都是经过缜密考虑的。

十五、马一浮与唐文治

王：您对马一浮十分熟悉，为什么会关注他？

虞：人的一生都是缘，缘生缘灭，缘缘相连。虽然丰子恺的缘缘堂是因抓阄得名，但未尝不可把它作为一种缘缘观。我二十多岁开始看《清经解》，抄《史语所集刊》，虽都不成气候，但要归类，总得归为乾嘉考据学吧，而人生经历偏偏让我曾经直面当代理学大师马一浮先生。

1983 年人大进修结业，大家各自回原单位。蒋金德回杭州后，随即以浙江省汉语大词典词办为班底，成立了浙江古籍出版社。草创伊始，必须极速分头约稿，以便在最短的时间内可以陆续出书。我对文学史还是比较熟悉的，希望挑选一位浙江籍的作家来整理他的作品文集。但经浙江古籍选定的第一批古典文学作家，其文集大多已有人整理。老蒋来与我说，你就整理《马一浮集》吧，他是绍兴人，你们是同乡，他可是一位难得的天才喔，《复性书院讲录》是他的代表作，没人整理过。说实话，以我有限的阅历、浅薄的知识，还真不知道马先生为何许人。一听“复性”，便想到李翱的三篇《复性书》，这不是性理学吗？我一时有些后却，这似乎与我要实事求是、无征不信的志向有些歧出。我们这一代对性理之学抱有异见偏见是不奇怪的，这是时代的局限，我虽然在编纂《汉大》过程中已有学术平等的自觉，但兴趣所在，还是考据学。因为知道老蒋也是为我好，让我赚点买书钱吧，也就答应下来了。马先生著作宏富，他有旁支后裔，也有在“文革”中照顾过他的人，要共同分担，所以叫我负责他的学术部分：《泰和宜山会语》《复性书院讲录》《尔雅台答问》《尔雅台答问续编》《濠上杂著》《蠲戏斋杂著》《法数钩玄》《老子注》等，《马一浮先生语录类编》和《问学私记》，最后也由我复核审定。其中《会语》《讲录》《答问》都是已经刊刻而未曾标点整理的，其他几种是出版社到浙图复印出来的，据说当时要一块钱一张，价钱之高，在1983年时是可以想见的，所以后面一部分一直拖到很晚才整理。

马一浮会议（春晖中学曲园）

1983年全国古籍整理刚开始不久，除了《二十四史》标点本有统一的整理范式，中华书局也有古籍整理的标准，但各出版社也没有要求用一种严格标准的意识，所以当时并不要求出校勘记之类。我初读《会语》，继读《讲录》，已经为其渊博的学识、深邃的思想和融会经典的气势所折服。你可以想想，一个在打倒一切的“文革”年代过来的只有二十几岁的人，一接触这样渊博无涯的文字，怎么能不惊叹？我最大的感受是，文字基本都识都通，但在文字文句背后那种深广无比的思想实在无法很好的理解。我当时抱定一个宗旨，即凡是马先生引用的经典文句，不管我能背不能背，知道不知道的，全部做一番查核。查核结果，也使我加深了佩服的程度，就是他引经据典，偶有语气词的差错，偶有前后句的颠倒，基本不大会有讹误。当时所利用的，就是叶圣陶的《十三经索引》和洪业等编纂的各种引得。因为检索量大，所以也发现了《索引》和引得中的讹误和漏略，后来听说叶在编纂时有一叠卡片被风吹了，我并不觉得奇怪。这个工作有另一个收获，就是我借着马先生著作的引路，接触了大量的经典，对经典更贴近了，对自己的考证也有很大的帮助。

80年代学术著作出版难，原来讲好，马先生是浙江名人，所以省出版局准备拿出二万元资助出版，二万元在当时是不小的数目，也够成本了，由于那些复印和零碎单篇整理拖了些时间，到1986年，变得不够了。所以再拖，越拖越不够，最后只能由浙江教育出版社加盟出钱，与浙江古籍出版社联合在1996年出版，距我开始整理已经过去十三年。

我在整理、惊叹的同时，产生一个想法，绝不敢随便写有关马一浮的文章。所以1996年前后浙江召开马一浮纪念会等，收到通知，也竟不敢持一言前往。理学在我头脑里对原来从事的考据学冲击很大，这可能是我初次接触就是像马大师这样的著作有关。虽然我此后的一二十年仍在做着细密的考证，但对理学的认识却已由感性上升到了理性，并怀有崇高的敬意。这也是我后来认识宋明理学的基础。我说我不敢写有关马先生的文章，确实，我一直不敢著一字。现在仅有的两篇文章，也都有一段小小因缘。

王：您说的是《马一浮与竺可桢》《马一浮与龙榆生》吧？

虞：是的。我在很多书里看到和朋友间传闻听到，说竺可桢如何请马一浮讲学，马怎样推却，并有传言说马要人称他为大师云云。但就我所整理的马先生文字看，绝对没有半点这种迹象。人家既在传言纷纷，我也无法说有道无。直到《竺可桢全集》日记卷出版，我在竺可桢日记中勾稽相关资料，不仅将《泰和宜山会语》每一讲的日期考证出来，还把很多一请二请前前后后的细节也复原了。最主要的是误会马一浮先生要人家称他为大师这一事，是出于绍兴医生张圣徵的曲解和误传。当张向竺说“一浮并欲学校称其为国学大师”时，竺其实并没有听信张的意思，他说“大师之名有类佛号”，理解的正是马的意思。佛教的大师是指大的师范，是众生的师范，与数十年之后乱称大师年代的大师是浑身不搭界的。我引述《瑜伽师地论》的话说：“能善教诫声闻弟子一切应作不应作事，故名大师；又能化导无量众生，令苦寂灭，故名大师；又为摧灭邪秽外道出现世间，故名大师。”你们去想想在五四以后旧道德被人抛却，精神无所寄托，又加东邻强寇入侵的历史关头，是不是需要摧灭邪秽外道，是不是需要教导众生去做应该做的事？马先生楷定过国学的含义，认为“六艺”是国学的核心之核心，他开办“国学讲习会”，顺应时势，学以致用，设立讲座，以佛门宣讲的形式名主讲者为大师，有什么不对呢？只因俗人的误解，也是一犬吠影，百犬吠声，于是沸沸扬扬，弄得一个本来当之无愧的大师变成了一个自己急吼吼要人称他为大师的人，实在也是让人啼笑皆非。所以我自以为这篇小文算是为马先生梳理了一段讲学经历，澄清了一个事实。在文章结束处，我还特意设想过一个人文景观，我说：“竺可桢宽广的胸怀和马一浮渊博的学问熔铸出浙江大学一座无形但却意味深长的雕塑，这雕塑融化在校歌中，将永远回荡在浙大的上空。”我实在是有意想促进浙大能够在校园里竖起这样一座雕塑，马一浮和竺可桢，旁边可以站着丰子恺或者应尚能，几个人的头像背后可以用校歌五线谱连接。只是读过小文的浙大人，未必能够理解我的寄托深意，不过，我仍然满怀信心地深切期待着。

王：《马一浮与龙榆生》一文在探讨什么问题？

虞：《马一浮与龙榆生》那篇，是因为林庆彰、蒋秋华教授送给我《近代词人手札墨迹》三册，看到有张寿平所藏他的老师龙榆生与马一浮的往返书函数通和诗词唱和。龙的词学名震一时，而经历却曲折痛心。两位词人在中国经历世事翻覆之后的上世纪50年代，如何相识，如何酬唱，从中可以感悟出很多很多人生哲理，所以为此谱写了一段龙马因缘。关于收藏者张寿平，我在写的时候对他的生平不是很了解，总觉得一个龙大师的学生怎么会跑到台湾去。这次在台湾买到他的《西德的汉学及其他》，才了解他的奇特经历。他因为吕思勉的鼓励而去报考伪中央大学成为陈柱和龙榆生的学生，并成为龙大师钦点的“龙门弟子”，这当然只是学术界轶事一桩而已。但他竟不是随国民政府去台湾，而是虽有青梅竹马之情，却因为门不当户不对被女方祖母拆散，然后毅然浮筏海岛。人生得失有时确实很难说，他在台湾拜识了骈文大家成惕轩，并与高考满分状元曾霁虹结识，曾又为他牵线与洪京成婚，在台湾干出一番事业。张不愧为是龙门弟子，情思细腻，运笔纤巧，是天生的词人。他说“海水今扬尘，我意曾何悔”，虽说不悔，却仍然“侧身劳西望，弃置珠百琲”，可见情思难断。不过我想，真正该悔的应该是那位秋水伊人，该恨的则是那位满脑装满封建门户思想的祖母吧。不过我仍应该借钱酉山的游戏文章改一字而为先生惜：“愧书生之不才（财），形虽隔而情难已。”闲话张寿平，是要感谢他，是他为我们留下了珍贵的书函，让后人得以了解一段在苍黄翻覆的时代中值得深思的龙马因缘。

说到马一浮，我还应该澄清一事，就是关于他读《四库全书》。年谱、传记都说他隐居杭州时，读遍了丁申、丁丙兄弟补全的文澜阁《四库全书》。后来知道陈垣老曾经带领学生去清点文溯阁《四库全书》，还有董袖石、杨成凯等做过类似事情的人。都说《四库》有36313册，于是有人计算，一天一人读二册，要多少年才能读完！马先生都能读过吗？这是一种机械计算法，我当时也产生过疑问。但是马先生的著作中自己绝对没有说过已读遍《四库全书》，其次，我们不能以凡夫俗子的坎井之蛙眼光、气度去斗量绝顶聪明人的行事能力。后来迪志公司的检索版文渊阁《四库全书》流行，我用了以后，恍然悟出一个玄机，就是宋元明清的经注，古代的类书，其他一些转抄的古籍，其内容有时大同小异，有时甚至文字也差不多。这样的一种特殊情况，可以想见这种天才在看书的时候未必一定要字字句句挨着读，很多书一通百通，稍微浏览一下就了然于胸了。如果要一页一页读，一页一页计算，那么像我这样的人看十页，三页不懂，六页忘了，一页不久也只记得几行文字，一个大概，而像马先生这样的人，或许看一本书，其他几本书浏览一过，就可以以意推知。人与人的差别太大了，完全不能用机械的方式来推论比较。

王：您对唐文治十分关注，又是为什么？

虞：您说到唐文治先生，我还是要讲到买书。人面对庞杂的知识，其接受总有一个渐进的过程，不可能一下子就通悟的。所以买书淘书总是会有后悔，前面看到没买，后面想买已经没有了。记得 80 年代淘旧书，我在上海书店单位服务部，经常看到唐文治的《论语大义》《论语读本》《孟子大义》《孟子新读本》等，有一次潘明坤还拿出来问我要不要。那时钱少，总是挑急需有用的先买，将此类书归为不急之书，但后来想要就再也看不到了。近一二十年经学兴起，唐文治渐渐为人所关注，我的朋友如严寿澂、邓国光教授都写过关于他的文章。我开始翻阅他的一些著作，不免惊讶他是一位真正的经世致用学者，是典型的张之洞所谓“由经学、史学入理学者，其理学可信；以经学、史学兼词章者，其词章有用；以经学、小学兼经济者，其经济成就远大”的一位旧时代孕育出新思想的杰出人物。他从 1907 年献身教育开始，不管是在上海交大前身的上海高等实业学堂还是在无锡国专，始终怀着一个教育者的崇高职志，培养学生，就是要培养成第一等学问、第一等事业、第一等人才，而要培养成第一等学问、事业、人才，首先必须培养第一等品行。这第一等人、品之志，是他十四岁时听他的老师王紫翔说的，他四十二岁前藉以自强自励自立，四十二岁后以此励人育人立人，整整半个多世纪，作育英才无数。唐先生掌校办学虽以学问、事业为目标，但他尤重品行，也就是道德。

我十年前在台湾台中静宜大学客座时，在图书馆看到一本《教育杂志》“读经问题专号”，那是何炳松主持杂志时函询七十多位专家对读经看法的汇编本，当时我看到唐文治先生列在主张读经的第一人。那时他已执掌无锡国专，正在大力提倡、努力实施读经，所以提出他自己一套系统的读经方法，从小学前三年读《孝经》，后三年读《大学》和上半部《论语》，初中三年读下半部《论语》和《诗经》选本，高中三年读《孟子》和《左传》选本，专科以上各大学及研究院应治专经之学。他在最后还说：“鄙人默察近来世变，人心日尚欺诈，杀机循环不穷，倘不本孔孟正道以挽回之，窃恐世界劫运，靡所底止。深望海内贤豪，相与讲道论德，以期经明行修，正人心以拯民命，救中国以救世界。”我也喜欢读经，但当时确实还不解他读经以立道德、正人心、救民命的深意，后来读《茹经堂文集》中《废孔为亡国之兆论》，当时社会已如他文章开首所说，“今天下亡国之声洋洋盈耳，虽三尺童子亦知不免于国难，莫知其所以然之由，而亦莫思其所以挽救之者，此真大惑不解者也”。此文写于1931年，那是废经之后的二十年，也就是何炳松问卷的前三年。他已决然提出“废孔则国必亡，尊孔则国可以不亡”。为什么如此“危言耸听”呢，他觉得，道德为立国之本，道德既丧，国本就摇动了。文化为我国之国宝，孔孟精神为文化之象征，一旦坠地无余，等于国宝碎裂。所以他从人道救国、人伦救国、人格救国、人心救国几方面阐述自己的主张。他写文章本来就讲究气势，所以读了之后让人感奋。我读了他一些著作后，有一个很强烈的感想，他就是一个读经读出来的人，论道德，论人格，论学问，论立身处世，论办学理念，论资政强国的策略，不说一般人，就是现代精英也多望尘莫及，这是人所共知共晓的。这种精神与能力是与生俱来的，还是出国考察来的，还是读经读出来的？我想应该是综合而成的。经难道就如人所说的那么要不得读不得？国家社会就一定得从西方民主自由中讨生存求发展？其实，一般的人都有不能自免的与生俱来的缺陷，一是历史的局限，短短的几十年生命，人总是接受先入为主的意识，并以这种意识巡视一切，指导生活，评判事物。我们以及前辈甚至前辈的前辈都生活在废经之后，接受的都是同样的意识；二是人往往对自己不懂的东西，不去亲自尝一尝，体验体验，喜欢人云亦云。因为这样生活就简单轻松，可以不动脑筋。所以都听说、知道尊孔读经是遭世人鄙弃的，至于《论语》《孟子》说什么，不知道也不想问更不想看。我又要用不恰当的比喻说一犬吠影，百犬吠声了。那么多的犬根本不知道那影是个啥样的，也不想去知道，就跟着狂吠，于是举世若狂，习非为是，习以为常。

王：您如何评价唐文治先生？

虞：这回过来想想，唐先生在那样的年代能够说出这种真心话，需要多少勇气！他确实说了废孔国必亡。现在的人大可口诛笔伐，说废孔百年，国家不是越来越强了吗。其实熟读领略唐先生的文意，还是落实在文化道德上，我们现在看看社会，秤秤人心，我们的道德即使不说沦丧，试问还有多少？当然，二千年尊孔，道德也没有到达完善的地步，是啊，因为人欲难填，自私难灭，道德难以提升，所以要提倡，要教育。当时有很多人要用西

虞先生在唐文治学术思想国际研讨会致辞

方的自由民主等等来化中国，一个世纪以来，化声仍然不绝于耳。试想如果将大家美好理想中的自由民主平等武装在一帮没有道德、没有公心、欲壑难填的人的头脑里，后果会是怎样？社会将成什么社会？这是可以想见，而不需要用堂皇的理论来辩论的。人们常说，聪明用于正路，愈聪明愈好；聪明用于邪路，愈聪明愈谬。我们是否可以说，自由民主为有道德有公心的人所用，社会会越来越好，如果被无道德无公心、满心私欲的人利用，那社会只会越来越糟。还是看看这位提倡尊孔读经、疾呼废孔国必亡的人，在国家困难时期，一直坚持自行请拿半俸。而某些高唱民主自由者，你不贪污少受贿已经算是清廉的了。自己提出拿半薪，我孤陋寡闻是没有听说过。

我读他的著作，觉得他所说的很多都切中当今社会现实，用佛教语来说，都是对治悉檀，对当今社会很有用，所以我很想把他的著作全部整理出来。这还因为，许多民国名人、大学校长都早已出了全集，唯独他没有。说到大学校长，无人不知道蔡元培，但是有多少人知道唐文治？近年我在学校教本科问学生，就有不少学生不知道。交大有一条很气魄的文治大道，学生却不知道唐文治是谁，这也可以算是熟视无睹吧。蔡是绍兴人，我们是同乡，值得骄傲，但我觉得当时蔡在北方，代表着国民政府的办学方针。而唐在南方，他所执掌的交通大学前身南洋公学、上海高等实业学堂是晚清盛宣怀等人创办的，虽然实行转身，但远离京城，出任无锡国专校长，虽经教育部认可，仍是私立，所以声名远不如蔡。但就他奠基交大的走向，开出无锡国专的硕果来说，一文一理，他的功绩之伟大，并不在蔡之下。蔡与唐都是独立不阿的人物，两人都是光绪十八年（1892）同科进士，蔡在北方签署废孔令，唐在南方高举尊孔旗，蔡写过新式的《中国伦理学史》，唐一生著作都是宋明理学式的“大义”。所以我很早就提出“北蔡南唐”的命题，认为如果将两人作比较研究，会很有意思。

也是因缘际会，更是冥冥之中的注定吧，2004 年曹树基（交大历史系创系主任）要我去交大，我以路远而未去，不意十年以后，因为历史所由嫉妒而引起对我的人身攻击风波，最终还是去了交大。所以，我在 2013 年张杰校长主持的面试会上就提出要编《唐文治全集》。因为种种原因，现在刚刚启动。我希望能编出一部能囊括唐先生完整思想内容的全集，供学界研究运用。

十六、古籍整理

王：虞老师，您曾整理过《南宋杂事诗》《经义述闻》《癸巳存稿》《孙诒让集》等古籍，请谈谈相关情况。

虞：任何特殊的事情都有渊源，就是偶然中的必然吧。我在人大进修时，同学都是出版社的，上世纪80年代，出版业恢复，古籍出版势头很猛。1983年北京回来，同学中好几个人都成为古籍出版社的编辑了。如蒋金德在浙江古籍，左振坤在吉林文史，胡慧斌在江苏古籍，郑荣在中州古籍，等等。他们都比我大八到十八岁，看到我爱书买书，又没钱，无法阻止我节流，所以就给我开源。老蒋最早让我整理《马一浮集》，后来他的同事，夏承焘的高足，在"文革"中有"小夏承焘"之称的吴战垒说，他原来想整理《南宋杂事诗》，因为是杭州临安的事嘛，实在没有精力，就叫我来做。我一接手，就感觉吃重，因为二十万字不到，引书竟有近一千种，除去正文七百零一首七绝二万字不到，其他就是引述宋元以来的史子集部的书，平均每百把字就引一种书。

《经义述闻》就是传世藏书里的一种，当时是朱维铮先生挂帅，叫傅杰和钱文忠兄做，他们说来不及，就叫我帮忙（后来杨蓉蓉也点了几卷）。朱先生觉得王引之的著作非同一般，叫他们不要随便叫人，以免把事搞砸。后来听到约我同做，也就同意了，他应该是看了我《正续清经解编纂考》，有好印象，刚才已经说过。我在1985年前后为了同义复词，阅读摘录过《读书杂志》，这时再整理《述闻》，对认识二王的研究、考证方法，感受更深，受益也很大。因为这个因缘，后来上海古籍出版社就叫我牵头申报《高邮王氏四种》的整理，也就是现在已出版的一套十四册的点校本。辽宁出版社组织整理“新世纪万有文库”，不知是谁来叫我的，我已经忘记，叫我整理《癸巳存稿》，整理出版以后，出版社说亏本了，稿酬至今一分也没拿到。

《孙诒让全集》则是许嘉璐老师出任主编，他叫我一起参加，我当然绝不推辞。其实我在编纂《汉大》时，每逢有《周礼正义》的剪贴卡，我必熟读几遍。并且做过《备要》本、《万有文库》本、线装本的三百七十多官名的索引，所以很想点校《正义》，只是当时孙的名著都已分书到人，我就认领了《东瓯金石志》等石刻著作。整理孙诒让的石刻著作，也是锻炼自己的好机会。孙真的渊博，宋元史料都能运用自如。由于晚清时还没有索引，毕竟还有些遗漏，我已有札记，将来有时间可以补充。

近年上海书店许仲毅社长约我整理《明经世文编》，并申报古籍资助，获准后，我也组织班子合作整理，现正在撰写导言，估计明年可以出版。其实我还点校过邹弢的《海上尘天影》，那是中州古籍的同学郑荣给的，我和杨蓉蓉一起拼了几个月做出来的，稿子交出，同学郑荣调走了，原定的责编就让这书搁浅了。后来1993年有一个出版社出版了，也没署名。我也不知怎么回事，反正这事就不了了之，钱也就一分没有了。

王：您认为古籍整理与学术研究有何关系？如何看待古籍整理成果？

虞：您这个问题问得真好！如果你研究的是与古代文化、历史文献有关系的，那么古籍整理与学术研究的关系太大了。我应该说是深有体会的。为什么说深有体会，您看我所整理的几本书，都是涉及面很广的，《南宋杂事诗》征引一千种古籍，百把字引一种书，可以想见所引就是掐头去尾的文字。厉鹗等人为了显示渊博，引了一批很冷僻的笔记史料，要查阅核对，极为困难。那时候没有电子检索，连可查的书都很少，就是有书，卷次多，部头大，而引文就没头没脑的十来个字，你猜我是怎么做的？我相当一部分是利用《中文大辞典》，将引文中最僻最难的词汇到《大辞典》里去查，有时引录的刚好会是这一段，找到后如有小篇名或者卷次，再到原书里去校核，这样翻来覆去地倒腾，对我认识有关南宋的文献史料帮助相当大。

又如《癸巳存稿》，俞正燮是清代出了名的博学者，他引用的书籍之多，读过的人都知道。《经义述闻》是语言文字的考证，《东瓯金石志》是石刻考证，角度不同。《明经世文编》涉及天文地理、山川水利、军事边塞，凡经世济民的东西无所不包，这些对自己知识的拓展极为有利。就拿没出版没拿到稿费的《海上尘天影》来说，《三借庐笔谈》的作者邹弢也是一个极其渊博的学者，这书虽然是写青楼风韵之事，但是作者有意模仿曹雪芹的《红楼梦》和李汝珍的《镜花缘》，你就可以想见其中的包容之广，知识之博。书中举凡经史子集、琴棋诗画，诗钟骈文，乃至用汉字记录的洋泾浜英语，真的是应有尽有。

所以，如果是研究历史或者文献，你标点过古籍和没标点过古籍，内涵和素养是不一样的。有的博士或者学者写专业论文、著作时，一涉及到专业以外的知识，立即露出缺陷，出现标点错误，这太常见了。即使作者乖巧地避开，也让人感觉你知识面的狭窄。就是绝不能像张政烺前辈们那样得心应手地运用古文献。

2012 年虞先生在北京师范大学讲座后留影

朱渊青和周言说我若在高校就不是现在的我，我想从阅读古籍的量来说，可能确如他们所说。我在高校，写的文字一定会比现在多，但阅读古籍也一定比现在少。我现在写给人看、考证问题的文字少了，但自己内心的古籍世界却大了。人生的得失有时真说不清楚。以前在出版社编词典，总觉没有时间写心得，看到人家写得很多，心里不免怨恨这工作，现在写的时间多了，写的时候运用古籍不说得心应手，也确实少有窒碍，回过头去倒是感谢过去的工作锻炼了。所以我觉得，作为一位学者，一定的古籍整理，也就是整理一定的古籍量，对自己的研究绝对有好处。古籍标点整理，一是培养语感，古汉语语感很重要；二是广泛涉猎，就是古代各种知识都要有所接触，我们现在就缺少这种培育。台湾早年有好多博士，在读期间，老师都要叫他标点一二部古书，有的更多，而且不是去出版的，这也就是要有这样的锻炼过程。我们现在的博士，为了迎合发表文章的要求，很少去补这一课。而考核部门，也不把古籍整理作为成果，导致大家都不愿意去亲近它，整个古籍阅读、理解的水准就在这样的政策对策往复中降低了。

我个人认为，整理古籍，如果是确实没有人整理过的初次整理的书，完全应该作为学术成果，尤其是那些比较难读的，比如你们整理的《五礼通考》,《清经解》中的经解，史部中如柯劭忞的《新元史》，笔记中一些冷僻的史料笔记，等等，就是那些星相算命之类的书，也很难点。但这都需要有权威来裁定，否则公说公有理，婆说婆有理，难有标准。

十七、《道藏》研究

王：虞老师，您因《黄庭经》而关注《道藏》，请谈谈您对《道藏》刊刻的看法。

虞：我不敢说我对《道藏》有研究，我只是曾经围着《道藏》走过一圈而已，根本没进门，更不要说升堂入室。接触《道藏》纯粹是一个偶然的事情，在编《汉大》时，为了要弄清《黄庭经》梁邱子、务成子的注释，所以就去考证《黄庭经》的来龙去脉，这件事刚才已经说了。这里我要说的是，当时我写好后曾经寄给我最为敬重的陈国符先生，向他讨教。他是国际公认的道教学者。80 年代初好像他已退居常州，我是寄到常州的。他回了一封信，不同意我的观点，可惜信已找不到了。虽然他不同意我的观点，但我还是认为我从文献和音韵两条线去考证，有自己的独立性。我坚持自己的观点，但我仍然对他佩服得五体投地。他是上世纪对道教贡献最大的人。在他之前的刘师培《读道藏记》，那是旧式的札记式的学问，他可是现代范式的学者。上世纪若没有他，确实可以说道教在中国，道教学在法国、在日本（那是上世纪法国、日本道教学者得意的话），有了他，这话就要重新评判了。我很早在旧书店买到他的《道藏源流考》，读了以后惊讶其渊博无涯涘，后来听说他把《道藏》读了二三遍，这很可怕，读《道藏》可不是读《二十四史》喔。我看《源流考》不知看了几遍，中华重印，我又买了一套。我对文献本来感兴趣，他的《历代道书目及道藏之纂修与镂板》一章看得尤其仔细，因为当时我要追寻《黄庭经》的源和流啊。但读到明正统《道藏》的编纂，陈先生引了《皇明恩命世录》《江西通志》《名山藏》等资料，总觉得有隐隐约约是张宇初编纂的影子，却始终没有看到确切的成书记录。那时因为对他佩服，总觉得他已经看遍了道书，他没办法，我们怎么可能解决。带着疑惑，随着时间流逝而从心底里淡忘了。

2004 年，我写了《有关〈永乐大典〉的几个问题的辨证》一文，已经发表，在图书馆偶尔看到海南出版社影印出版的《明成祖文集》残本，我好奇里面是否有有关《永乐大典》的资料，就取下来翻，一看，嚇，没有《永乐大典》，却有一篇《道藏经序》，读完后，立即勾起了二十多年前的回忆，怪不得当时没有资料显示张宇初的《道藏》编纂成功。就凭这几百字的序言，我重新开始梳理张宇初在永乐年间的行踪，他的《岘泉集》所载道经序跋与《道藏》所收经典的关系，他与姚广孝的关系，任自垣及其编纂者的行历与蛛丝马迹，等等。通过重新研究，张宇初与《道藏》的关系渐渐疏离，而任自垣与《道藏》关系已经密不可分。我又从各种文献中勾稽出了好几个参与任编《道藏》的“编委”，最近又发现几个，来不及补进去。这篇文章还有一个可以说一说的是，多少人在用《道藏》，即使知道它的编排是以三洞四辅为序，但还是感觉零杂。后来我从《道藏经序》所说的“五千一百三十四卷”和许彬碑文所记的“五千三百五卷”中看出端倪，前后相差一百七十一卷。这一百七十多卷应该与正统年间邵以正奉诏“修《道藏经》”和“点校《道藏经》于禁中”有关。当然问题没那么简单，各种道藏目录记载的卷数各不相同。经与实际藏经卷数校核，发现了很有趣的问题。《道藏经》其他排列的错乱姑且不谈，它的顺序是按照三洞四辅排列的，最后应该是表奏，也即个人的文集之类。张宇初卒于永乐八年（1410），是道教领袖过世最接近于《道藏》编纂时的人，所以《正统道藏》第1299号是张宇初的《岘泉集》，照理到此应该是最后一部书，《道藏》应该结束了，可是下面接以《太上大道玉清经》《洞真高上玉帝大洞雌一玉检五老宝经》等四十一种“洞真”类道经，再接以《上清道宝经》等四十三种“上清”类道经，最后仍然殿以三洞四辅的传记《长春真人西游记》，而后是《道藏阙经目录》。《目录》在后可以理解，但一部藏经中重复出现两次三洞四辅的排列，前面一段是五千多卷，后面一段只有一二百卷，而且分水岭恰好是张宇初的《岘泉集》，后面一段的卷数又恰好与邵以正的补正相合。所以我认为后面一百多卷正是邵以正点校时补进去的，为了不和任自垣的原编相混，所以没有插入相应的三洞四辅中，而仍以三洞四辅次序编排而放在最后。这应该是破解了正统《道藏》流传五百多年来的一个小小谜团。

当时发现《道藏经序》后写成这篇文章心里很高兴，这二十多年的疑惑终于被自己破解了。我说过这篇文章的内容还可以补充，比如参与者，但结论似乎不再需要商榷。这点自信也是拜新出文献之赐，是偶然的，也是必然的。说偶然，真的是随便检视一下而已；说必然，就是前有所疑，后来又关注《永乐大典》，两书都与成祖有关，所以看到《成祖集》会兴奋地查阅。我也说过现在有关《道藏》的介绍应该要改写了，但这并不是说我有什么可以自诩的地方。陈国符先生当时实在无法看到朱棣的这篇序文，这篇文字埋藏深宫近六百年啊，连清初的钱谦益也无法看见呢。要是陈先生看到了，一定早就考证出了，那我只有拜读的份，没有动笔的缘了。但文章刊出后不数年，我去华中师大开会，转上武当山游玩，存心打探任自垣行迹，结果一无所获，怅惘之余，竟然发现了一点有关任编《道藏》材料，所以我在编辑《学林》时，特地将时贤先我而发的一些文字写成补记，附于文后。

回答您的话，我只是因缘际会，对《道藏》的编纂史曾经有过思考和想法，绝不敢说是是对《道藏》有研究。

十八、《经学文献研究集刊》

《集刊》

王：虞老师，今天很高兴方老师、贾老师（贾海生）两位也在场。在您近十几年的学术研究过程当中，您极力推动了《传统中国研究集刊》杂志，开了很多次的经学学术会议，后来又把这个杂志改名为《经学文献研究集刊》，为什么当时想做这样的一个事情呢？您的编刊理念是什么？

虞：最初是历史所副所长芮传明和罗义俊及我们几个发起成立了传统中国研究中心。性质是院属中心，直接隶属于社科院的，经费也直接由院拨下，所以人员虽以历史所为主，仍有哲学所、宗教所和其他学校的学者。既然有了中心，总得有一个标志吧，所以出了这本以书代刊的《集刊》。它不能算是杂志，杂志有刊号，可以邮发，以书代刊是没有刊号的书籍，其实就是定期出版的论文集而已。目的是想给一些有质量没空话但却没有或者很少有地方发表的文章提供一个学术园地。说实话，北方的学术刊物很多，《国学研究》《唐研究》早已驰誉中外不说，其他也很多，相对而言，南方很少，以致南方的学者发表这种考据实证性文字就难。最初的一二辑是中心的会议论文集，还算不上是投稿约稿的性质，第三辑开始才由我约稿编辑出版（后面也有一二辑是会议论文集，由钱杭行和程兆奇编辑）。为了把刊物学术质量提升上去，我利用自己的学术圈去约了很多名家的文稿。出版几辑之后就有了一定影响，大家都很高兴。没想两三年中心散了，院里不再拨款，《集刊》的出版就成了问题。中心没了，我却被社科院遴选为“经学与文献特色学科”带头人，每年资助十万元。如果说要多留一点时间给自己，写点东西，我完全可以放手，因为这不是我个人的事，我自己的文章不怕没地方发。但想想出了几辑影响蛮好，不编下去就马上会淹没在浩瀚的书海中，连泡影都没有，因为它其实就是书嘛。

20 世纪三四十年代有很多这种杂志。我印象较深的有卫聚贤主编的《说文月刊》，当时我都抄了它很多文章。这本杂志质量之高，在当时属于上乘的。也是卫聚贤自己独立主持，邀约了很多名家的稿子，在艰难的战乱中支撑了五年，停刊了，其他类似的多得是。不得已，我以我“经学与文献”特色学科的名义，利用自己参加院里一些会议的机会，多次向当时主管科研的左学金副院长提出申请，最后他叫我写报告，才获得资助。这样又独立支撑了几年，一直出到第十一辑。2013 年我要调到交大，不再可能获得社科院的经费资助。其实当时社科院正在搞协同创新，原来的院拨经费也正好要重新洗牌了，我如果呆下去，《集刊》经费也是问题。所以我曾经拿着《集刊》去与时任所领导沟通，提出两个方案：一是转由历史所出钱，我继续利用自己的学术圈接着办，改由历史所编辑；二是历史所如钱少不够支出，我去交大再交涉，可以两个单位合办。当然从财政拨款制度上说，每年经费都是前一年预算申报的，历史所当年也不可能有这笔钱。当时领导不同意，眼看就要停刊，实在有点可惜。同仁多次向我提出，台湾的一些学术界朋友也多次说，希望尽量办下去。所以我去交大向学院和文科处申请，获得资助。但学校不是同意了马上就给钱，这钱多是滞后的，所以只能先用他们给我的启动经费等垫支。又与南京大学中国社会科学研究评价中心联系，申请改名为《经学文献研究集刊》，在交大继续出版。他们同意后，并把我的“更名启示”刊登在他们的网站上。

您问为什么要改刊名，这首先是一个名实问题，原来《集刊》是依附在传统中国研究中心上的，现在中心早已消亡多年，再用这个刊名，已经没有意义，所谓“皮之不存，毛将焉附”！其次我觉得“传统中国”这个名词太笼统，包含面太广，凡是古代中国，都在里面。我们当时的宗旨，是不刊发近现代内容的文章的，即使古代中国，也大多是言之有物、崇尚实据的考证性文章，不发概念性的理论文章。我整理了前面所刊发的三百多篇文章的内容，大多与经学和历史文献有关，而且这个刊物之所以在 2008 年中心消亡后能存续，与我作为社科院“经学与文献”特色学科带头人有很大关系，所以我就把它改成“经学文献”，以示名实相副。有人乍看书名，说这都是经学的阵地，其实我的意思是“经学与文献”，两个词是并列的联合结构，不是偏正结构。所以即使非经学的文献学文章也可以刊登。历史文献包容很广，可以是经学的，也可以是道教的、敦煌的、典章制度的、地理的，等等。只要你不讲空话，有实际的考证，把史实搞清楚，这文字就有价值。我的改刊是得到南京大学评价中心许可的。他们对我的要求是，内容保持与原来刊物的一致性，保持高端的学术性。所以我不接受大而化之、没有深度的浮泛之论。

到了交大，这《集刊》已经编了五六辑了。辅助工作，请学生帮我一起做，刊物的最后合成，繁简异体字一对二、一对三的处理，都是我自己做的。因为记得社科院编第一二辑拿出去，给人家编辑用红笔画得一塌糊涂，出版社觉得很头疼，你们都是学者，怎么弄出来是这个样的，我们当时也没脸面。你不要看一些搞古代史的学者，写文章洋洋洒洒，头头是道，可繁简异体字搞不清楚的还真不乏其人。所以凡是我编辑的，都是我自己用电脑替换方式整齐文字，这样排出来基本不会有很大的问题。

《集刊》出到现在共十六辑，十七辑已发排。总共刊登过四百多篇论文，其中也有一二十篇是古人、前人的遗稿，附有图版，这是我学习当年王元化先生的《学术集林》的路数。刊发这些文字其实很有价值，也是传承文献、传承学术的一种手段。作者的队伍也越来越大，遍及大陆、港台、澳门、日本、新加坡等。稿源也越来越多，处理很费时间。我希望的稿件是问题意识明确，论证过程清晰。更上一层楼，那就是文章背后的知识储备丰厚，这样文章的观点就有支点。我读张政烺先生的文章，总觉得他似乎什么都懂，写起来举重若轻。功底两样，想学也学不会。

十九、经学与礼学研究

王：近三十年，大陆的学术研究突飞猛进，成绩很大，但是各种各样的声音也很多。国学热也好，礼学热也好，各种热潮很多。但是研究的路径、方法都不一样，关注的焦点也不一

2010 年中国经学国际学术研讨会

样。我的观察，虞老师您不仅是关注小学、经学的研究，也关注礼学、文献学研究，涉猎面很广。通过您这几年的研究和关注，您怎么来评价大陆以及港台地区的经学和礼学研究的现状？

虞：您总是先抬举我一下，然后问我问题。我涉及的方面不算窄，但都是浅尝辄止，绝没有想成为某方面专家的志向。我凭兴趣做学问，往往看到什么，想到什么，写了一二篇文章，就兴趣转移，从事其他的研究了。

您说到大陆和台湾的经学现状，我应该说略知一二。我对台湾经学界甚至说学术界情况的了解，可分三个阶段来说，1978 年在上图自学时，借到过一本王茉莉编的台湾最早十多年的硕博士论文汇目，黑色精装一册薄本。里面著录了 50 年代到 60 年代所有的台大、台师大硕士、博士论文题目，包括指导教授姓名。那时我正在由音韵学延伸关注经学问题，看到那些题目都与音韵、训诂、文字及经学有关，而且从题目看，就是很实在的考据性论文，与我天天读的《清经解》接近，所以很兴奋，把它抄了下来。所以赖炎元、王忠林、李云光、陈新雄，以及许锬辉、阮廷卓、黄庆萱、陈品卿、刘兆祐，等等，不仅知道了他们硕博士论文题目，也清楚了他们的指导教授和答辩委员那些老前辈。同时借到过一本“国立中央图书馆”编的《中国近二十年文史哲论文分类索引》，互相对照，对他们的学术有了一个粗浅的感性认识。90 年代初，我看到了汉学中心编辑的《汉学研究通讯》，好像是先在荣新江那儿看到的，它每一期上都刊登所有台湾研究机构和各大学的硕博士论文题目、指导教授等，还有各种学术会议的论文题目，信息很多。我就写信给当时的联络组组长刘显叔教授，请求惠赐。刘先生是一个博学多闻、机智幽默、与人为善的好人，就此每期给我寄来，而我是基本上每期都从头到尾阅览一过。汉学中心在资料方面做得相当出色，所以在国际上很有名，我在荷兰莱顿也有看到。《通讯》出到一定程度，他们又将里面的论文目录专门汇辑成《台湾地区汉学论著选目汇编本》，出过 1982 到 1986 年，1987 到 1991 年二厚册，刘教授也给我寄来，这等于是台湾学术的窗口，既让他们的学术有所展示，又让台湾以外的学者有所了解。我曾经一度将这些书置于案头，经常翻阅，多少年下来，对台湾学者的成果，个人的专业偏好，都有一定的了解。后来到台湾开会、访问，认识了林庆彰和蒋秋华教授等朋友，我可以说都很熟悉这些学者，因为以前在《通讯》和《汇目》上反复出现、经常接触，他们也给了我很多书籍和资料。后来继刘显叔教授而任联络组组长的耿立群教授，又将《经学研究论著目录》寄给我，那更是比较纯粹的经学成果，可以比较台湾和大陆的异同和各自特色。

王：中国台湾地区的经学研究有何特点？

虞：我亲身经历了大陆改革开放以后的经学研究与发展，对台湾经学也有一些粗浅的认识，所以多年前在一次沪台联谊会上，谈过两岸经学的一些特点。1949 年以后，大陆高校承接“五四”余绪，继续将经学分解到各个学科，即使有民国时期的经学家生活在当时，也基本没有声息。到了“文革”，对经学更是噤若寒蝉，低谈都不敢，遑论高谈？汉代经师五鹿充宗谈经可以夺人坐席，“文革”中哪个老师敢谈经，那一定会被剥夺教席。所以 50 年代以后大陆一度无经学可言。国民党迁台以后，一批经学小学的大家随之同去。到了台师大和台大，继续传播传统的经学，陈大齐 1952 年出任政治大学校长，1954 年出任孔孟学会理事长，张其昀 1962 年创办中国文化研究所（中国文化大学前身），都为传播传统文化尤其是经学提供了很好的阵地。台湾师范大学从 50 年代后半期招收硕博士，1958 年第一位硕士王忠林毕业，1961 年第一位博士罗锦堂获博士学位。之后 701 位硕士中有 90 篇经学论文，128 篇小学语言学论文。语言学论文中也有如陈新雄《春秋异文考》，李国英《周礼异文考》等涉及经学的。219 位博士中有 46 篇经学论文。分析这些硕博士论文，可以分为几种类型：一是释例，如赖炎元《毛诗郑氏笺释例》（1958 年）、李云光《三礼郑氏学发凡》（1964 年）、叶政欣《春秋左氏传杜注释例》（1964 年）、王熙元《穀梁范注发微》（1970 年）；二是引书考，如王忠林《周易正义引书考》（1958 年）、何希淳《礼记正义引佚书考》（1964 年）、丁履譔《文选李善注引诗考》（1969 年）、许锬辉《先秦典籍引尚书考》（1970 年）；三是辑佚，如简博贤《今存唐代经学遗籍考》（1970 年）、《今存三国两晋经学遗籍考》（1980 年）、黄庆萱《魏晋南北朝易学考佚》（1972 年）；四是校正，如马光宇《周易经文注疏校证》（1961 年）、赖明德《毛诗考异》（1972 年）；五是某家经学之研究，如胡自逢《周易郑氏学》（1966 年）、黄永武《许慎之经学》（1970 年）、康义勇《王肃之诗经学》（1973 年）、陈品卿《尚书郑氏学》（1973 年）等。当然还有其他内容和形式。但至少可以说明导师培养硕博士之初，是希望他们走进经典，熟悉经典，尤其是熟悉经典义例，熟悉经典的引用书籍，熟悉经学大家的研究理路。看得出这是他们培养的一个阶梯与方向。

王：您认为大陆的经学研究如何？

虞：相对而言，大陆50年代以后没有经学课程，大学里古汉语也教得不多，汉语教研室以语法和词汇为主，“文革”中辍，1975年广州中外语文词典编写出版规划坐谈会之后，全国掀起编词典的热潮。1978年恢复高考，随即招收硕士，所以论文题目多与学术的时代性有关。比如以1978、1979两年为例，经学论文题目如：吴庆峰《论并列式双音词——郑玄注词汇研究》、李恕豪《论顾炎武古音学研究的贡献及影响》、郭云生《诗经合韵与上古方音》、丁忱《诗经通假字考》、朱广祁《诗经双音词研究》、贾宝麟《诗骚联绵词辨义》、杨合鸣《诗经句法初探》、周锡《诗经句法研究——兼论中国诗歌句法的特点》、黄志强《关于左传复合词的几个问题》、曹兆兰《试谈左传文句的省略》、郭晓云《论语句法》，等等。这种侧重语法、词汇、词义、通假字、古音、方音，与当时的学科设置、老师兴趣分不开的。当然也有写《国风》的怨刺诗、《诗经》的祭祀、《左传》的民本思想、惩恶劝善思想、战争的描写和艺术，那仅属个别。追紧一步说，大陆当时可以说没有可以指导纯经学论文的导师，因为50年代以后就没有经学的学生，哪来七八十年代的导师呢？即使偶尔有，也不敢在那时“明目张胆”地指导这样的题目。台湾虽以以上五种为主，但因许世瑛写过《论语二十篇句法研究》，所以他也指导学生写《今文尚书》《春秋左传》的指称词探究，但相对要少得多。

我举出两岸较早的经学学位论文题目，就大致可以了解其差异和趋向。大陆不能直接谈他的经学价值、政治与文化价值，正好落在词典编纂的年代里，迎合其需要，所以写经典的音韵训诂价值，后来有些硕士也参加了词典编纂。两岸的势态可以这样看，台湾是从对经典的例、传注的例、校正辑佚入手，对整个经典有一种整体观，这是因为他们有涵养深厚的老师带领指导，路径比较正确。由经典传注例的研究、延伸，所以出现一系列解经方法的论文，这种解经方法的论文一直延续到现在。而我们这里是从训诂音韵，等于是从小学入手，会显得看不清全豹。可以推想，最初的那些做与经学相关的硕博士未必会对经学经典有一个完整的认识。发展到后来，两岸的研究面也都延伸铺开，各方面都有，特色就不很明显了。但我的印象，大陆谈例的偶尔有几篇，仍然很少，台湾做经典中的词汇音韵的也不多。就发展趋势看，大陆人多，产出的体量大，虽然有些写得不怎样，但掇在一起，总有不错甚至很好的，不错、很好的数量就已很可观。台湾目前经学的学位论文已经不如以前多了，所以我的一些台湾朋友都在担忧。但是合起来看，学位论文的整个研究方向好像从史的层面与人的角度研究比较多，真正深求经义，订正前人经学论著错讹的要少一些。其他发表的论文，这方面当然不缺，也是大陆多一点，因为这也得之于词典编纂与训诂方面的经学学位论文，台湾相对少，因为大陆体量太大。

还有值得一提的是，当我们“文革”开始，大破“四旧”，大烧线装书的时候，台湾 1500 多名名流教授联合签名，成立了中华文化复兴运动推行委员会，推举老蒋出任会长。虽然它还有科学等方面的内容，但从此出现过一大批经学著作。当然配合复兴运动，尤以《四书》著作为多。这些《四书》著作，固然有不少是普及性的，但也有一部分写得不错。《四书》的普及，意味着偏向义理，这也是台湾经学的特点之一。台湾出版社多到你搞不清楚，有些就印了几本书，有的则是个人的“出版物”，估计他们自己也无法理清，所以后来国立编译馆编了一本《四书注解群书提要》，里面有好些作者仍然说不出来，这也说明当时确实有很多人配合中华文化复兴运动，都在写书助阵。有些作者职业比较特别，竟是将军、工程师、高级职员之类。这是因为这些人小时候启蒙阶段是清末民初，童蒙接受的是旧式教育，对《四书》《五经》很熟，1966年前后多临界退休或已退休多时，于是顺应时势，撰写著作。我这次在台大客座期间买了六百多公斤书，其中有一部分与复兴运动有关的著作，将来要专门写这方面的评述。而大陆这几年来，也似乎有些当时台湾文化复兴的味道，估计今后一段时间会有一个勃兴式的发展。如果大陆要像台湾一样来一个复兴运动，以它的体量，那来势可以预料是汹涌澎湃的。

大陆近年所出版的硕博士经学论文，尤其是博士论文，这种深度、广度，已经完全走上坦途了，尽管细节方面可以深入，需要修正，但资料的网罗，已经达到了一个新的台阶，这是拜当今图书馆开放政策和电子书普及之赐。但我仍然要说，真正的经义考证著作，还有待于年轻的有志者，这方面还是不多。

就市面上大量的《四书》译注，杂志上发表的大量的美其名曰有创见的考证文章而言，贴切而确实是新说的固然很多，也有不少只是在词典训诂中寻求别解，根本没有去深刻领会和融汇孔孟学说的精神，弄得似是而非。我认为，普及读物和启蒙读物，尤其不能用一些奇奇怪怪的新说充塞在其中，这既不一定符合孔孟精髓和原意，有诬于前贤，也贻害于后学。

说到孔孟精神，我特别推崇陈大齐（陈百年），以前的北大代理校长，台湾政治大学复校后的第一任校长。我现在在旧书店看到他的书，就买下来，哪怕纪念陈大齐的文集我也买了。这里也出了两本，《论语臆解》《孟子待解录》。他是一个对孔孟下了很深功夫的人，而且他原来是学逻辑，留过洋的，所以他写的孔孟即使不是真正的孔子、孟子之说，也一定是挖掘得很深、很有条理的一种说法。所以我很希望把他的东西给推出来，这个对我们的教育很有作用，我现在放在床头经常翻。我尤其感动的是这次我花 100 台币买了一本《孔子言论贯通集》自印本。这是他九十五岁生日的时候，家人集资要为他祝寿，他谢绝一切虚无的祝贺，将这些钱拿来印了他的这本小书。真的是小书，只有五六万字吧。像他这样地位的人，还需要你自己出钱来印这么小的一本书?也太夸张了。结果他刚印出自印本，第二年商务印书馆马上收入“岫庐文库”正式出版了。作者说这些文字是他九十岁以后深思熟虑贯通孔子言语的一些感悟，自印本上面写“九十五岁献曝敬求 教正”十字，可谓老而弥笃，求索不已了。

王：刚才您主要谈了对台湾地区的经学、礼学的看法，对大陆近二三十年经学、礼学研究怎么看?

虞：这个问题太大，我完全没法驾驭，因为我没能全部了解。就整个经学学位论文的数量和涉及的内容来说，源头在语言研究，延伸到各个方方面面。大较而言，《论语》当然最多，《诗经》《三传》次之，《周易》也不少，《三礼》就三分而言，实在不多。内容方面什么都有，谈思想的也不少，但真正去探究古注、经义的却很少，几乎没有。那些写语言词汇词义的大多在于总结分析，而不在于与古注较论长短。这里有个前提限制，要叫没有小学基础的研究生去把握经典的经义，有点要求过高。但抛开这一层谈思想，没有语言文字歧解的当然无所谓，正好有歧解的话，那就会有问题。而且，你没有全面了解古代历史文化背景的话，有时不免会以今人思想套古人的思想。但如果推广到整个经学的学术界，那尖端的突破性的新见还是很多的，尤其是结合出土文献，转换视角，确实有很大的收获。新见多谬见也多，这是因为大家都想提出与他人不同的观点。其实提出新观点不要很急，慢慢来，深思熟虑以后再提出也完全可以，真正深层的思想和深奥的看法是建立在长期对古代历史和文化深入了解的基础上的。

我个人觉得，现在出土的经典文献已经不少，以前看不到的善本、秘籍也多已公诸于世，基本的整理还是不可少，那就是文献的校勘。这方面您和方老师等身体力行，做得很多。我佩服乾嘉学者，但他们当时看到的版本毕竟还少，不能像现在这样可以鸠集众本，集校集注。所以你们可以带领学生，踏踏实实地做。还有山东杜泽逊先生那儿，他那个校经处规模远比当时阮元还要气魄啊。先把异同校出来，按断、考证、研究，自然会有人来做。集中工作和分散工作还是不同。集中可以商量，我们当时《汉大》编纂处就是集中工作，有好处。

您说到大陆整个经学、礼学情况，我是这样看的。清人的成果有目共睹，民国的经学，因为林庆彰教授编纂了六辑《民国经学丛书》，也可以大体了解。我们今天和民国的经学相比，总体上有很大的进步与提升。学术就是这样，你在前人基础上做，还超不过人家，那你根本就不可能成为学人，超过是正常的，不值得自豪与傲慢。有些年轻人有了发明和发现，自以为了不起，对前人有微词。你别忘了，你在做专题研究啊，用五个“W”在几年中做一个题目，好比做一个雕塑，雕琢一个玉器，很精细，超过人家有什么稀奇。民国时候的那些大家，储备丰厚，知识面广，他们教书写东西，往往概论性的多，宏观的宏论多，与现在的学位论文、专题研究不太一样。他们虽然宏观得不免粗疏，但他们是在天上“遥望齐州九点烟，一泓海水杯中泻”，虽然混沌，气势却恢弘非凡，他们文史兼通，是大家是大师。而现在的人，在某个专题、某个论点超过他们，比他们精细精确，你也只是个工匠，都是《考工记》里的人。你是铁匠，他是木匠，我是泥瓦匠。匠人是谁造成的？我认为是时代造就的。一是硕博士制度的“五W”论文形式，二是学术需要精细化，有这个需求。但是，如果你学位论文做完后，还念念不忘你是什么匠，不去努力拓宽自己的领域，那你就永远是什么匠了。

如果再上溯与清代朴学相比较，我们在已经做的方面确实超过了他们，因为我们看到的东西要比他们多得多，而且在他们的基础上做。但必须看到，清代很多学者都是经学兼通小学，他们都在融会贯通，阐发经义。就我对清代学者著作的了解，他们很多阐发经义的著作，我们多没有涉及，超越仅是在浮面上的，在某个领域中。

王：那么顺着这个话题，我们再请教虞老师，其实您谈的确实也是个普遍现象，大陆这二三十年，尤其是近十年，各个高校招硕士、博士，起码学生要做论文嘛，年轻的教师从事经学或者礼学这方面研究，他要写文章评职称嘛，因此这一块就很热闹，大家都在关注和从事这方面的研究。通过您这几十年的研究，您觉得年轻的学者也好，硕博士也好，如果要从事经学或者礼学这方面研究，应该急迫关注的方向有哪些？

虞：从严格的意义上说，我没有资历、资格和学力来回答您这个问题。一我不是前辈大家，二是凭我浅薄的知识来回答就有点好为人师的意味了。我只能说一下被自己验证过的经历，是否对年轻人有帮助，我不敢说。刚才我说，我先是因为不懂《康熙字典》的韵图而要想知道音韵方面的知识，音韵当然涉及训诂和字形，而且我80年代初进入《汉大》做编纂工作，每天就在训诂、词义上打转，所以小学有一点点基础吧。在研究古音时我认识到，要真正对先秦两汉的古音系统、方音、押韵、谐声、读若等有深入的研究，绝对绕不开以儒家经典为主的经学和经学史，所以一度沉浸在经学里，不是至今不能自拔，而是迄今也难深入，但是对经学的重视，经学必须作为自己学术计划中重要的组成部分，这是再清晰不过的了。刚才所说《清经解》的学习研究历程，覆盖了我这几十年的生活。由于《汉大》的编纂工作是每天接触古书，也就是历史文献，每天读古书。记得“文革”时是天天读毛主席语录，那也只有几年而已。而《汉大》最初阶段的重心是放在古语词，所以读的都是古书，也是天天读，你读也要读，不读也要读，因为这是工作，不读无法解词释义。《汉大》十七年，《辞海》四年，前后二十一年，就是读古文吧。读不懂，解释不了，要查核原书看前后文，仍然解决不了，要查相关资料，设法弄通解决。我的性格是越是不懂的就越有兴趣，越会穷追不舍地探索，这样由此及彼，辗转反复，翻过查过的书，我实在说不清有多少。而且说句真实的笑话，我在80年代初的三五年里，每上厕所，必拿《书目答问》《贩书偶记》之类的书目熟读硬记，曾经一段时间还拿一大本的《八十年史学书目》看，我没有觉得枯燥，就像后来我读《汉学研究通讯》《台湾地区汉学论著选目汇编本》一样，津津有味。长期的书目和篇目的阅读，阅读出整个学术史的构架，阅读出诸多学者的专业和他们的侧重偏好，阅读出很多问题意识，阅读出做学问的切入点。加之日常所背的《丛刊》《备要》目录版本，这些书目篇目和每天查阅的书搅和在一起，日复一日，年复一年，后来我感觉到有一种说不上贯通却有畅通的感觉，不敢说所有的问题，至少有很多与经学、音韵、文献等相关的问题，我都可以在很短时间内知道怎么去查阅解决。后来我与人家说过，我最熟悉的时候，脑子里大概有八千到一万种书目篇目，这绝对不是故作惊人之语。只是现在已渐渐淡忘。对历史文献熟悉的好处，我觉得已经终身受用。后来到历史所从事研究，似乎应该侧重于历史文献了，其实也就是以历史文献为重点，以语言文字为辅助，更换一下主次而已。这样一个自学的历程，后来我再体味张之洞《书目答问》的话，“由小学入经学者，其经学可信；由经学入史学者，其史学可信；由经学、史学入理学者，其理学可信；以经学、史学兼词章者，其词章有用；以经学、小学兼经济者，其经济成就远大”，似乎有那么一点点似之。

我近来因为到了交大，对唐文治的著作倍加关注，这当然涉及理学，但是我还没入门。词章我当然不敢置喙，但至少是一个好龙的叶公。至于经世济民，不是我所敢想的，不在其位，不谋其政。80 年代看《答问》时，也并不对这段话有什么特别的感受，人读书不是看一遍就能深刻领悟的，尤其像我这样没人引导而又资质平平的人，就像读《论语》，每看一遍就会有深一层感悟。直到近年再读张之洞这段话，才感觉自己与这段话的前面几句有一种不期然而然的切合。我不是刻意遵照他这话去做，年轻时初读这话根本没有认识到此中的深意，但是我的兴趣、工作、历程，正好又形成了我这种读书研究的轨迹。回顾这段不期然而然的经历，结合我长期浸润在《清经解》里的感受，我体会出张之洞这段话实在是道出了清代学者在两百七十多年中一个普遍性的规律，如果你想设计一个比较完善的学术规划，这段话很值得回味体会。

可以体会出什么呢？就是无论如何，语言文字是基础，这基础功底一定要打好。我们现在的学制，大概小学六年级加上中学几年教你识字也不过3500个左右吧，你能认能用的也只不过是常用义现代义，夹有少量古义。如果你不经过文字、音韵、训诂的薰习，你可能很难进入经典学术的领域，因为你只能看人家的注解和翻译，无法自己来体会领略经典的含义。这一二十年我去台湾比较多，他们大学里的文字、音韵、训诂都是必修课（至少是有名的学校吧，不敢说170所都是这样），所以我的很多台湾朋友，即使不专门从事语言研究，对这些也都不陌生，会应用。我们这里，很长一段时间里，大学的语言学重点在语法学和词汇学，文字、音韵、训诂只体现在几篇文言文和通论里，现在当然改变了，到了什么程度，你们比我清楚。我的意思是，文史哲三个学科，一定要必修这几门课程，哪怕你学了就丢，总比没学好。我在台湾旧书店看到文字、音韵、训诂的教科书都有学生签名本，随处都是，就是学了就卖掉，那也比没学好啊，他至少知道个大概，万一要用，也记得个依稀仿佛，可以查阅。你没学过，门在哪儿？书在哪儿？想学习，也不得其门而入啊。

附带说一个事例，2004年在台湾开会，2007年在台中静宜客座，正好碰到他们要减缩古汉语课程的课时，还有的是要把音韵或训诂等课程调整为选修课，我对他们的老师说，你们要顶住啊，前几十年你们在经学上取得很大的成绩，与这些课程不无关系。这是一个例子。再说一个事，80 年代初在《汉大》，北大分进来两个古典文献专业的学生，一交谈，就是和其他学校或中文系毕业的人不一样。他们进入角色快，也容易深入。其中一个至今还在辞书社成为一个很有功力的资深编辑。由此我接触很多人总喜欢问他们的专业，总的感觉，北大文献专业固然是翘楚，你们这儿也是一个重镇。推而广之，凡是学过、钻研过文献学的，他的回旋余地就大，发展前景也相对要广一些。当然不是绝对的，学了还给老师的不乏其人，不学而能的也大有人在。

我举这两个例子，就想说，深入学术，尤其是经学、小学，绝不可少，文献学也相当重要。这是我个人的经验和观察的结果，不敢说是回答您的问题。我理解现在的学生，他们要在几年内写出多少论文，发表多少论文，这个真的很困难。我兴趣广泛，什么都想知道，就自己验证过的经历说，你每学一门学科，都必须付出生命的代价，随便打个比喻，文字二年，训诂一年，音韵二年，道教二年，敦煌一年，经学五年十年什么的，每一门知识都是用生命的筹码换来的，用生命的筹码换取学科知识，你如果较多地用生命筹码去换多种学科知识，在一定时间范围内，比如硕士、博士阶段，你能用在写作上的时间就少，你要写很多文章，势必没有时间去学习各种必须的学科知识。但是反过来，你生命筹码用在学科知识上的多了，写出来的东西可能就全面，这是一个悖论，就看你怎么把握。不仅硕博士阶段，即使到了工作研究阶段，仍然如此。有的人在同一个专业里不断地写，著作丰硕，有的人却在用不同学科的知识解决比较尖端的问题，但产量有限。深层次的尖端的问题往往是由多个学科的交叉思维来解决的。也许你学的某些知识一生都没用上，没有在你的著作文章中反映出来，成为一座冰山水平面下面的一块多余的冰岩。所以，怎样设计自己的知识结构并有计划有目的地去实践，对人的一生发展太重要了，这方面严耕望先生做得最好，用严肃的态度既低头耕又抬头望，他是一座难以逾越的高峰（在电子时代之前）。我这个人凭兴趣读书，虽然对需要的知识会去主动学，但感兴趣而一时用不上的知识也花了不少时间，我是低头耕而不望，严先生我真的不敢望，所以我不可能会有什么成绩，希望大家吸取我的教训。

二十、《历代儒家石经研究集成》

王：您从历史所去了交大，其实有一个问题是避不开的，就是必须要做项目。您曾做过《从石经鲁诗异文看清人四家诗研究》，也申请到了国家社科基金重大项目《历代儒家石经文献集成》，从事石经的研究，目前的进展情况如何？

虞：第一，我这个人在体制外做学术的时间长（如果也算是学术的话），有二十多年。在体制外做学术有个好处，就是可以不为发表而去写东西。我曾经发表了一篇豆腐干的小文还被领导无声地责备过，以为我不安本职工作，想出风头，是个人英雄主义。在《汉大》时，发表一篇文章只能心里窃喜，不敢张扬，生怕招来麻烦。所以我没有为了要拿什么课题，去迎合什么指南。

石经课题的起源是这样的，2001 年做上博简《缁衣》时，我曾经用唐石经文字把《缁衣》校了一遍。虽然我们现在的文本就是从唐石经所据的太和本一直沿袭下来，异同不多，没有什么原则性的异同，但这也证明了唐以后文本的一致，和出土文献之间的差异。那时写竹简文章的，用石经校勘的好像绝无仅有吧。虽然没有异同，但学术是不以有用无用，有异无异为标准的。老子说："三十辐共一毂，当其无，有车之用。埏埴以为器，当其无，有器之用。凿户牖以为室，当其无，有室之用。"没用之用也是成果。由唐石经我想到汉魏石经，虽然汉魏石经没有《缁衣》的残石，但我觉得汉魏石经正好是不同的今古文文本，其中的异同应该比出土文献还要有价值，至少在今古文经学方面。

因为这个缘故，我在《上博简缁衣》一书前面的文字校勘标作《〈缁衣〉简本与传本、石经异同疏证》，又在第八章《〈缁衣〉引〈诗〉与四家诗之关系》一节的梳理中，感到《鲁诗》在汉代的地位非同一般，而汉石经所镌刻的就是《鲁诗》。汉石经《鲁诗》宋时就有出土，赵明诚、董逌已有著录校勘，但是大多已佚，难窥当时残石文字形貌。洪适《隶释》所载《鲁诗》残石文字仅173字，宋元明清《诗经》学者引证的都不出这173字之外，尤其是清代的几部重要的《诗经》著作，都珍视这批异文。1920年后，洛阳出土了大批汉魏石经残石，其中《鲁诗》有174块残石，字数达1300多字，是洪适当时辑录的七八倍。遗憾的是，自残石出土至20世纪末的《诗经》文字研究，除了个别著作，竟然都没有利用这批珍贵材料，也就是说，置罗振玉《汉熹平石经残字集录》于罔闻。所以我在2008年就申请了《从石经鲁诗异文看清人四家诗研究》课题，获批之后，就与石经结了缘。

今存汉石经《鲁诗》残石1300多字中与《毛诗》异文有100多字，先我而做《诗经》异文的二本著作，只是简单的比较一下，指出它们的异同，至多标注一两个声韵之异，它的意义也就局限在文字之中。而我则另有更深一层的想法，我的想法基于我的知识结构，我不仅要知道鲁、毛两家《诗》文字的不同，还要知道两家的不同来源，更想探索清人陈寿祺、陈乔枞以及王先谦等将文献中引述的《诗经》文字指认为《鲁诗》是否和出土《鲁诗》残石文字吻合。这不仅是一个文字学的问题，更是研究汉代四家《诗》的一个实证性的创例，也是清代《诗经》学史必不可少的一环。因为我感叹那么珍贵的资料，在古史辨思潮兴起的时候出土，竟然没有被利用，之后八十多年也被弃置一旁，很遗憾。所以我以文字、音韵、训诂为基础，更引证自王应麟以来，历经清代一二十家《诗经》研究者的著作，其中当然比较重视二陈一王的著作，也就是《三家诗遗说考》《四家诗异文》和《诗三家义集疏》几本。经我的考证，凡石经《鲁诗》与《毛诗》文字相同，而清人利用六朝唐宋文献考定为《鲁诗》文字者有七条，不同者有三十四条；凡石经《鲁诗》与《毛诗》文字不同，而清人利用六朝唐宋文献考定为《鲁诗》文字与石经文字相同者有二十三条，不同者有二十二条。由此可以看出，清人成就不小，错误也多。自从陈、王著作流传以来，我们都以他们所说为参照标准。我过去二十多年尤其钦佩陈寿祺、陈乔枞的学问和治学态度，因为他们确实是清代在四家《诗》上花功夫最多最实的二位。当然通过论证得出结论，我在佩服他们之余，更加深一层看到了要恢复四家《诗》的艰难不易之处。我就考证这一百多个《鲁诗》异文，已经写了十五六万字，这在一般的人眼里，一定会说我是繁琐考证，我要强调的是，历史太复杂，文献太纷乱，要想理清这些纷乱复杂的来龙去脉，不得不繁琐。这十多万字我还没完呢，我还有一些资料没有查核，因为事情多，一搁就是六七年，等到资料查核校正后，我会发表。

王：学术界石经研究的现状如何？

虞：我校勘了《唐石经》，考证了汉石经《鲁诗》异文，同时我又专门对王国维、罗振玉的汉魏石经研究成果做了一番梳理，对石经的价值有了比较深的认识。再回过去梳理一下清代学者的石经研究，更觉得石经对经学来说是一门不可或缺的学问，经学研究如果缺了石经这一块，应该说是不完整的。从价值方面看，七朝石经各自代表了当时最标准的字体与文本，深入研究石经文本，可从中看出我们现在经典文本的来源和变异。但它为什么近几十年一直没有进入我们学术史和经学领域呢？就我个人的看法，有几方面的原因。

《唐开成石经》

一是书籍难以看到。图书馆和学者都关心宋元善本，石经拓本不是不重视，而是把它们置放在善本碑帖中，所以没有进入一般学者的视野。民国时候学者撰写的石经著作，大多是石印本、珂罗版印本，现在也很难看到，图书馆要么视为珍宝，要么闲放一处不管，有的连个登记号也没有。这是资料的限制。

二是学术的趋新。当年王国维先生能够关注最新的简牍、甲骨、石经、敦煌残卷，做出了举世瞩目的成就，陈寅恪先生序《敦煌劫余录》提出“预流”与“不入流”两词，傅斯年先生创史语所，高举“史学便是史料学”的大旗。陈、傅都是认识了国外的史学形势，有感于当时的现实而发的，这些理论的进步意义、指导意义自不必说。由于王国维和史料派学者在当时确实做出了了不起的成就，所以近几十年随着层出不穷的新考古发现，这种观念越来越强，呼声越来越高，造成了只有新史料才是学问的偏向性思维，在具体的学问中，甲骨学、金文学、敦煌学直到后来的简牍学，一浪推一浪，逐浪排空。相反，九十多年前随着汉魏石经出土曾轰动一时的石经学早已死在沙滩上了。

当然这是书籍和拓本的难得和追逐新材料新学问互相激荡造成的石经学之死。我并不是对现在研究简牍学者有什么微词，我自己也写过一点简牍文章，而只是觉得随着儒家简牍的出土，研究它们与传世文本之差异，固然重要，但如果引入汉魏石经来研究两汉魏晋的今古文文本，引入唐石经来观照六朝唐代的文本变异，引入蜀、宋石经来认识两宋刊本，这在一定程度上，更加能认清我们现在所用文本的来龙去脉。当然我也在思考先秦文本转变成汉代经师文本的过程，这在《上博简缁衣》中已有反映。出于这个目的，所以我才觉得应该把七朝石经的材料集中起来，于是才有《集成》的构想。

这个构想曾得到出版人黄曙辉和某出版社的支持，我们已经在准备和部分的实施。到了 2012 年底社科院才允许我申报，最后被国家基金办和评委专家选中。

王：这一重大项目的总体框架如何？

虞：《集成》总体框架是这样的，名称是“历代儒家石经文献集成”，顾名思义，就是要将历朝镌刻的儒家石经拓本及其相关文献搜罗汇集，为学术界建造一个石经文献资料库，为儒学学者提供一个至今最为完整的可供比勘、研究的儒家经典文献平台。《集成》的内容是将汉熹平石经、魏三体石经、唐开成石经、蜀广政石经、北宋嘉祐石经、南宋绍兴石经、清乾隆石经等相关资料集中起来。就每一种石经而言，分为拓本、题跋、专著、论文四部分。张国淦《历代石经考》是一部石经材料的汇集本，以总括与注释相结合的方式行文，研究的脉络不清晰，也缺少可读性，且其中偶有搞错的地方。然而《石经考》出版到现在已经将近九十年了，还没有一部同类书籍可以替代它，究其原因，就是因为对石经学缺乏研究。所以我计划最后要写一部现代意义上的石经学概论。

我在做这个题目之前，已经对石经有了一个较深的全面的了解，并且对局部已有研究。知道汉魏石经文本确实与我们现在文本不同，可以看出许多信息。但也有不了解的人，认为这些零星出土的残石能说明什么，有什么用处。任何东西，你不了解它，就不能以轻率无所谓的态度随便否认它，关注和轻视，他的最终结果是完全不同的。有关汉魏石经与古今文本，我在大陆和台湾的高校、研究机构多次讲过。就王国维、罗振玉他们的研究，我们已经从残石的文字中，获得了熹平石经刊刻的《诗》《书》《易》《春秋》《公羊》《论语》七种文本所用是哪家本子的信息，宋代洪适只知道几种，现在大致都知道了，这就是一个了不起的价值，没有残石，我们无从说起。还有宋代赵明诚说《鲁诗》篇目与《毛诗》不同，这一问题直到王国维还觉得困扰，后来罗振玉经过细心排比汉石经残石文字，找出了鲁、毛两家的篇次不同、章节多少、章节变动等等的异同，这对认识两汉经师的文本真可说是石破天惊，所以我写过《石破天惊——儒家石经复原的历史价值》。最近我在《史语所集刊》上发表了一篇《〈尚书·无逸〉篇今古文异同与错简》，很长，有六七万字。

王：这篇文章谈什么？

虞：《尚书·无逸》是一篇周公告诫成王的训辞，在这篇训辞中周公列举了殷商三宗的经历与施政作为，劝勉成王不能贪图安逸。传世《古文尚书》三宗以中宗、高宗、祖甲为次，马融和郑玄以祖甲次于高宗，所以就说祖甲是武丁的儿子，《孔传》和王肃则认为是商汤的长孙太甲。二说各有道理，难说谁是谁非。宋代熹平石经《无逸》残石出土，经排列复原，高宗后无“祖甲”一段文字，而中宗前有近四十字空位，显然欧阳本今文《尚书·无逸》是以太甲、中宗、高宗为次，证明孔传、王肃之说有文本依据。清儒因为《古文尚书》案的牵连，对此还在左袒右袒，犹疑不定。民国间三体石经马郑本《古文尚书·无逸》大块残石出土，次序与传世本古文《无逸》一致，在证明马郑本古文前有所承的同时，也确定了《无逸》今古文确实不同，而且使这一异同产生的年代推到了西汉甚至西汉以前，也使孔、王说之来源上推到西汉。我再求证殷商古史，甲骨卜辞显示，太甲不仅进入祀谱，还出现在周原甲骨中，这与周公训辞取例有内在逻辑关系。校核当今出土竹简的书写格式，联系刘向以中秘古文《尚书》校大小夏侯、欧阳三家经文的脱简实例，祖甲一段文句正好是二支竹简的字数，经过反复排列《无逸》文字，可以确证“祖甲”应为“太甲”，原来的位置在中宗之前，它舛乱到高宗之后是由错简造成的。夏商周断代工程在殷商晚期的年代排列中，将高宗武丁以后的祖庚、祖甲、廪辛、康丁四王年数框定为 44 年，康丁后的武乙 35 年，文丁 11 年。专家从马郑之说，认为《无逸》中的祖甲为武丁儿子。因为将祖庚排斥在外，所以与《无逸》中周公所说祖甲之后“或十年，或七八年，或五六年，或四三年”的晚商帝王在位年数不合，因而只能认为周公所说是泛指中宗、高宗、祖甲以后的某些王。但是如果根据熹平和正始石经残石的错位作符合历史的推测，将祖甲定为太甲，序列变成太甲、中宗、高宗三宗，那么高宗武丁之后就多了一个祖庚的王位年数。据文献记载，祖庚在位有 7 或 11 年、廪辛有 4 或 6 年、康丁有 6 或 8 年之说，加上文丁 11 年，这样的四个王位年数，正好和周公所说高宗后逸乐的帝王只在位十年、七八年、五六年、三四年的说法相吻合。

我这篇文章前后思考了好几年，写成后也几经修改。尽管书缺有间，中间存在着历史的缺环，但我是综合经学、经学史、语言文字学和历史年代学解决经学历史公案的一次尝试，尽管它不一定是最终定论。但这种尝试可以揭示一种研究理念，即决不沉浸在前人不完善的结论中做简单盲目的左祖右袒，既不以为前人已经解决而安于因袭，也不为争一个我对你错而去有意翻案。这是我一贯的治学态度，因为我没有什么师承，没有必要去恪守什么师说，只从材料出发，细心梳理研究，最后结果是什么，就做什么结论。

刚才说也有人对我关注这些残石有些不以为然，觉得那么零碎的残石会有什么价值。但听过我演讲的好多学者也对我说，不想石经残石还有这么大的学术价值。我也讲一点与大家分享，也请你们来评判。

王：现在石经的项目做完了吗？

虞：没有，很艰难。艰难在什么地方呢，那些残石经孙海波、马衡、吕振端等人搜集，上世纪出土的大多已经集中起来了。之后有零星的出土和发现，也基本上发表在刊物上。真正流

2016 年洛阳石经会议

散在私人手里，没有著录的很少。但是因为那些藏有拓本的单位和个人，没有闲工夫去对照这几本书，总觉得这是稀世珍宝，视若拱璧。这样你要查阅核对，要复制校核，就很难打交道。比如说，拍卖行里好几次拍出的拓本，就图录上看，没有一件是新的，就是都有著录过的。因为很多人不知道，当时一块残石出土或发现，一定是不断椎拓，分送师友亲戚。有的还用来裱托后作为赠人的寿庆礼物，也算是高雅的礼物吧。还有比如要从几种《四库全书》《丛书集成》中去搜集宋元明清的一些题跋，都是很费功夫的工作。

王：那就是还要做一个阶段？

虞：课题到2018年结束。昨天我先来，在浙图看南宋的石经，也准备把它复制啊什么的。起码还要做两三年。两三年做完了，唐文治著作的整理就上手了，有近一千万字。

王：虞老师今天很辛苦，还要再问最后一个问题。在座的我们都在从事文献学相关的研究。我这几年参加经学、礼学或文献学的会，每次来也遇到不同的学者。根据我的观察，我感觉文献学在中国近三十年的学科建设、学术研究中处于一个比较尴尬的地位，也有人觉得现在文献学受重视，比较热闹了，所以很多人转过来开始搞文献学，其实从内心里面有对文献学排斥的、瞧不起的。您的研究，包括您的文章著作当中，很重视文献学。您怎么来看待文献学与经学、礼学等其他学科研究的关系？

虞：对文献学的排斥，其实在上世纪上半叶，并没有这种意识，相反，就刚才我说的在陈寅恪和傅斯年等前辈的提倡和指引下，对文献资料是极其看重的。当然陈、傅两位都是大家巨人，他们不仅重视文献史料，还会提炼观点，形成有影响的学说，更进一层来说，他们还会利用历史为当今服务。我看傅斯年的《东北史纲》(我买到初版)，虽然只有薄薄的一册，却可以看出他撰写背后的时代背景和政治意图。但是上世纪除了史料派之外，还有关于中国社会史的一场论战，就是不一定用新材料，而是用新观点来整理旧史料。大家熟悉的是，亚细亚生产方式、先秦奴隶社会阶段的有无、商业资本主义社会，就是我们学校里读过的明代资本主义萌芽，等等。这场论战也声势浩大，成就了一批史学家。到了 50 年代，高举史学即史料学大旗的傅斯年去了台湾，陈寅恪偏居南方中山大学，发不出声音。而且过分强调新史料的弊病也曾遭到贺昌群和钱穆等人的指责。那时留在大陆的，是以马克思主义的史学家为多，所以 50 年代还是延续讨论中国古代史分期，也就是奴隶社会、封建社会，生产力、生产方式等问题。当时考古学家郭宝钧的《记殷周殉人之史实》一文，引出了郭沫若的殷商是奴隶社会的论断，于是又一轮的笔战开始。当时有所谓史学上的“五朵金花”，就是指中国古代史分期问题、中国封建土地所有制形式问题、中国封建社会农民战争问题、中国资本主义萌芽问题、汉民族形成问题。你们不知是否知道，当时有许多人编辑了好多史料，比如历代农民战争史料（秦汉编、唐五代编、两宋编、元代编等）、封建土地所有制（傅衣凌、贺昌群的书）之类，都是应时的产物，为观点争论所用。我在编《汉大》时都看到，但时过境迁，都没什么大用处了。

举一个例子，如我很佩服的史学家杨宽先生的名著《古史新探》，虽然专就古礼来作探讨，但是也放不开亚细亚生产方式，在书中屡屡提及，可见当时的史学潮流。这种用旧史料来论战，来阐述自己观点的思潮，裹挟了很多人，也覆盖了整个史学界。随后又产生了影射史学，影射史学不需要新材料，就需要为我所用，所以那时的文献学显得无足轻重，新史料也可有可无。还有一个重要原因，50 年代以后，除了少数刊物允许少数人发比较长的文章，一般都不满万字。你去想，不满万字，就不好多引材料，只好多摆观点。材料为观点服务，以论带史甚或以论代史。长此以往，就形成一种风气一种定式。比我大十几岁几十岁的人，大多在这个年代成长成熟，所见所闻都是这样一种历史环境，于是也形成了这样一种固态的思想、定式的思维。这种固态思想、定式思维还影响了他们的学生，所以即使比较年轻，也会有这种思维。作者有，编辑部有，出版社也有，这就造成一种氛围，形成一种大环境，也就是历史的局限。你要知道，要突破一种历史的局限是很难很难的，往往要有智慧和勇气，一般就都会落在这个套路里，交流也没办法交流。前几十年里，我们经常会听到说你是什么观点，他有什么理论。我这么个态度说话，你一定认为我是不要观点、理论的。绝对不是，不要误解。

学术研究，潜意识中就是靠观点或理论在做支撑点，不然你是无法研究写作的。首先，观点和理论必须是以总结一定材料为基础而构成的。潜意识中的观点和理论是前人依据一定材料提出的，或是你自己以前看书时形成的。但观点和理论是要而且必须随着新的材料增加而修正或改变的，当然思维模式或视角的改变也会带来新的观点和理论。所以，好像是弗雷泽说的，一切理论都是要过时的，只有实际的材料是永恒的，为此他就把调查所得的实际材料写成《金枝》,《金枝》确实可以永久流传。你要深入研究，材料，对我们来说就是文献，是必不可少的。我们这辈人的部分，上一辈人的大部分，都或多或少的有这种潜意识：重观点理论而轻文献材料，这就是历史的局限。但应该说，上世纪末本世纪初以来，这种潜意识在解体，这种环境也在改变。尤其是出土文献多了，以材料、文献说话的意识越来越深入学者的思想了。如果您接触到这些人现在还有这样的想法，倒是有些奇怪了。

学术研究，首先是尽量把史实弄清楚，虽然有些史实是永远不可能弄清的，因为由于文献的失落，历史缺环太多，但是我们必须把留存下来的有限的文献尽可能汇集并把它联系起来，做一种最合乎逻辑的推断，这是首先应该做的。只有联系起来以后，我们才能进一步在这个之上再去思考，形成暂时的观点和理论。暂时的，请注意，因为一切观点都会被修正甚至因过时而被扬弃。我对那些不关注具体文献而一味挖空心思要提出一些理论观点来惊世骇俗的人总有一种“不亦空劳乎”的感觉，尽管他们可以骇俗一时，惊世一时。

回到文献本身来说，至少历史文献是绝对要梳理的。就拿《十三经》文本来说，阮刻本通行了二百多年，用现在的条件看看他们当时的校勘条件，实在有些寒碜，因为很多版本都看不到，有的版本所定的年代也有问题。现在有那么好的条件，完全应该引导学生先去做细密的校勘工作。《十三经》如果将现存宋本以下的版本校勘以后，不仅嘉庆以后的文本面貌基本上清楚了，宋以后文本面貌也会有一个清晰的呈现。《礼记》的文字校勘您王老师已经基本做完了，我可以补充您，但不可能推翻您。阮刻《十三经》您方老师汇校了，我们今后可以在这个基础上，再去思考文本的来源和演变的问题，然后再进一步总结文本在历代抄刊过程中演变的问题，这就是比较实在了。总而言之，所有的思想和理论，都不能与基本的文本、文献脱节，一旦脱节，思想就有可能是空想，理论就有可能成为奇谈怪论。一个人如果非常努力地忙乎一辈子，到头来只留下点空想出来的奇谈怪论，虽然仍可春风得意，丰衣足食，但到晚年扪心自问，自己不会感觉到很可悲吗？——尽管我无权为他吟诵《代悲白头翁》。

王：谢谢您！今天我们访谈了四个多小时，虞老师讲得很精彩！讲了自己的治学经历，研究心得，一些高瞻远瞩的看法，令我们深受教益。感谢您对我们学礼堂的支持，再次感谢！

2016年10月15日，王老师于杭州采访虞万里先生，访谈稿由张琪、井超、李佩、李学辰、刘晓咏、陶晓婷、李猛元、曹晋婷、侯婕、董政、王少帅整理，已经虞先生、王老师审定。

守志守诺，积锱积铢

——万仕国先生访谈录

万仕国先生简介

万仕国，1962年出生，江苏仪征人。1984年毕业于南京师范大学中文系，先后担任仪征市教师进修学校助理讲师，仪征市教育局秘书，仪征市财政局办公室副主任，仪征市委政策研究室副主任，仪征市委办公室副主任、研究室主任，仪征市人大常委会办公室主任，南京师范大学文学院兼职教授，广陵书社特聘编审。1981年起，从事刘师培研究，编著有《刘师培年谱》《刘申叔遗书补遗》，点校出版《仪征刘申叔遗书》《道光重修仪征县志》《天义·衡报》。其中《刘申叔遗书补遗》获第十二届华东地区古籍优秀图书二等奖，《道光重修仪征县志》获第十七届华东地区古籍优秀图书一等奖，《仪征刘申叔遗书》获2014年度全国优秀古籍图书一等奖、2014年度苏版好书、扬州市政府第十届哲学社会科学优秀成果一等奖、江苏省第十四届哲学社会科学优秀成果二等奖。

一、求学经历

王锷：老万，您好！非常感谢您接受学礼堂的访谈，先请您谈谈上学的经历。

万仕国先生：上学读书，应该讲，南师给我留下的印记比较深。我是1978年从我们镇上的陈集中学毕业的。这个学校还是不错的学校，50年代建校，60年代仪征师范学校撤销以后，连人带仪器、设备、资料又整体搬了过来，加上“反右”“文革”等政治运动，一批名校毕业的老师因为家庭或者个人的问题，被发配到了这里，师资力量也是非常强的。我时常说，我们是“文革”的受益者。不是那种特殊的政治环境，不可能有那么多高水平的老师蜗居在一个偏僻的乡村高中。

我读书的时候，还在“文革”期间，那个时候的风气，肯学的不多，可学的东西也不多。学校有个资料室，全部是五六十年代的书，全部都封在那里，谁也不让看。除了学校的几本教材，其他的什么都没有，也不让看。高考复习的时候，历史、地理两门课没有教材，也没有复习资料，靠老师刻钢板、印讲义，纸又特别紧张，印少了，要靠自己手抄。所以在到南师之前，我感觉到自己的知识面非常窄。

1978 年高考没考取，毕业之后就在村里边的“戴帽子”初中，就是小学然后加两个初中班的那种学校，当了两年代课教师。我的家庭也比较贫寒，我哥哥 1979 年考到江苏省邮电学校，是原邮电部下属的一个中专，在长乐路那儿。他的生活费之类的家里边都要出，大概学校也有些助学金之类的，反正不能解决他自己的问题。他去读书的时候，家里的经济状况就更紧了。我当代课教师，目的就是要挣点钱养家。当然，高考不利，自己也不甘心。因为我身体一直比较单薄，农活干不了。你别说跟同龄劳动力在一起干不来，就是跟妇女在一起干活，也干不过人家。还是生存的压力比较大吧，觉得还是要读书，跳出农村。

到 1980 年的时候，也算是幸运吧，考取了南师中文系。到了南师以后，感觉到完全是另外一片天地。当然，学习的压力也特别大。因为我们那届里边，当年考取的学生比例非常高了。那两年，由于高考的动力，教育方面恢复得非常快，变化非常大。首先是有教材了，然后老师也有荣誉感了。所以，高中毕业比我们迟的这两届，他们的读书环境，他们所接触到的知识，比我们要好得多，也系统得多。和同学在一起，我也有压力。所以到南师之后，除了上课，大部分的时间都在图书馆。现在看，南师这一阶段，自己抓得还是比较紧的。

南师那时候有个比较好的传统，学校每年搞一个校庆，不开大会，搞一些学术活动。中文系每年也都办一个校庆学术报告会，三、四年级的学生可以在报告会上交流论文，老师也到会上交流研究成果。这个报告会是敞开式的，老师和同学都参加，本校的、外校的都可以进去听，那时候南大、华东水利学院（就是现在的河海大学）都有人来听。我在学校里是穷人，除了读点书，既没钱也没什么兴趣出去玩，所以校庆学术报告会的时候，我们也过去听。那时候进校已经一年了嘛，所以学校哪几位老师在外面名气大，这个是知道的，包括唐老、徐老、钱老、诸祖耿先生、张芷先生等，这些名字大家都知道。那时候，中大楼的橱窗里有学术报告会的海报，张芷先生讲《杨树达年谱》。我对杨树达的《词诠》有印象，知道他的学问好，就想听张先生讲杨树达，了解一下杨树达先生是什么情况，就过去听了。我进去的比较迟，后排都坐满了，只有前排有空位。那时候也没什么规矩，看到前排有空位就赶紧坐下来，听张先生讲杨树达，讲为什么要做《杨树达年谱》，他的这个《杨树达年谱》是怎么做，然后讲到他对杨树达学术成就的一些评价。张先生讲结束，这就算一半，后边还有其他先生的报告，所以张先生先要把他的讲稿等等收拾一下，下来之后，他也听。一看我旁边有座位，他就坐到我的旁边。张先生就说："你也听啊？"我知道张先生肯定不认识我，以前只是很远地看过他，知道他是张先生。我也赶紧跟张先生打招呼。"听得懂吗？"我说："能听得懂。"他说："我口音比较重。"张先生是泰州人。我说："我是扬州人，仪征的，能听得懂。"他说："你仪征的？仪征不错啊，你们仪征学问大家多呢。阮元、刘文淇，还有刘师培。"那时候讲阮元我知道，讲刘文淇就不知道了，讲到刘师培我就开始犯晕乎了，因为我们高中教材里没有讲过刘师培。张先生也看出来了，因为不像是高年级的学生，他就说："刘师培，你知道吗？"跟老先生不能说谎啊，因为他下边要问你的话，你就接不上啦，只好老实说："不知道。"张先生就说："刘师培啊，仪征人还是应该晓得。"我当时感到这很丢人啊。那时候学生很要

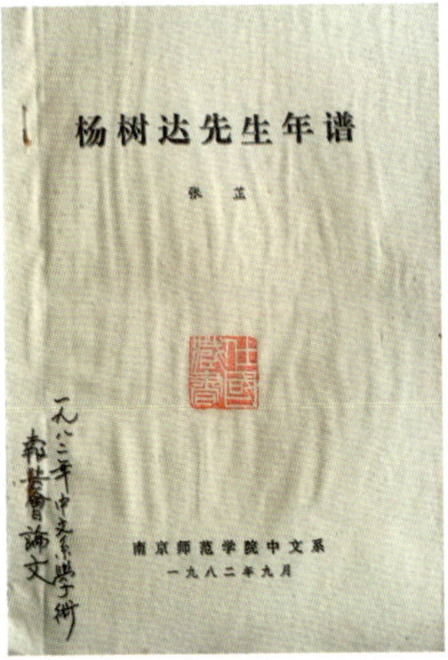

1982 年张芷先生编
《杨树达先生年谱》

面子，说到你家乡，老师提到这个人说他很了不起，你都不知道，这是很丢人的事情。

学术报告会之后，就到图书馆找书，翻卡片。刘师培的《中国中古文学史》，还有《论文札记》两样，合订在一起的一个小册子，把它找出来。那时候我毕竟才读完一年级，刚进入二年级，也才开古代汉语课嘛，拿出来，是繁体的，有标点，也就看看吧，连蒙带猜的，就知道是关于文学的。它前边刚好没有刘师培的介绍，就搞不清楚他怎么回事，只好又去翻《辞海》。《辞海》里边有一小条，知道他参加“筹安会”，还有一些批判性的内容，也就这么很简单。但是《辞海》里边提到了：“有《刘申叔先生遗书》七十四种。”这个“七十四种”是什么概念？怎么叫“七十四种”，为什么不叫“七十四册”啊？这是什么情况？总感觉很模糊。那时候图书馆有一个参考咨询部，那儿放了好些白纸条，你有什么不懂的，留个小纸条，写上你的信箱和名字，放在那儿，就会有图书馆的老师告诉你这个是什么东西，或者是什么情况，或者在哪一部书里边你可能找到答案。我当时就写了一个：“《刘申叔先生遗书》哪里能看到？需要了解刘师培生平。”两行，放在那儿。隔了一天，拿报纸的同学跟我说有一个小纸条是给我的。一看，那上边就回答了一个问题：“《刘申叔先生遗书》在一楼古籍部。”

第二个，刘师培的生平资料，没有答案。既然知道《刘申叔先生遗书》在哪儿，就去看看吧。

那时候古籍部就在现在华夏馆的一楼，门一进去右拐。古籍部里边只有一张长条桌，都是老先生和研究生们去的地方。去了之后，登记填表，写上《刘申叔先生遗书》。那时候古籍部是陈一民老师负责接待，他问我："你看这个啊？"我说："我不知道是什么，就想看一下。"然后他到库里面去，拿出了四大函，往桌上一放，告诉我："第一本在第一函的最上边。"那是我第一次接触古籍书，才知道古籍书标顺序是标在书边上的。翻开第一册，看到前面有他的几篇传，没标点，还是繁体字的。那时候繁体字稍微认识一点，但不多。古籍部那儿又不能带字典进去查，那怎么办呢？不管怎么说，就先在那儿抄，没有标点就没有标点，抄回来再想办法。那时候古籍部的座位比较紧，有的老师一看人比较多，就在那里借，像徐老、钱老他们是可以借的，其他人只能坐在那儿看。有的老先生就不进来了，在门口说一声："哦，今儿人多，我明天来。"我自己在那儿抄了几篇传记之后，就不好意思老是去了。把抄的这几篇点断了，看了看，感觉还是没搞清楚。

我想，既然张先生讲刘师培怎么样，那张先生会不会知道刘师培有其他的东西？那时候中文系老师的信箱也是可以放纸条的，给张先生也放了一个纸条，告诉他：我到图书馆看到了《刘申叔遗书》，抄了几篇传记，但是找不到有关刘师培生平的资料。隔了两天吧，张先生在校门口信箱里边留了一个条子，说：有时间可以当面聊聊，还写了他家的地址。那时候张先生住在学校大门对面的小平房里，离钱小云先生家不远。记得是当天晚上去的张先生家，张先生很开心，说："哦，你是我的小老乡啊。"然后他开始讲，你看到的刘师培的东西，我也只能看到这么多，刘师培生平方面好像没有其他的东西。接着讲刘师培的学问，夸他的学问很好。张先生问：“《刘申叔遗书》你能看得懂吗？”我说：“看前面，就已经搞得很晕乎了。”“这个人值得去研究他，值得去了解他。你是仪征人，也有条件，看看能不能从了解他开始，就去做这个东西。”我说：“做刘师培该怎么弄啊？他的东西那么多呢。”张先生就说：“哎呀，你还是要有这个决心。刘师培这一块，将来会有很多的人去研究他，第一个就是他的学问体系很大。现在没有人研究他，就是因为他在‘筹安会’这一段，我们不谈他的‘筹安会’行不行？第二个就是国家‘七五’规划里面有《刘师培全集》这个项目，现在不知道谁在做，但是既然有这个项目，就证明国家重视这个人了。你年轻，可以做。你可以跟我一样嘛。我做杨树达，我也是搜集他的资料，了解他的学问，在这个过程中逼自己认认真真读他的书。我为什么要做《杨树达年谱》？也是先知道这个人，然后去了解他的学问。你了解了他的学问，又知道了他这个人，两不耽搁，可以合在一起做的。你年轻，可以做。你是仪征人，老乡里边有个学问这么好的人，你不去做谁去做啊？”张先生的话鼓动性还是大的，他这么一鼓动，我就说：“张先生，那我就跟着您学，做《刘师培年谱》吧。”他说：“好。这个事情好。很多年轻人，一开始都没有个头绪。现在你有这么个头绪了，你就围绕着这个做。不要急，你就慢慢来。”

那时候，在同学当中我都不敢说这个事情。读一二年级的时候，大部分的学生倾向于往文学方向走，而且大多数人倾向于往作家那个方向走，所以那时候南师同学当中小诗人很多。也有一些写小说的，像徐乃建那一批，在全国都有影响。小师弟小师妹们，每个人都有一个作家梦。你去看古籍，说做这种东西，在同学中很少，也不一定能被人理解。另外一个，这个事情究竟怎么搞法，当时心里还是没底。但是我清楚：有这么一个事情，我已经答应过张先生了，我不好不去做。

有一天，张先生在信箱里面又放了一个小条子，说："晚上如果没有课的话，你就过来。"我就去了。张先生就说："刘师培的事情，你考虑好没有？"我说："张先生，您上次跟我讲过之后，我心里记着这个事情呢。具体怎么个搞法，我还是没有头绪。""这个事情，你还不能耽搁。我已经跟徐老说了，徐老很开心，说有人做这个是件很好的事情，大家都要支持他。我约你过来，就是到徐老那里去。"要到徐老那儿去？我那时候心里也知道，到徐老那儿，一般人是不太好去的。有很多同学都想去拜访徐老，但是都知道徐老很忙，要带研究生，还要给本科生开讲座，大家都不敢去。我问张先生："我去合适吗？"张先生就说："跟徐老约好了。"然后张先生就带我去拜访徐老。见了面，徐老就说："你这么年轻啊，好啊。张先生跟我讲了，你有志向做刘师培的研究，这个事情很好，要做。刘师培学问是非常好的……"又说了一通。好了，这时候就没退路了。这时候是1981年的下半年，二年级的第一学期，这时候至少我知道有一个方向去做，就是答应了他们两位先生这个事情，那你就得去干。这时候心里开始就有一个最担心的事情：如果你不干，张先生、徐老他们经常到中大楼这儿来，你活动就在这儿，哪一天碰上了，他问你干了没有，你说"没干"，那不就麻烦了嘛。

这之后，我思考刘师培这个事情该怎么弄。当时抓了两块，一个是把《辞海》里面"刘师培"这条抄下来，根据已经抄了

《刘申叔遗书》前边的那几篇传记，把写传记的作者找一找。那时候，高平叔编的《蔡元培全集》后面附了一个年谱，很简单，相当于年表，那里边也提到了刘师培。知道了刘师培和章太炎的关系，找到汤志钧的《章太炎年谱长编》，这个书做得非常好，里边有很多的资料，并且交代出处，还牵扯到了苏曼殊、柳亚子、陈独秀这些人。围绕这些人的关系，我采取的是“株连九族”的办法，就是抓住刘师培这个中心，然后关注跟他相关的人，找他们的传记，找他们的著作，从中找刘师培的资料。另外还有一个，就是知道刘师培在辛亥革命前后这一段，就把全国政协编的《文史资料选辑》借过来，从头到尾翻，把这一段情况弄清，然后再看其他的。这么样，就慢慢往前走。在这之后，除了上课，我的大部分时间就放在刘师培这一块。当然，为了刘师培，也耽搁了一些事情，比如说英语。我本来英语底子就不行，基本上就认识26个字母。进入南师后，英语老师不停地换，又没有什么正规教材，学习上更困难。后来改成选修课，自由选择。我知道自己英语基础不好，觉得学那个东西太费时间。如果把这块补起来，刘师培就没时间照顾了。后来也就算了，反正也没想到考研究生之类的，还是忙刘师培吧。到1984年上半年的时候，我积累的刘师培生平资料已经有12万字多一点。

王：那也不少了。

万：那时候就想，这么多小纸条，都是用那个纸片抄下来的，这玩意天天抓在手里面也不是个办法，怎么办？我跟张先生说：“现在稿子有十多万字。”张先生说：“好啊，你想办法把这十多万字印出来，征求征求大家的意见。现在是你一个人搞的，把它印出来征求意见的时候，你就可以听到很多人的意见。大家也可能给你提出一些方法上的问题，也可能提出一些资料上的问题，对你完成这个《年谱》，应该说会有帮助。”那时候呢，南师的印刷厂很忙，用铅字排印，也排不了多少东西。张先生的很多讲义，就是买蜡纸自己刻，刻好了再拿学校印刷厂去印。他鼓动我也去刻这个钢板。

1984 年上半年的时候，临近毕业了，我也比较忙了。学校要求，只有毕业论文通过的，才能拿到学士学位。在三年级的时候，我写过一篇《〈诗经〉“A 言 VP”式试说》的小文章，是为校庆学术报告会准备的，但是 1983 年的学术报告会莫名其妙没搞。我当时的这篇小论文请吴金华老师看，吴老师看过了觉得不错，认为“能成一家之言”。他说：“做这一块，我们学校最牛的还是钱老。钱先生对《诗经》非常熟，你再去请钱先生去看。”吴老师告诉我，钱先生家也在大门口，跟张芷先生家离得不远。按照吴老师的指点，我就带着稿子去拜访钱先生。当时钱先生也正忙着呢，看了一下标题说：“啊，做的《诗经》啊。你就先放这里吧。”过了几天，钱先生给我留了一个便条，让我过去把稿子拿回来。钱先生用那个《汉语大词典》稿纸写了一个评语，放在上边，又鼓励了几句。之所以要写评语，是以为学校要搞学术报告会，有老师给你写的评语，你的论文才可以到会上去宣读的。当时钱老、吴金华老师都写了评语，但学术报告会没有开，我也没有再想这个事情，就放在那儿。到 1983 年快放寒假的时候，我去看王政红老师。他是我大一的班主任，相处得比较好。我就告诉他说：“今年学术报告会没搞，但我还是写了一个小东西。”他说：“写的什么呀？请老师帮着看看啊。”我说：“吴老师看过了。”他说：“吴老师怎么说？”我说：“吴老师说还可以，写了一个小纸条，让我去见钱老。”他说：“对啊，你肯定要去找钱老啊。”我说：“钱老也看过了。”他说：“钱老怎么说的？”我说：“钱老也写了一个纸条，表扬了一下。”他说：“你拿过来我看看。”我就到宿舍把稿子还有两位老师的评语都拿了过来，王老师看了钱老的评语，说：“这个不错啊，非常好啊。”那时候张留芳老师在学报工作，住在王老师隔壁。王老师就喊他，说：“老张老张，小万写了一个东西，你看，吴金华老师、钱老都有评语，都表扬了。”张老师正在那炒菜呢，系着个围裙，走过来说：“我手上有油呢，你拿着给我看。”我就拿着给他看。他说：“这是很好的东西，你把它放在我这。”稿子就放在张老师那儿了，后来发表在《南京师大学报》1985 年第 1 期上。

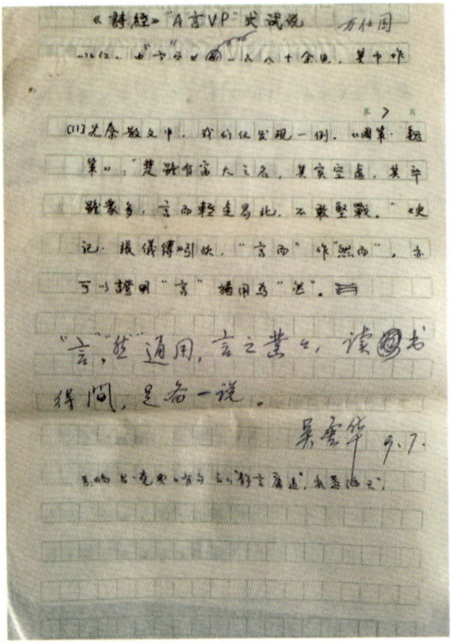
《詩經》"A言VP"式試說

[1]先秦散文中，我们仅发现一例。《國策·魏策》："楚雖有富大之名，其實空虛，其卒雖衆多，言而輕走易北，不敢堅戰。"《史記·張儀傳》引此，"言而"作"然而"，亦可以證明"言"猶用為"然"。

"言""然"通用，言之甚是，讀書得間，足备一說。

吴金华 9.7.

1983 年吴金华先生批改的《〈诗经〉“A 言 VP” 式试说》论文原稿

到做毕业论文的时候，学校指定的指导老师是张芷先生。张先生问我这个毕业论文有什么打算，我说："两个办法。偷懒一点呢，我想办法把这个《刘师培年谱》刻出来交差。不偷懒的办法呢，就是重写一篇关于刘师培的文章。"张先生说："你这个十几万字的《年谱》，谁有时间去看？你们这个论文最后是要给评语的，要凭论文拿学位的，你还是重写一篇吧。"就写了一篇《刘师培语言学思想述评》，在当时的学识上，我感觉刘师培在语言进化方面的论述还是有新意的，但写得比较简单，反正毕业论文也算过了。但是张先生希望刻印《刘师培年谱》，还是一个没有解决的麻烦事。临近毕业这一段，学业上还有一些没有做完的，自己身体也很疲惫。张先生还要求写毕业论文的时候，同学之间最好多一些互相帮助。总之，我自己确实没有精力。但是张先生希望刻印这件事，还得想办法。

在南师读书的时候，一个偶然的机会，我和仪征县地方志办公室的老师们有了联系，希望我在读书的时候，对涉及仪征的人物、事件多留心。南京图书馆有一部民国《仪征县志稿》，方志办派4位同志住在南京，花了一个多月的时间，把这本书就抄下来了。这期间，与方志办的交往更多。他们也知道我在做刘师培，非常支持。当然《仪征县志》里面，必定有收"刘师培"这个条目，不能说错了。在为难的时候，我就跟方志办的老师说：《刘师培年谱》已经有十多万字了，我的老师希望最好能刻出来，征求意见，但是我没能力。他们说："你在南京找个地方刻吧，只要经费不多，我们来想办法。"接到他们的信，去鼓楼誊印社一打听，刻印出来至少要120元。

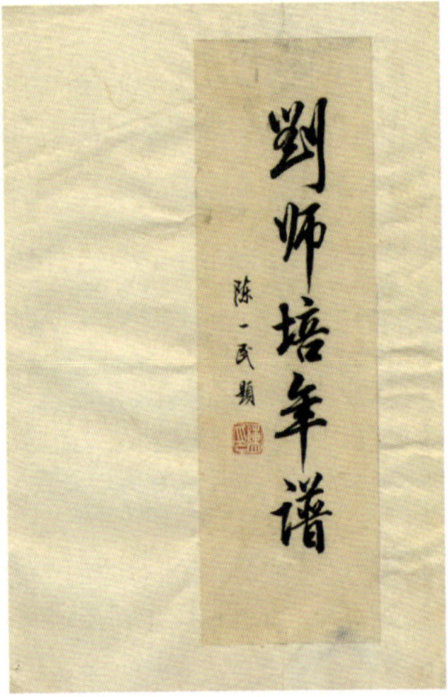

《刘师培年谱》油印本

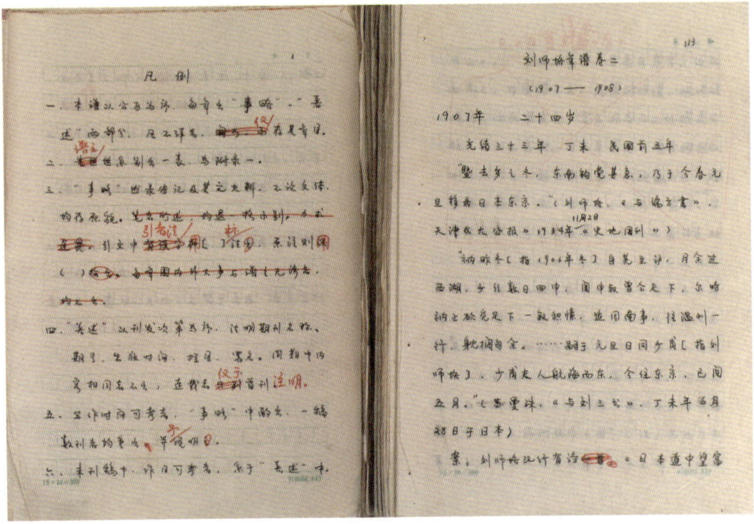

《刘师培年谱》手稿

王：那是很多的钱了。

万：我一个月的助学金和生活费，加起来才21块半，学徒工每个月只有17块钱。120块钱，相当于学徒工半年多的工资，我半年的生活费，这根本做不了。但是誊印社的人很不错，他们说：周边有一些校办厂，专门刻讲义的，他们那个价格便宜一些，刻出来的字不如我们这个好看，但便宜。那时候就想着把它刻出来，后来在南师附近找了家中学的油印室，他们找了一个学徒工来刻，字体比较差。刻印出来，总共80块钱，是方志办承担的。当时印了40本，全部搬到宿舍。当天晚上去拜访几位老师，毕业之前交作业啊。先到张先生家，送了一本；又到徐老家，送去一本。徐老一看，说："印出来啦？很好啊！印了多少？""印了40本。""多印一点啊！"我说："太贵了。"徐老说："赶紧去！去看他们那个蜡纸还在不在？没有钱告诉我啊，我有钱。我再掏一点钱，多印一点嘛。"我到油印室一问，他说蜡纸已经扔掉了，没办法了。回来告诉徐老，只有这40册。徐老讲："算了，算了。以后有什么事情，要先跟我商量。"那时候谁好意思去跟先生谈钱的事情？而且我总觉得，先生能这么关心我已经非常难得了。因为钱这个东西还找先生去谈，这是不可想象的事。但实际上徐老一直惦记着这个事情，每次再碰到的时候，他会主动问"最近有什么事吗"，特别是工作之后，还是这样问。我知道徐老怕我缺钱，再出这种事情。《年谱》油印本，当时南师图书馆古籍部送过一本，中文系资料室也送过一本。日本学者末冈宏到南师跟徐老进修的时候，曾经到仪征来找过我，就是因为在图书馆里面看到了《年谱》的油印本，由徐老介绍来的。

王：这个油印本，现在自己有保存吗？

万：我的最后一本，去年给仪征档案馆。档案馆对地方文化这一块比较重视，本地做得相对好一点的人，每人建一个档案，搜集相关的手稿、出版物、书评、资料，等等。他们常说：这些东西，放在你家不一定安全。放在我这儿，有专门的库房，有专人管理。我的许多资料就送给他们保管了，查阅也比较方便。

王：在南师的时候，还有哪些老师对您影响大？

万：回想南师求学这一段，我感觉特别幸运：所有的老师都很和气，对学生就像对自己的子女一样，关心大家的学习，关心大家的生活。1983 年南师创办古文献专业后，徐老、钱老、皇甫煃老师、吴金华老师，他们都给古文献上课。那时候虽然我自己的学业也很紧张，但是只要有时间，我都去旁听。上课的老师也很高兴有人去旁听，皇甫煃老师每次都还给我留讲义。所以，第一届古文献专业的同学，有不少我都认识，像王华宝、孙叶锋，更是成了好朋友。

说到南师的老师，还有一位赵国璋先生。赵先生当时好像是图书馆的馆长，给我们上工具书使用法，我给他做课代表，同时也是四个班级的总课代表。学完了，开卷考试。赵先生出了 200 道题目，一班做第 1—50 题，二班做第 51—100 题，三班做第 101—150 题，我们四班做最后 50 题，就是第 151—200 题。因为是总课代表，我给自己的要求是做完全部 200 道题。虽然累一点，但对我后来研究刘师培，这个作用是巨大的。有了这个底子，一般遇到问题，我知道到哪儿去找资料。不过，赵先生教我们的时候，我没敢告诉他我在做刘师培。后来，徐老跟赵先生说了。我毕业回仪征之后，赵先生考虑到我在县里边，手边没有《申叔遗书》，担心我坚持不下去。赵先生自己有一套原版《申叔遗书》，然后他就跟徐老讲，说："万仕国他要是再到您这儿来，让他来找我，我把那套《申叔遗书》让他带回去，放在他身边用。他没有资料是不行的。"1986年，我刚好到南京开会，去拜访徐老。徐老告诉我这个消息，那真是欢天喜地。记得当时带着个皮箱，装换洗衣服的，找了几张报纸，把衣服捆捆扎扎，然后拿着皮箱到赵先生家。赵先生把《申叔遗书》打好包，一件一件递给我，我再小心谨慎地装到箱子里。今天想起来，还是觉得那么神圣。赵先生的这套书放在我身边用了一年多，直到1988年末冈宏送我一套华世出版社的影印本，然后才把这套书还给赵老师。我感觉到在做刘师培研究的过程中，我欠老师的太多，而且欠得太久，有的都没办法还。

王：也算是有缘吧，和老师们有缘。

万：是的，是一种缘份，其实更是老一辈给我们的教育和示范！

二、工作经历

王：毕业以后就到仪征工作了？

万：刚回来的时候，县方志办公室缺人，之前大家接触多，他们愿意接收我到方志办工作。我自己想想，也蛮好的吧，能到方志办，除了编县志，自己多少还有机会多接触一些资料。可以公私兼顾，也许能做得好些。但是，我们仪征比较小，文科比较弱，1984 年回来的中文本科生就我一个。加上高中语文教师缺额多，学校也拼命地要人；方志办要编方言志，也缺人。

1984 年刚好也是体制改革，要求谈干部年轻化、专业化、知识化，很多有学历的人，一下子就提拔起来了，有的从普通教师就能提到一个副县长。我们教育局局长那时候也是刚换的。方志办提出要求的时候，教育局答复了："师范毕业生分配有规定的，不能调出去。"县志办的就提出来说："这个人对我们编县志有作用，我们需要用他，你们能不能让他不下乡。他如果下了乡，我们平常有什么事要找他，不方便。"那时候没有电话，方志办的主任，也是老领导了。老先生开了口嘛，这边还是给面子了，于是有了一个妥协的方案："人放在教师进修学校。教师进修学校就是假期给老师上上课，平时有整块的时间。你们县志办这边有什么事情的时候，他也能帮上忙，离得又近。”这样我回来后，分配到了教师进修学校。这些事情当时我也不知道，都是后来听说的。

当年教育局通知我 8 月 24 号报到，我也不知道分配到哪儿。一般的，新老师到 8 月 27、28 号才报到呢。报到之前，我跟我高中的老师说了一下。他说：“你怎么这时候去报到？”我说：“我也不知道。”然后就去教育局开介绍信，到教师进修学校报到。校长看了介绍信，说：“这样吧，你回去再休息两天，28 号过来吧！”当时我心想：“你催着我尽快的过来，现在怎么又让回去了呢？”上班以后才知道，原来准备让我接《现代汉语》这门课，当时在苏州有一个全省《现代汉语》教师备课班，是 25 号报到。后来又要开《古代汉语》，就让我接《古代汉语》，《现代汉语》就让另一个老师接，就不需要我到苏州去报到了，但是既然已经通知报到了，那就先报到吧。工作之后还有人误解，说我找了很多人出来做工作，所以没有下乡，没有到中学。我一个农家子弟，能认识谁啊，能找谁啊？但是在教师进修学校工作这段时间，确实对我后来做研究有非常大的帮助。

王：是有整块的时间？

万：一个是有整块的时间，第二个是我能够自由地出去。比如说跑上海图书馆，到南京图书馆去查资料，校长是很支持的，只要是你去做学问，回来都给你报销。

王：那还是不错的。

万：那是非常不错的！那时候像到南图，住在五台山体育馆底下的防空洞里，五毛钱一晚。但是回来给学校一讲，学校还是给报销了，这是很难得的。

王：那是，那是！其实在那个阶段，第一能出去，第二是不管是花多少钱，还都给你报掉，这已经是很优厚的待遇了。

万：对。这一路上，总体来说我还是很顺的，而且遇到的人都是支持我，关心我的。

王：那后来又怎么走到行政工作上来的？

万：在教师进修学校，大学里学过的课，我基本上都教过了，包括逻辑学。我们学逻辑学的时候，好像是黄浩森老师，他给我们讲的时候也讲得很简单，就是形式逻辑这几条，但是我们下来教的时候就非常难了。好在年龄轻，边学边干。在教师这个岗位上，应该说我工作上是比较努力的。跟大家在一起的时候，口碑也比较好。他们都知道，小万是认真教书，而且还能做点学问，多少也发了点文章。

在教师进修学校期间，每年学期中间，教育局都要组织人员，对各学校老师的业务、学校管理进行指导督查。教育局没有那么多人，教师进修学校老师的时间相对宽裕一点，所以我们经常被抽过去，和他们一起去做督导，也要对学校的教学、管理体系提些看法。我也敢于说话，不论对与不对，总要一吐为快。这样呢，在教育局那边也有一个不错的印象。还有，教师进修学校每年也有一些上级的检查、考核之类的事，学校总需要写个报告、总结什么的，需要有人做。社会上的认识就是，你学中文的，肯定能写文章。校长也认为我是学中文的，年龄最轻，就让我写。这种事情做多了，大家认为，公文这一块，我还能应付。这期间，我帮方志办完成了《仪征市志》的《方言编》，算是对他们长期关心我的一个回报。

到1989年秋天的时候，教育局人事调整，教育局办公室主任兼秘书调到我高中母校去当校长，教育局就没人写材料了，局长就在系统内物色人。1984年教育局周局长刚上任的时候，单身一人，就住在我们学校招待所里，我们也刚刚分配，吃饭的时候大家都在一个食堂，他也认识我们。后来，有人给他推荐我，他问我们校长："小万怎么样？"校长说得比较实在："小万不错。他每天晚上灯都点在那儿，天天晚上看书。"

到了10月份，教育局跟学校说得差不多了。有一天晚上，校长到我家里面来，说："小万，跟你说个事。周局长老是在问你，他说局里面现在缺一个秘书。我听他那个意思，好像想让你过去。你去不去？"我当时还傻乎乎地问："我去了之后，学校的总结谁给你搞？"他说："这不关你的事。我跟你讲，不要傻，应该去。到那里之后，你接触的面就不一样了。你不能整天就知道写你的论文。"我说："我过去能不能搞得起来，心里没底。""哎啊，你能搞得起来，我心里有数的。我支持你过去。"谈过两天吧，教育局的调令就过来了，实际上当时局长已经和他说好了，把我调到教育局，挂教研室教研员，具体工作就是办公室文字秘书，白天就要陪着局长去调研。周局长特别能吃苦，我陪了他两年的时间，全县的三百多所学校跑了两百多所。

王：那还真是不得了。

万：那时候，白天逐个逐个地去跑初中、村小，晚上回来还要准备单位里面的讲话、汇报之类的，应该说比较辛苦。那两年，只要晚上有点时间，就把《刘申叔遗书》翻出来看看，舍不得丢掉啊。那时候累到什么程度呢？那时候有小孩嘛，儿子小，我爱人在医院当护士，晚上要值班，身边也没有老人，只能我自己带孩子。孩子晚上要闹着，怎么办？把办公桌放在床边上，让孩子在床上玩，自己做事情。他玩累了，也希望你多陪陪他，但是我要把报告稿赶出来，真的兼顾不过来。有一天晚上，就给他一根冰棒拿着吃吧。他在那儿吃，不闹了，我也就不管他了。好了，等我想起来的时候，一看小孩，那小棒子还抓在手里，冰棒化在草席上面，孩子睡着了。我这边刚忙结束，那边就要刷草席。草席刷好了，我爱人也到家了。她问："怎么回事，床上又搞成这样？"那两年是最苦的。

到了1991年下半年，有一天，财政局的副局长也姓周，是我高中同学，打电话给我，说要找教育局的周局长。他说："你给我看一下他在不在。"我说："他在的。"我打开局长办公室的门，里面没有人，知道人在楼下，就告诉周局长说："财政局周局长找你。"局长倒回了个电话，然后跟我说："小万，你跟我一起到财政局去。他们说要谈一件事情。"我也不知道他们要谈些什么，就去了。到了财政局，见到小周局长，同学嘛，大家打了个招呼。我那位同学说："没事，你进来坐。"我也不管他，在小周局长的办公室边看报纸边等，他们到会议室去了。大概半个小时吧，他们出来了，周局长说："走，回去吧！"我那位同学小周局长说："跟周局长谈好了，你们回去吧！"我跟周局长上了车，局长有些不高兴，说："小万，你给我安心工作！"我问怎么回事，他说："你有没有跟小周局长说想出来的事情？"我说："没有啊！我跟他好长时间没见面了，天天陪着您跑的。”他说：“哦，那是我冤枉你了。他刚才给我说，让你到财政局来。财政局没秘书，没人写材料，每年人代会预决算报告都要小周局长自己去写，他们要你。我跟你讲，在教育局干得好好的，你到那儿去干什么？财政局那么好干啊？财政局的业务你根本不懂！”我说：“我没想过这个事，真没想过要去财政局，而且小周局长从来也没有跟我说过。”这一段我以为就过去了。到了1992年六一前夕，教育局周局长查出了癌症，在南京住院动手术，教育局班子临时作调整，新进了两个副局长。财政局还盯着这件事，等新来主持工作的副局长一到岗，他们找新的局长谈。这个时候教育系统的风声已经很大了，大家都知道财政局在要我，而且认为，财政局要的人，不可能不给。每年教育上的经费都要靠财政局支持呢。

王：对！

万：周局长出院之后，有一天跟我说：“小万，算了，还是让你去吧。第一，财政局是真心要你，这么长时间也一直没停。第二，不能因为我们，影响你今后的发展。多懂一些财政知识，对你今后成长有好处。第三，你到财政局去，我下次到财政局，至少有人给我端杯茶。你到那边去要多关心教育，尽到心就行了。”到1992年年底，两家说好了，我调到了财政局。后来传闻，为了调我，财政局帮教育局向上面争取了10万块钱。我也没有去考证过。如果真是如此，那时候我就已经值10万块钱了。

王：那在财政局干的时间长吗？

万：在财政局工作了6年半。

王：那是比较长的。

万：算是比较长的一站。1992 年年底去财政局报到，工作上手后，还真有些吃不消，毕竟没干过，不知道到底是怎么回事。离开教育局之前，就跟教育局的财务科长说："那个资金平衡表，你找一个给我看看吧。"他说："资金平衡表没什么看头，两边数字都一样。"我说："你给我看一下，我知道这是什么东西。"他找了一个旧的资金平衡表给我，我根本看不出什么门道。到财政局之后，你必须学基础的业务。1993 年年初开始，我开始全力学会计这一块，因为会计业务是财政业务里面最基础的东西，当时看《会计学原理》，是一本专业教材，跟数学课本有点像，前面讲的是内容，后面有习题，让你练习。尽管是做账务，题目是假的，比如张三支出多少、李四支出多少，然后你记哪个科目，怎么从账目做成报表，从报表再做成财务分析。我花了一年的时间，把那本《会计学原理》从头看到尾，把里面每一道题目都做过来，请那些专业出身的同事看，有没有差错，真的花了不少时间。

到了 1994 年，整个会计制度体系改革，记账的原理和方法跟原来的不一样了，再加上税制改革，所有的业务都要重新进行全面培训。原来本专业的人和我们非专业的人，大家站到了同一个起点上，只不过他们有一点基础，我没有基础。但是就业务来讲，新会计体系对他们来讲也是新业务，对我这个一穷二白的人来讲更是新业务，大家站在同一个起跑线上。那时候培训的机会多，大概花了两年的时间，其他事情都做不了，专门学财税知识。两年时间，财税方面大的业务基本上熟悉了。到 1995 年的时候，可以不需要找别人来帮忙，我一个人就可以把财政预决算报告写下来，然后请业务科室填数字，这时候工作就比较轻松了。当然，整个财政局的文字，除了科室的业务分析，其他的都压给办公室，也就是压给我一个人。科室的同事对办公室依赖也比较多，有时候私下里找我帮帮忙。那时候年轻，也不怕多做点事。所以，大家相处得比较好，同事关系也比较融洽，一直干到 1999 年 6 月份，离开财政局。

1999 年离开财政局，纯属是意外。从 1997 年开始，我在做好自己本职工作的同时，已经有时间做刘师培研究了，那一段也确实跑图书馆比较多。当时只要我把自己的工作做完了，跟局长请个假，就可以到图书馆去看书，局长也是很开明的。出去住宿啊，查资料啊，差旅费报销也是很宽容的，只要符合财务规定，还可以给你生活补贴。所以，这一段时间，在刘师培研究方面取得了一些进展。

1999 年，中央开始谈这个干部人事制度改革。那时候我们市里面拿出市委政策研究室、教育局副局长等五个岗位，面向社会，公开招聘。那时我也三十好几了，当官这个事情，自己已经没有什么愿望了，总觉得在财政局过得很滋润。第一，工作这块我不需要太费心，把正常的工作做掉，行有余力；第二，同事关系比较好，工作、生活、家庭有什么困难，大家都肯帮忙；第三，领导也开明，我有时间到图书馆，每年都能抽出一些时间做自己想做的事情。但是公开招聘的事情出来之后，各个单位必须要推荐报考，市里开了动员会，也提了要求。开动员会发招聘通告的时候，我刚好陪副局长，带财政所长到山东考察。回来的那天，局长跟门卫交代，说："万主任回来的时候，让他找我一下。"因为我们回来得比较晚，晚上打电话似乎不太方便，干脆第二天早晨上班再说吧。第二天早上我刚到办公室，局长就过来说："你回来啦？我叫门卫跟你说，让你找我的呢？”我说：“我们回来晚了，觉得打电话给您不太好，估计不会是太急的事情。”“急倒是不急”，他说，“但也是一个大的事情。”他讲了市里招聘的事，说局里准备推荐我参加，问我：“你看有哪个岗位适合？”我说：“局长，我如果不参加呢？”他说：“不参加不好。第一，今年是刚开始，现在这个办法是今后用人的方向，很多人都要从这一条线上去走。第二，组织推荐你去考，即使考不取，你还要干你的工作，没有损失啊。”

我那时候觉得，如果当上了副局长，就不一定有时间去做刘师培。我刚刚把它重新捡起来，正在忙着《年谱》出版的事。《年谱》已经在江苏古籍出版社排队排了一段时间了，而且徐老已经提出来为我写序，打算在徐老 90 大寿之前能把书出出来，也算是给徐老最合适的一份寿礼。另外，徐老过生日，肯定有学术活动，赶上这个机会，可以多向专家学者请教。所以，我确实不想参加什么招聘。

但是许多朋友鼓动我参加，特别是原来财政局的小周局长跟我讲：“你肯定要参加。不参加，你丢不起这个人！人家都说，你在仪征也算是个笔杆子，在外面有名声。你说你现在不参加考，你算什么？别人会说你是假的，都是朋友帮着吹的。你看，真刀真枪的他不敢上吧。”他这个说法，确实也是我当时的思想顾虑之一，所以比较容易打动我。在秘书圈子里面，我可不是靠谁捧出来的，那是要真刀真枪干的。说穿了，就是考一次试，哪有那么复杂？考就考吧！我问他岗位怎么选，我说：“教育局我不想回去，太累了。”其实我的想法是：教育局头绪多，如果真录取了，刘师培这事肯定干不成了。他说：“要不你就报考市委政策研究室。政策研究室是关键岗位，需要懂经济的人。在财政上这几年，经济方面应该大致搞得清楚的，这个比较合适。”市委研究室不在政府序列，和我们平常没什么工作接触，对这个岗位没有什么概念。这时候已经是报名的最后半天了，我想想还是去报了，报的是市委政策研究室副主任。

报过名，然后考试，最后是面试。那时候的面试，和后来的面试不一样。我们面试的时候，一个圆形会议桌，对面一排七八个考官，考生坐在靠门的位置。电视台全程录像，架三台录像机，一台录像机对着考生，一台录像机对着考官，还有一台录像机是游动的。里面是三盏大灯，一盏打在评委那边，两盏灯打到考生这边。我是第一次经受这种架势，什么感觉呢？我后来跟公安上的朋友开过玩笑，我说：我理解了公安找人谈话为什么要开灯。那玩意儿强灯光照着，你坐在那儿，就如坐针毡。你精力无法集中，老是想去看那个灯，因为它光线刺眼啊。

到我面试的时候，刚好市委书记下乡调研回来，他也进来了，就坐在评委的边上。市委书记我是认识的，其他评委很多是外请的，不太认识。本来就有些小紧张，看见书记坐在那儿，就更紧张。不过还好，进场大概一分钟，我想，反正书记已经进来了，想听就让他去听吧。面试是五道问答题，包括对经济形势的看法，对地方工作的认识，跟研究室的工作靠得比较紧。考官问完了，书记开口发问了。按理说，书记进来听是可以的，但不好提问。他问：“你年龄不大，工作经历还挺复杂的。那你说说，当初是怎么从教育局到财政局的？”他这个问题很敏感。当初是财政局小周局长调我的，大家都知道这个事儿。而且也知道，我跟小周局长是高中同学，私交好。书记问这个话，实质上是在问你当初从教育局到财政局是不是走后门的，我当时就脑子一激灵：他挖了一个坑，不能跟他正面谈。我停了一下，也给他绕个弯子，说："从教育局到财政局这个事情，你问我，我说不太清楚。我当老师的时候，自认为课教得还不错，我也很爱我的学生，工作也很努力。让我到教育局工作，我不知道怎么回事儿。我到教育局之后，也是努力工作的。1992 年到财政局，是教育局给我一个调令，叫我到组织部去换了一个介绍信，然后到财政局报到的。具体是什么过程，这个我也不太清楚，但是有人清楚，就是现在的市委常委、宣传部部长余如进清楚。余部长那时候是教育局的副局长，开介绍信是他让开的。"我把皮球扔了回去：你去问你的班子成员，别问我。面试就这样结束了，接下来就是公示什么的，一路过关，也算比较顺利。后来，面试这一段还是传出来了，因为毕竟评委里面有我们本地的，而且有新闻单位的记者。到市委政策研究工作之后，书记还跟我开玩笑说："小万，你小皮球踢得不错啊！我的皮球你也敢踢来给我。"我只能说："书记，你那么大领导，管那些具体的小事情，叫我们这些做下属的怎么过日子啊！"

王：您到政策研究室工作的时间也不短？

万：在政策研究室是 1999 年 6 月份，一直干到 2007 年底，也是七八年的时间。研究室这一段呢，应该说一开始压力还是比较大，有一段时间自己感到后悔。尽管也算是领导岗位，在书记身边工作，很多人觉得光鲜，但事务性工作非常多。书记出去调研，研究室肯定要去的，对全市工作的想法、看法，书记是要问的，研究室必须要说话，平常要有所思考。当时刚好处于经济转型发展最快的一段，也是文字工作量最大的一段。人手比较少，研究室主任、副主任加科长、副科长4个人，办公室文字人员三四个人，遇到大型会议、活动，大家都要一起上。工作上的事情就已经让你累得没办法招架了，基本上没有时间做自己的事。

那时候，我还是不甘心，徐老的90岁生日很快就要到了，《刘师培年谱》还没有出版，总想着要尽快印出来。江苏古籍出版社已经明确他们不出了，又转过来请王政红老师跟南师大出版社谈。南师大把稿子接下来了，编辑已经看了一部分，但是过选题的时候被否决了。王政红老师虽然作了很大的努力，但是选题的事不是个人能做主的，要经过大家投票，最后还是没有成功。原因很简单：出《刘师培年谱》肯定要赔钱，当时所有的年谱是出一本赔一本。让南师大出版社为一个无名作者出赔钱的书，没有可能。书稿退回来之后，我在江苏古籍出版社遇到王华宝，华宝说："老万，你这个书不要转了，广陵书社成立了，孙叶锋在那边。广陵书社现在缺稿子，你在他们那边出吧。"我想也是一个办法，就到广陵书社找孙叶锋。孙叶锋说："师兄的事情是个大事情。"不过他们也担心赔钱，一时定不下来。我们市里一位副市长知道这个情况，很关心，劝我说："把它出出来吧。"我说："出版社那边可能要给一点赞助。"她说："你问问看，他们大概要多少钱。"最后还是这位副市长帮助解决了一些经费，2003年《刘师培年谱》才得以面世。

《年谱》出版以后，我的整个精力全部放到工作上了。只有休息日的时候，自己能够静下来看一点书。有时候到南京参加会议或者培训，提前半天去，返程的时候再推迟半天，挤时间跑图书馆。凡是自己需要的东西，可以复印的，可以拍照的，不惜代价。做《年谱》的时候，我把刘师培著作系统地过了一遍，发现了一些《刘申叔遗书》失收的内容，也顺带着做了一些资料的积累。需要抄的，记下了期刊名称、收藏单位、索书号等基本信息，为后来的工作留下了线索。

三、《刘师培年谱》《刘申叔遗书补遗》

王：《刘师培年谱》出版也好多年了，您自己觉得这个年谱在刘师培研究上，有哪些推进？

万：就《刘师培年谱》而言，可以说，这是第一部理清楚了刘师培一生脉络的资料书。特别是对他一生中的重要时间节点，我还是比较自信的。包括他早期的政治倾向，赴日本的时间，在日本期间和章太炎他们搞"倒孙"运动，以及他后来投靠端方，参加"筹安会"，这些大事情的脉络，到目前为止，没有其他的材料可以推翻《年谱》的结论。第二，在《年谱》的编排方式上，我把它分成"事略"和"著述"两大部分，把跟刘师培相关的大事以及刘师培的行踪、交游，他的一些学术活动，都放在"事略"里面；"著述"部分，把他所有的著作，包括单篇和重复发表的文章，在哪个报刊上，是什么栏目，用的什么署名，逐一地整理出来，为大家全面了解刘师培的著作，特别是了解《申叔遗书》之外的著作，提供了一个明确的线索。尽管有一部分当时没有发现，但这个量不是很大，后来做《补遗》的时候基本上都收了。第三，对于刘师培生平中的一些重大事件，保留了不同的说法，但同时

刘师培像

刘师培等八人合影

也明确了我的个人倾向。

比如，许多著作根据蔡元培《刘君申叔事略》的说法，认为刘师培1903年会试落第后，"归途滞上海"，把刘师培到上海的时间确定为1903年夏；朱维铮先生说刘师培是1903年初到上海，冯自由说刘师培是甲辰（1904）秋冬间到上海。但是，我坚持认为，刘师培到上海的时间是1903年秋。因为刘师培1903年3月赴汴京参加会试前，在《苏报》上发表《留别扬州人士书》；5月落第后，回程途中有《一萼红·徐州怀古》《扫花游·宿迁道中见杏花》词作，也表达的是落第后的迷惘；回家后，在扬州有《泛舟小金山》诗，游南京有《癸卯夏游金陵》《莫愁湖》诗，而且《艺风老人日记》癸卯（1903）四月二十五日有刘师培拜访的记载；返回扬州后，又有《端阳日，偕地山、泽山、谷人泛湖，言念旧游，怆然有作》诗，都说明刘师培1903年初夏的时候，仍然在扬州、南京周边活动。至于“归途滞上海”，刘师培由开封返回，走的无论是陆路还是水路，都不可能先到上海，这个地理方位不对。实际上，刘师培这个时候还是一个“教育救国”论者，他回到扬州后，创设师范学会，筹办协助扬州乡人出洋留学社，两个《章程》都发表在6、7月份的《苏报》上，证明他当时还没有到上海。

还有，关于刘师培到上海的原因，冯自由说他是“家贫不能自给”而到上海谋教职，章士钊说他是避政嫌，都是捕风捉影之谈，忽略了刘师培在相关报刊发表的政见，矮化了刘师培。关于1908年章太炎与刘师培关系破裂的问题，由于太炎字枚叔，师培字申叔，我们通常称之为“二叔反目”，这个原因究竟是什么？现在不少人还在相信冯自由的说法，说刘师培夫人何震与汪公权有暧昧关系，被章太炎撞破了，于是告诉刘师培，没想到刘师培迁怒章太炎。其实大家都忽视了一些重要的东西。首先，何震是最早一批宣传男女平等的女性，也是最早一批共产主义理论的研究和传播者。在当时的社会背景下，讲女性参政又讲共产主义，何震是第一人。凡是看过冯自由《革命逸史》全本的，都应当注意到冯自由到30年代的时候，仍然宣传共产党就是“共产共妻”。所以“红颜祸水”论与“共产共妻”论相结合，在冯自由的笔下，何震的形象不可能好。其次，章太炎给孙诒让写信，让孙诒让以父执的身份调和章太炎与刘师培的关系，其中说到他们是因为学术问题的意气之争，应当是可信的。第三，这一段时间，“二叔”的政治目标、论学倾向也出现了问题。比如，刘师培努力普及世界语，章太炎在《国粹学报》上发文章《驳中国用万国新语说》；刘师培宣传无政府主义，提倡暴动和暗杀，并且与吴稚晖等人的

《新世纪》关系火热，而吴稚晖是章太炎的宿敌，章太炎的兴趣转向了佛学，等等。这些思想观念上的差别，才是“二叔反目”的根本原因。再则当时章太炎与刘师培夫妇合住在一起，章太炎生活上不据小节，有时半夜指灯叫骂，对刘师培正常的家庭生活造成影响，也是一个方面。加上，这两位都是有个性的书生，都喜欢意气用事，所以最终闹得不可收拾。

要说到刘师培夫妇的感情，只要想一下，辛亥革命爆发后，刘师培一度失联。何震由阎锡山、南桂馨资助，千里入蜀寻夫，这是一般女子能够做到的吗？如果他们夫妻关系不好，为什么刘师培死后，何震会精神失常？这些都是最基本的事实。可惜现在好新猎奇的人多，没有人静下心来想一想。

当然，《年谱》里面也有一些小遗憾。比如，《年谱》里面对刘师培的学术评价牵涉的比较少。因为当时考虑到年谱的体例，它毕竟跟评传不一样，我不想把它做成介于评传和正规年谱之间的一个东西，所以回避了这一块。当然，另一个原因是我自己在那个阶段，我还不能完全有信心来评价刘师培的学术，有这样一个顾虑吧。

王：后来您又做了《刘申叔遗书补遗》，当时做《补遗》是出于什么样的考虑？您这个《补遗》对于研究刘师培，它能够起到一个什么样的作用？这个书有什么特点呢？

万：《刘申叔遗书补遗》可以说是《刘师培年谱》的“副产品”。当时做《年谱》“著述”部分的时候，已经发现不少《刘申叔遗书》失收的文章。总体上说，钱玄同他们在那样一个动荡时代和学术环境下，能够编成《刘申叔遗书》这么一个大体量的东西，该收的东西已经收得不少了。有些内容，钱玄同当时也看到了，出于他们的考虑，认为学术意义不大，没有收，比如《国文典问答》。当然，也有些东西，他们当时没有找到，所以也失收了。就我个人所见到的刘师培的著作而言，我觉得，这些失收的东西里面，不少还是有价值的。要了解刘师培，最好是了解他的全貌，包括细节。《年谱》做完之后，我和广陵书社曾学文、孙叶锋有过一些交流。当时他们两位都提出来能不能把《刘师培全集》搞起来，我感觉到这个事情确实需要去做，但是《年谱》出版时就遇到了经费问题，所以要做《刘师培全集》，我感觉到困难比较大。

第一，《刘申叔遗书》必须要整理，这是回避不了的。但是《刘申叔遗书》影印本对《刘师培全集》的销路会有明显的影响。《申叔遗书》台湾有华世出版社的影印本，还有其他的影印本；大陆有中央党校和凤凰的影印本，这两个本子，特别是凤凰的本子卖得很快。等我们把《刘申叔遗书》整理出来之后，再加上“补遗”的部分，那时间跨度肯定很长，那么《刘申叔遗书》影印本销了这么多之后，你做的《刘师培全集》销量上肯定会有问题，因为当时也没有把握去拿这个国家的项目。我跟孙叶锋他们讲，与其遥遥无期地做《刘师培全集》，不如先做《遗书补遗》。中央党校和凤凰的影印本实际上已经为《补遗》打开了销路，因为一个人肯掏钱去买《刘申叔遗书》，那么至少有一半人会买《遗书补遗》。

第二，我自己已经积累了不少资料，还有一部分已经有明确的资料线索，只是那些不让复印、拍照的，需要花时间去抄。《补遗》的体量不是非常大，时间不会拖得很长，做起来也不会非常困难。

至于《补遗》该怎么做，我当时也有一些考虑。

第一，钱玄同认为不太重要的东西，我觉得是应该补进来。比如说《国文典问答》，钱玄同他们把那个附录《中国文字流弊论》收到《申叔遗书》里边了，而他认为前面的《国文典问答》内容上有差错，而且是普及性的东西，没有学术价值。我感觉到，从严格的学术意义来说，这本书算不上刘师培很重要的学术著作，但是从语法史研究角度来说，从这部书里面我们可以看到，在《马氏文通》与现代语法体系之间的过渡时期，人们对词类的认识、对词性的分析，它处于一种什么状态。这本书尽管是为小学生编的，不少内容是共性的东西，但也有他自己的独到看法，特别是在形容词的分类上，刘师培有自己的想法。从语法史研究的角度来讲，还是有价值的。

第二，钱玄同他们当时没有找到的书，现在有些已经找到了，也要补进去。比如刘师培著有《逸周书补释》上册，钱玄同他们从《国粹学报》的广告里边知道有过这部书，但是没找到，所以他在《申叔遗书》的前言里边认为这部书可能已经没有了，但是后来我在南京图书馆找到了这本书，这本书还在。这一点很明确，钱玄同他们是想收的，但是因为没找到，所以没有收进去。还有《左盦文内篇》，钱玄同他们当时很困惑，但这个书的校样本也在南京图书馆。这些都是很重要的内容，应当补。

第三，关于白话文章。钱玄同知道刘师培办过《中国白话报》，但《刘申叔遗书》里没有收白话文，钱玄同在序言中没有说明，是因为没有找到《中国白话报》才没有收，还是因为这是白话写的，他不愿意去收？从《刘申叔遗书》所收的文章来看，凡是白话文的东西都没有涉及。《中国白话报》里面有一些文章同时有文言的文章，比如说，《教育普及议》在《刘申叔遗书》的《左盦外集》里面有，但是他另外有一个白话文版的，叫《讲教育普及的法子》，内容大致相同，《刘申叔遗书》就没有收。像这些文章，我觉得还是收起来比较好。从政治思想角度看，透过《中国白话报》的这些文章，我们可以更好地理解刘师培对宣传启发下层社会特别是农民革命意识的一贯重视；从研究白话史的角度来说，这也是非常重要的史料东西。我们现在都知道“白话文运动”，那是后边的事情。实际上，早期的白话在“白话文运动”“新文化运动”之前，曾经有一段很风光的时间，很多地方都有白话报，比如《安徽俗话报》《杭州白话报》，而以《中国白话报》的影响非常大，值得去关注。

第四，“筹安会”期间的文章需要补收。刘师培在“筹安会”期间究竟写了什么、说了什么，从《申叔遗书》里看不出来，《筹安会“六君子”传》里面谈了一点，也语焉不详。比如说，我们都知道刘师培有《告旧中国同盟会诸同志书》和《国情论》，这两篇文章在哪？它写了什么？很多人没见过，现在我从报刊里面找到了。尽管他是为“筹安会”活动写的一些东西，从内容上是不对的，或者说是不好的，但是这毕竟是历史上已经发生过的，不能大家随口说有这么个东西，谁都没看过，然后我们就根据这个标题来认定它可能是什么。这不是科学的态度，所以我觉得有必要把这些资料也汇集起来。

第五，刘师培在北大期间的讲义。北大那个毕业纪念册和《北京大学日刊》里面都提到了刘师培在北大开过的一些课，说刘师培1917—1918学年担任中国文学、中国古代文学史的课程，指导的课程有“中国文学”“中国古代文学史”。那么他教中国古代文学史时，编了《中国中古文学史讲义》，是公认的一本很有学术价值的讲义。蔡元培说，刘师培当时不能高声讲课，但是所编的讲义原原本本，很受学生的欢迎，就仅仅指《中国中古文学史讲义》吗？有没有其他东西？他既然给一二年级的学生讲过中国文学，所谓的“中国文学”与“中国文学史”是什么关系？我在上海图书馆发现了《中国文学讲义概略》，是刘师培给北大一二年级编的讲义，是《中国中古文学史讲义》之外的另外一部讲义，内容上从上古开始，到两汉结束，跟《中国中古文学史讲义》在时代上是衔接的，应该把它整理出来，使大家更全面、更完整地了解刘师培的文学史研究成果。所有这些资料，对于研究刘师培的文学观、思想演变，以及对他学术方法的研究，还是很有帮助的。特别是像《逸周书补释》和《中国文学讲义概略》这两部书，直到现在，还没有引起刘师培经学、文学研究者的足够重视。

王：在《刘申叔遗书》之外，《刘申叔遗书补遗》又收了刘师培的多少种著作？

万：《补遗》总共收录的诗文著作 600 多篇，其中正编 540 多篇，附录与存疑近 70 篇。著作部分有《国文典问答》《逸周书补释》《左盦文内篇》，还有他的几个乡土教材，加上《中国文学讲义概略》，还有罗常培他们的《汉魏六朝专家文研究》笔记，大概著作涉及七八个吧。

王：文章多一点？

万：对，单篇文章多一点。主要是白话的文章，还有就是刘师培在《天义》《衡报》上的一些文章，主要是宣传无政府主义和共产主义思想的。钱玄同编《刘申叔遗书》的时候，没有见到这两个报刊的完整版，他只是根据自己剪报留存的一点东西来编的，可以想象，那时的资料条件也很困难。另外还有一些刘师培的早期文章、诗作，还有零星的信札。

《遗书补遗》出版之后，蒋寅先生写过一个书评，给了积极的评价。我自己还是有些小遗憾。我在《凡例》里面交待：全书分为“正编”“附录”和“存疑”三编，正编按年为序，无确切写作时间可考的，以“时间未详”为题，附在“正编”之后。等到样书出来了，《扬子桥》那首诗的目录前面，应该有一个“作年不详”的标题，结果漏排了，造成“凡例”与内容的不一致。

王：那是属于校对方面的。

万：另外，《早期文十一篇》，是刘师培1902年写的，我在《题解》里面写得很清楚，但成书的时候错成了1901年。前段时间，还有老师专门发邮件来询问这个事情。书已经印成了，没办法改了。

《刘申叔遗书补遗》这个项目做成了，我自己心里面比较开心。第一，证明全面呈现刘师培著述面貌的这个想法，学术界是支持的，所以进入了江苏省“十一五”重点图书出版规划项目，也列入了国家古籍整理出版“十一五”重点规划项目。第二，做成之后，对推动刘师培研究还是有些作用的。目前大陆、台湾学者引用的数量逐年增加，大家都在用，这是好事。

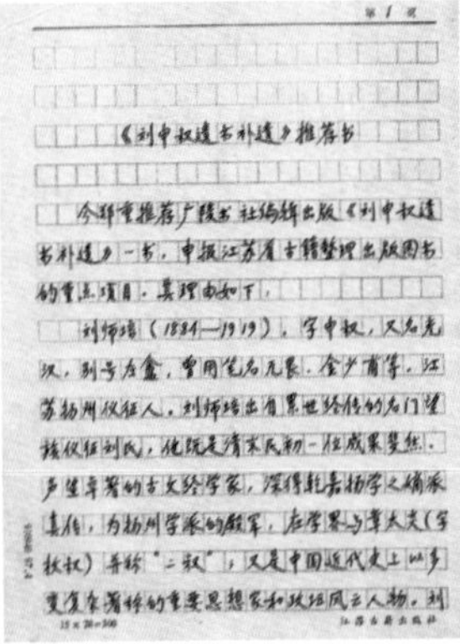

第1页

《刘申叔遗书补遗》推荐书

今郑重推荐广陵书社编辑出版《刘申叔遗书补遗》一书，申报江苏省古籍整理出版图书的重点项目。其理由如下：

刘师培（1884—1919），字申叔，又名光汉，别号左盦，曾用笔名无畏。[illegible]，江苏扬州仪征人。刘师培出自累世经传的名门望族仪征刘氏，他既是清末民初一位成果斐然、声望卓著的古文经学家，深得乾嘉扬学之嫡派真传，为扬州学派的殿军，在学界与章太炎（字枚叔）并称"二叔"；又是中国近代史上以多变复杂著称的重要思想家和政治风云人物。刘

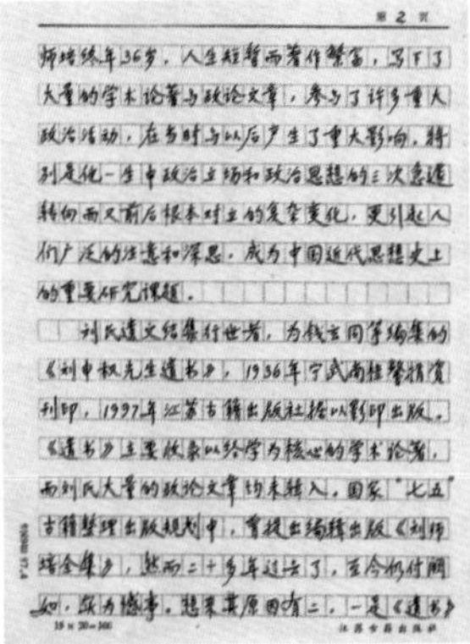

第2页

师培终年36岁，人生短暂而著作繁富，写下了大量的学术论著与政论文章，参与了许多重大政治活动，在当时与以后产生了重大影响。特别是他一生中政治立场和政治思想的三次急遽转向而又前后根本对立的复杂变化，更引起人们广泛的注意和深思，成为中国近代思想史上的重要研究课题。

刘氏遗文结集行世者，为钱玄同等编集的《刘申叔先生遗书》，1936年宁武南桂馨精资刊印，1997年江苏古籍出版社据以影印出版。《遗书》主要收录以经学为核心的学术论著，而刘氏大量的政论文章均未辑入。国家"七五"古籍整理出版规划中，曾提出编辑出版《刘师培全集》，然而二十多年过去了，至今仍付阙如，殊为憾事。想来其原因有二，一是《遗书》

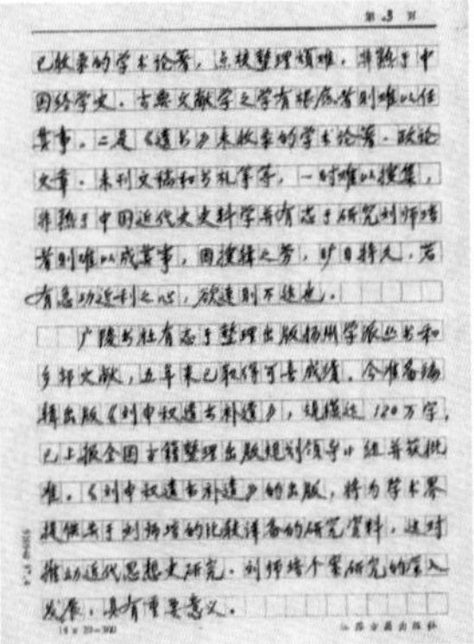

第3页

已收录的学术论著，点校整理颇难，非熟于中国经学史、古典文献学之学有根底者则难以任其事。二是《遗书》未收录的学术论著、政论文章、未刊文稿和书札等等，一时难以搜集，非熟于中国近代史史料学并有志于研究刘师培者则难以成其事，因搜辑之劳，旷日持久，若有急功近利之心，欲速则不达也。

广陵书社有志于整理出版扬州学派丛书和乡邦文献，近年来已取得可喜成绩。今准备编辑出版《刘申叔遗书补遗》，规模达120万字，已上报全国古籍整理出版规划领导小组并获批准。《刘申叔遗书补遗》的出版，将为学术界提供关于刘师培的比较详备的研究资料，这对推动近代思想史研究、刘师培个案研究的深入发展，具有重要意义。

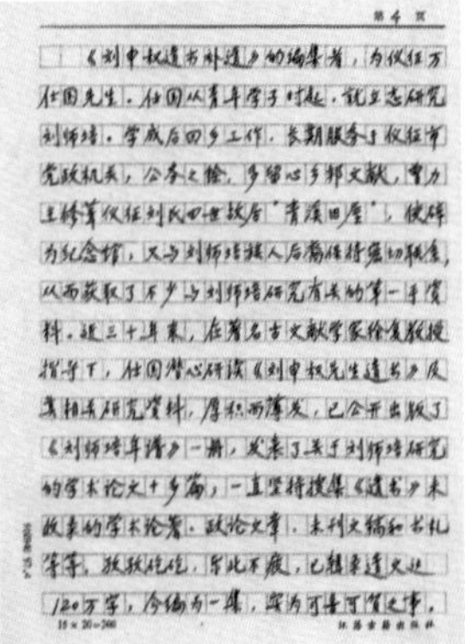

第4页

《刘申叔遗书补遗》的编集者，为仪征万仕国先生。仕国从青年学子时起，就立志研究刘师培。学成后回乡工作，长期服务于仪征市党政机关，公务之余，多留心乡邦文献，曾力主修葺仪征刘氏四世故居"青溪旧屋"，使辟为纪念馆，又与刘师培族人后裔保持密切联系，从而获取了不少与刘师培研究有关的第一手资料。近三十年来，在著名古文献学家徐复教授指导下，仕国潜心研读《刘申叔先生遗书》及其相关研究资料，厚积而薄发，已公开出版了《刘师培年谱》一册，发表了关于刘师培研究的学术论文十多篇，一直坚持搜集《遗书》未收录的学术论著、政论文章、未刊文稿和书札等等，孜孜矻矻，乐此不疲，已辑录遗文达120万字，今编为一集，实为可喜可贺之事。

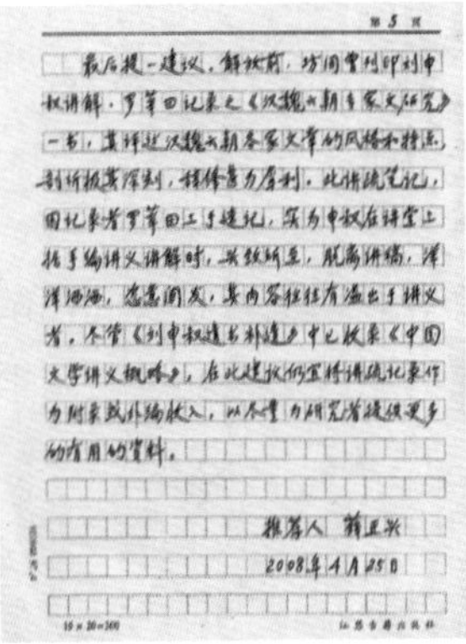

第5页

最后提一建议。解放前，坊间曾刊印刘申叔讲解、罗常培记录之《汉魏六朝专家文研究》一书，其评述汉魏六朝各家文章的风格和特点，剖析极其深刻，精辟尤为[illegible]。此讲疏笔记，因记录者罗常培之手追记，实为申叔在讲堂上据手编讲义讲解时，兴致所至，脱离讲稿，洋洋洒洒，悉意阐发，其内容往往有溢出于讲义者。[illegible]《刘申叔遗书补遗》中已收录《中国文学讲义概略》，在此建议似宜将讲疏记录作为附录或外编收入，以尽量为研究者提供更多的有用的资料。

推荐人 薛正兴

2008年4月25日

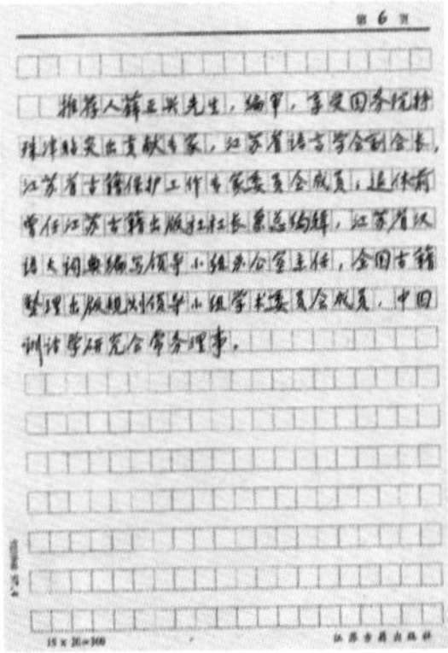

第6页

推荐人薛正兴先生，编审，享受国务院特殊津贴突出贡献专家，江苏省语言学会副会长，江苏省古籍保护工作专家委员会成员，退休前曾任江苏古籍出版社社长兼总编辑，江苏省汉语大词典编写领导小组办公室主任，全国古籍整理出版规划领导小组学术委员会成员，中国训诂学研究会常务理事。

2008年薛正兴先生为《刘申叔遗书补遗》写的推荐信

四、整理《仪征刘申叔遗书》

王：做完《刘申叔遗书补遗》以后，为什么还要整理《刘申叔遗书》呢？

2016年《天义·衡报》出版座谈会

万：这也是针对当时学术界出现的一些情况，最终才决定的。做《刘申叔遗书补遗》的时候，我觉得把这一块做完就行了，大家有了完整的研究资料，刘师培研究的基础已经初步具备了。90年代，大陆学术界开始重视刘师培的研究，研究重点是刘师培的政治思想，资料重点主要是《刘申叔遗书》，还有杨天石先生选编的《天义》《衡报》上面的部分文章，研究者主要是做历史学的一批人。到了新世纪，随着“国学热”的不断升温，刘师培的学术思想开始得到重视，研究刘师培经学、小学的文章开始出现。出版界也顺应这个潮流，刘师培学术文章选编类的书也逐渐多起来，这里面便鱼龙混杂了。

有做得很好的，像李妙根的《刘师培辛亥前文选》以及之前他编的《国粹与西化——刘师培文选》，点校工作做得比较扎实。但是有一些书，像《刘师培学术论著》之类就很滑稽，点破句成为经常性的大概率事件。特别是一些选本，只要收了刘师培的文章，你随手一翻，就有点破的。即使像《中国中古文学史》这样的著作，前后出了这么多的本子，里面还有不少错误。殷孟伦先生有一篇《校读偶记——刘师培〈中国中古文学史〉里的错字》，是60年代发表在《文学遗产》上的，《子云乡人类稿》里面也收了，但是没有人去读，研究文学的人不知道有这么一篇文章。当年殷先生下了很大功夫，不仅把每个错字改了出来，而且告诉你这个词是什么意思，都是这样铁证如山的东西，我们现在还在以讹传讹。这种状况，我觉得这不是一个办法。有一些论文，遇到刘师培的文章，你抄我的，我抄他的，辗转引用，不看原著，不核对原文。有的读原著了，但标点错误百出。有的点破了句之后，意思发生很大的改变，竟然根据错误的断句，得出“全新”的结论。关键是，不少人读不懂刘师培的文章，谈什么研究啊？这样以讹传讹下去，哪天是个尽头？这样肯定不行。

从做《年谱》开始，我就标点过刘师培的一些文章，但是没有专门花精力做全面校理的工作。刘师培的文章确实比较难懂。如果我们现在不把它搞懂，后人能不能搞懂，我也有点怀疑。同时《刘申叔遗书》排印过程中也有些差错，有一些错字，有的漏排了一整段。不通过点校的方式，就没有办法厘清。毕竟我在刘师培身上花了30年的功夫，也有点心得，不能总闷在我的肚子里面，随着我到西天去。所以，需要下决心，把它点校出来，让大家有一个可信、可用的本子，对推动刘师培研究有好处。

王：整理《刘申叔遗书》，应该说难度比您做《刘申叔遗书补遗》要大得多。

万：难度应该说是几何级的倍数吧。但是，有了《刘申叔遗书补遗》的基础，我自己增强了信心，也加大了决心。

王：可能有人认为说，不就是标标点点，但是恐怕它的难度确实要大很多，而且付出的精力、时间也是要成倍的增加。大概做了多少年？

万：集中精力去做，是在《刘申叔遗书补遗》交稿之后，2008年上半年开始的，那时候我转岗到人大办公室了，2013年交的清稿，前后用了5年多时间。

2007年《补遗》交稿之后，我开始考虑《刘申叔遗书》点校的事了。老曾、叶锋也都劝我："把《刘申叔遗书》点出来吧。这么重要的东西，应该能够进入国家古籍整理计划。"我也觉得，自己应该为读懂《刘申叔遗书》做点什么，而不是空抱怨，发牢骚。当然，我也很清楚，虽然《遗书》里面有些文章过去已经点校过，但没有点校过的毕竟还不少；有些难度大的，暂时也不急着用，就没有下功夫去点校。现在既然要做全面点校了，总不能难度大的就不做，自己“开天窗”吧？

比如说像《三礼》这一部分，我自己有钱玄先生的《三礼名物通释》和《三礼通论》，也看过一遍，但一直没有静下心来读，所以《三礼》方面是个明显的弱项。《遗书》里边还涉及天文历法，这个事情特别的麻烦。当时刚一接触就发懵，术语多，内容偏，根本看不懂。越是看不懂，就越不想去看，总是想算了吧，反正现在很少能够用到这一块，所以也没有下功夫。但是，要做《刘申叔遗书》点校，这些问题没法回避啊！只好静下心来去做。所以真正做点校的时候，老实说，真的不好玩，一点都不好玩！

王：比前面的难玩多了。

万：是。第一，《三礼》这硬骨头是非啃不可了啊！我不好意思跟出版社说把《周礼古注集疏》之类的，拿去请哪位老师来帮我做。人家专家有更重要的事要做啊，帮我做这个点校，算什么啊！特别困难的问题是，遇到问题之后，没地方去请教。有些问题，对我来说是新知识，是难点，但对别人、对专家来说是常识，不是问题。不能总是打搅别人的时间，说请你把这个常识性的问题也帮我解决一下。这个总不太合适吧，大家都很忙啊。这么多年来，我解决问题的办法，第一条就是自己解决。

第二，我相信自己啃过了骨头，下一次再遇到骨头的时候，至少知道这样啃的姿势对不对，至少知道点办法了。回过头来想想，我当初对《会计学原理》一窍不通，我也把它啃下来了。这玩意儿它不也就是书嘛，它有字在这呢。只要花功夫，肯定能够搞得懂的。《三礼》这一块，我是花了很长的一段时间去补的。好在钱玄先生关于《三礼》的几本书，对我们入门以及进一步再往前走，有很大的帮助。我先把《三礼名物通释》认真读完，然后用《三礼通论》与《三礼名物通释》对着看，然后再对着《三礼》原文再去看。一遍不行，就再来一遍。《三礼》部分点校完了，我感觉心里没有底，缺乏自信心。我找孙叶锋，说："我不好意思开口，你们去找专家帮着审吧。"大家一起商量，我说："还是求王锷老师帮我审这一部分吧，也不要去找别的人了。"叶锋他们同意了，最后还是麻烦您给审的稿。

还有历法，《刘申叔遗书》里面的《周历典》和《古历管窥》，这两个东西实际上本身是一个东西，讨论的内容也基本上是一致的。但就这么薄薄的一点点，我在上面纠缠了大概有一年的时间。因为不要说古代的历法，现代天文知识我也知道不了多少。王力《古代汉语》里面有天文那一块，但对古籍整理基本上没什么用。总得要找到一个办法，还是不能"开天窗"啊！这玩意儿该怎么弄呢？首先得懂一点古代历法的基础知识。我在超星图书馆里找到了一本丁绵孙编的《中国古代天文历法基础知识》，这本书内容丰富，相当于一部小词典，讲述得比较清楚，便于初学，容易看懂。有了这个基础，再读《史记·历书》《汉书·律历志》，还要看《五行志》提到的一些概念。把"章""蔀""闰余""大余""小余"这些基本概念搞清楚，然后再看《周历典》。其实，把历法里的基本概念弄清楚了，剩下的基本上就是数学题。花了大半年的时间，《周历典》《古历管窥》这些，大致能够点断了，每句的意思也能讲得比较通畅了。老实讲，历法这一块，最基础的东西还算知道一些皮毛，比较专业的内容还是不太懂。如果原文推算有错误，还是纠正不了，毕竟是专门的学问啊！

《刘申叔遗书》点校过程中，查对原文也是个坎。我做点校之初的设想，就是所有引文都必须找到出处，这样点校出来，才有可能成为取代南氏本的资料书。南氏本里面已经改正了不少误字，但肯定有漏网之鱼。我的旧学根底达不到钱玄同他们那个境界，钱玄同、郑裕孚校过了的，是不是就没有错了？我也不敢轻易回答，必须用笨办法，查原文，找出处，逐一核对，用事实说话。只有这样，才能保证点校质量。在点校的时候，我经常遇到这种情况：刘师培引用一段话，明确说出自哪部书某某卷，但是怎么也找不着。如果是某本书，这个事情还好办些。但这种情况，更多地出现在引用类书的时候。比如说，他讲这句话在《太平御览》某某卷，我们现在有电子检索，先通篇检索一下；如果都没有，我把它简化成一两个字，还是没有；是不是他改动过了，再查，还没有。那可能它就不在《太平御览》里面了，而是在其他书里面了。究竟是哪一部类书，再慢慢想办法吧，总要以查到结果

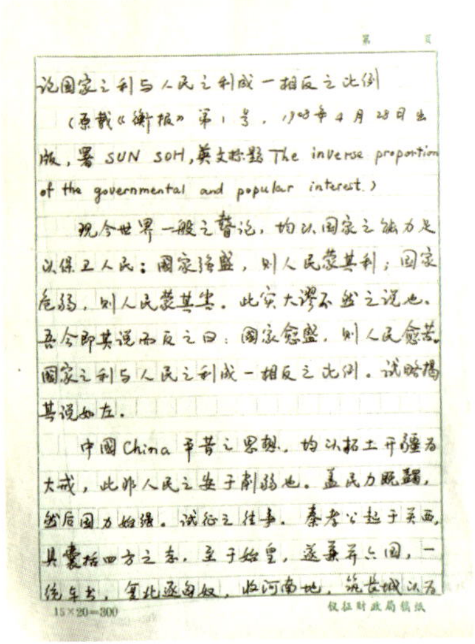
论国家之利与人民之利成一相反之比例

（原载《衡报》第1号，1908年4月28日出版，署SUN SOH，英文标题The inverse proportion of the governmental and popular interest.）

现今世界一般之舆论，均以国家之能力足以保卫人民：国家强盛，则人民蒙其利；国家危弱，则人民蒙其害。此实大谬不然之说也。吾今即其说而反之曰：国家愈盛，则人民愈苦。国家之利与人民之利成一相反之比例。试略揭其说如左。

中国China平昔之思想，均以拓土开疆为大戒，此非人民之安于削弱也。盖民力既罢，然后国力始强。试征之往事，秦孝公起于关西，其囊括四方之志，至于始皇，遂兼并六国，一统车书，然北逐匈奴，收河南地，筑长城以为

15×20=300　仪征财政局稿纸

万先生抄录的
《刘申叔遗书》佚文

为止。几年前，有电子检索可查的书不多，而且不能保证你不出差错。有的有不同的版本，可供电子检索的只有一个版本，所以必须找影印本重新核对。所以《初学记》《太平御览》《艺文类聚》这几部类书，那是翻了无数遍。书名和卷数只错一个的，相对好查一些，如果书名和卷数都错了，那就更复杂了。

大家都知道刘师培书法不行，他写字比较随意，不规范。排印报刊的人搞不懂，也不考究它。印出来之后，也没有人去校勘，所以出错率更高。比如说“學習”的“學”，他有时写成“学”，有时写成“斈”。写成“学”的，容易辨认的，大多数改成“學”了；写成“斈”的，有的保持原样，有的也改成了“學”。这是一般情况，但里面也有特殊的。比如《荀子斠补》卷四“有务而拘领者矣”条校语自注：“學上禮篇作无卷领，无字衍。”这个“學上禮篇”实际上是“文子上禮篇”。应当是原稿“文子”两个字靠得近，排字工以为是“斈”字，就改成了“學”。就这一处，我花了半天时间才搞明白。

王：所以您整理他的东西，要核原文是一件非常大的麻烦。

万：查对古籍原文，应当说情况还好一些。遇到引用晚清时候的一些西学译著，困难更大。早期的译本，有一些书后来重印过，好找些。比如说《汉译世界学术名著丛书》《林纾译著经典》《严译名著丛刊》等，都是用原来的老译本重排的，这些东西容易查。有一些后来就没有重排过，现在找原译本，非常难。毕竟一百多年的时间了，加上社会动荡和政治运动冲击，能流传下来的非常少。有的纸张脆化非常严重，好多图书馆都不愿意拿出来。即使拿出来，你都不忍心去动它。而《刘申叔遗书》里面涉及的大部分西学译著，我想尽了办法找原本，或者找电子版，或者找其他能够替代的本子，大多数都核对了一遍。也有一些没有解决的，就是不知道他当时用的是谁的译本。

王：《刘申叔遗书》整理本出版以后，您觉得与其他人做的相比，有哪些优点呢？

万：第一个，对全书作了认真的核对。至于差错，现在我不能说绝对的没有，应该说比南氏本少得多，而且都出了校记。即便我弄错了，大家有源可寻。因此作为资料来引用，更可靠些。第二个，句读方面还是比较自信的。到目前为止，我自己没有发现句读方面有硬伤，学术界到目前为止还没有人指出哪里有硬伤，至少我现在还没有得到这方面的信息。第三个，南氏本漏排、错排的部分，进行了全面的补正，对全面了解刘师培还是有一些帮助的。从目前的一些评论看，总体上是肯定的。希望它能如我当初所愿，成为一个相对靠谱一点的资料书。

五、刘师培研究计划

王：您关注了刘师培30多年，作了《刘师培年谱》，编纂了《刘申叔遗书补遗》，又整理了《刘申叔遗书》。做了这么多工作，您后面对刘师培的研究有没有什么新的打算？

万：关于下一步的刘师培研究，我一直有一个想法，就是写一本相对好一点的、学术性强一点的刘师培评传。这个打算一直有，也一直不敢对外说。什么时候能动手做，现在不敢说。这个问题，关键不在于有没有时间，关键在于自己的学养，在于我的能力什么时候能够达到实现这个目标的状态。从已经出的评传来看，最早的是王森然30年代写的《刘师培先生评传》，收在《近代二十家评传》里面，对刘师培的学术提纲挈要，基本上是学案体。其次是方光华先生1996年出版的《刘师培评传》，收在《近代国学大师丛书》里面，着重从乾嘉学派到近代学术转型的角度考察刘师培，涉及刘师培的经学、史学、诸子学研究，学术味比较浓。贵州师大陈奇先生1999年出版的《刘师培思想研究》，侧重于政治思想史，以述为主，可惜评得比较少。这三家的研究，各有侧重，各有所长。如果能够在刘师培研究方面再下一些功夫，再深入一些，完全可以做一部学术水准更高的刘师培评传。

我虽然研究刘师培 30 多年了，但中间有很长一段时间没有能够集中精力，所以我是挖井式的，围绕刘师培这个人在做。至于怎么样拓展研究面，一直没有精力顾及。刘师培研究中的一些基本问题，我到现在还没有解决。比如，刘师培传承的是家学，他的家学能够溯源的就是刘文淇。但是刘文淇一直跟着他的舅舅凌曙学习。他们身世很相似，都是家境贫寒，父亲去世早，肯用功读书。凌曙 20 岁时开设了一个私塾，刘文淇就在凌曙的私塾里读书，后来也是凌曙指导刘文淇研究学问，所以刘文淇的学问来源于凌曙这儿。那么，凌曙有哪些东西影响了刘氏家学？刘文淇又有哪些学术传统，通过刘毓崧、刘寿曾传到了刘师培这儿？哪些是刘氏家学所独有的？这些必须要搞清楚。

第二个，刘师培的文学观，基本上就是“文笔论”：有韵为文，无韵为笔。这个来源于阮元。那么阮元对刘家，对刘师培的影响是不是只有一个“文笔论”？阮元的经学思想对刘氏家学有没有影响？有什么样影响？这也需要搞清楚。此外，刘文淇与同时代的刘宝楠，当时号称“江淮二刘”，他们相互之间学术是有影响的，这种影响有哪些得到了刘师培的传承？扬州学派这个群体的学风对刘师培的影响又有哪些？现在能够说得清楚的不多。

还有刘师培和章太炎学术交往非常多，他们之间有哪些相互影响的地方？章太炎的经学不如刘师培，章太炎自己也承认。学术界有一个传说，太炎先生办国学讲习会的时候，跟黄季刚先生讲自己经学不如申叔，可惜申叔死得早了。申叔如果还在的话，经学研究会有一个更大的突破。黄季刚放了一个大炮，说：“先生，你不要说申叔死得早，就是你再活 20 年，你的经学还是不如申叔。”我想这应该只是一个传说。季刚先生虽然个性很强，他对老师还是非常尊重的，从来没说过太炎先生的坏话。在今天，这可以算是学生跟老师开个玩笑。在过去，就不太像话了，估计季刚先生他不会这样。学术界都认为太炎先生的经学不如申叔，申叔的小学不如太炎。那么他们两人之间，在学术研究上是如何互动的，现在也没搞清楚。

再比如说，刘师培在四川国学院当院副，而廖平这帮人是做今文经学的，刘师培跟他们合在一起，在学术上是怎么相处的？作为学术朋友，既然在一起两三年时间呢，他们的学术交往究竟是一个什么状态？这方面的资料很匮乏。还有吴虞，刘师培对吴虞是有影响的，他给吴虞开过一份研究汉学的书单，《吴虞日记》有记载。他开的这个书单和别人不一样，究竟能够说明什么？刘师培在“筹安会”究竟发挥了哪些作用？现在也不太清楚。

我觉得，要写刘师培评传，这些问题都绕不过去。如果这些问题不解决掉，我们还是满足于写一个平面介绍类的评传，我想大可以不写。所以，我觉得就我目前的学识而言，写一部心目中比较理想的《刘师培评传》，还很不够。我想这几年还是静下心来，从外围着手，把跟刘师培相关的一些著作先大致地了解一下，把一些事情弄清楚，再下结论。一个人对刘师培有没有影响，无论你说有还是说没有，都要有证据，不能随便说。

王：刘师培研究的面特别广，很多东西要把它说清楚真的是一件很难的事情，包括您刚才谈到他的《三礼》方面。其实从他的家学来说，似乎他们家主要是《春秋》学这一块，当然《春秋》和《礼》的关系也很密切。但是到了刘师培，他在礼学

上下了很大的功夫，他为什么要在这一块下这些功夫呢？我们要考虑它的源头在哪里？为什么要这样来干？

万：这个事情，我一直到去年才明白了一些。刘家做《春秋左传旧注疏证》，它的基本思路是想把《春秋左传》注疏的源恢复起来，恢复到刘炫的《春秋述议》那儿去。刘家为什么会把《三礼》抬得这么高？这和凌曙有关。凌曙是拿《礼》来说《公羊》，同时拿《公羊》来说《礼》。这是凌曙对《公羊》学、对《三礼》学的一个独到的贡献，因为在他之前没有人这么干过。凌曙的基本结论是："不明《礼》，无以说《春秋》。"这话刘文淇也说，但源头在凌曙这儿。凌曙的这一套想法影响了整个刘家对《左传》的认识，就是必须把《礼》这一块解决了，你才能把《春秋》里那些事、那些人、那些人和人之间说话的内容吃准。所以刘家四代人，无论哪一代，在《礼》上面的功夫都没少下。同时，围绕着《礼》，对经学的方方面面做一个全面的整理。刘家的这个《旧注疏证》为什么搞不完？刘师培即使不早死，他可能也搞不完。他这个标准太高，体量太大。从刘文淇开始，到刘毓崧，一直到刘师培，他们的愿望都非常宏大。刘毓崧做《尚书》《周易》的旧注整理，刘师苍做《国语》注的整理，刘师培做《毛诗》《周礼》《礼记》的整理，包括《逸周书》，他们想解决一个什么问题？就想从旧疏旧注里面找到哪些是可以支撑《左传》旧注的？那个注是谁的？这些都已经没有原书了，只能从其他十二部经书的注疏、《国语》《国策》甚至《史记》《汉书》里面来找这些蛛丝马迹，来解决《左传》注、疏里面每一句话的来源，这是多大的工程！《左传》本身的量又大，他们这样做又要读多少书啊？所以我认为，刘家要实现这个目标，再有一代人还是不够。

王：这是一个非常麻烦的工作，工作量极大，要求又比较高。

万：是的，非常麻烦！

六、凌曙研究

王：目前您对凌曙的文献整理和研究如何？

万：整理凌曙的著作，起因就是我前面讲的，我想把刘家学问的源头稍微理一理。刚好扬州大学田汉云老师申报教育部的清代扬州学派著作整理与研究这个项目。我跟田老师建议，在申报项目的时候，最好能关注一下凌曙。就我对凌曙著作的粗浅阅读，感觉凌曙的学术地位目前被忽略了，这不是高评低评的问题，是没人理他！讲到凌曙的时候，大家都只讲他的《春秋繁露注》。《新编诸子集成》出了苏舆的《春秋繁露义证》之后，《春秋繁露注》也没有人去关注了，只是讲《春秋繁露》源流的时候，提到苏舆《春秋繁露义证》之前，凌曙曾经作过注。我认为，凌曙著作的核心，就是两块：《公羊》和《礼记》。他的著作需要重视，也值得重视。田老师也支持这个观点，教育部批准的项目中有凌曙的内容。田老师就把凌曙著作整理工作交给我做了。

凌曙的传世著作，目前知道的是13种。除了湖南社科院图书馆的稿本《服制考》之外，其他的书大部分我都见到了。有的书里面还有不同的版本，而《春秋繁露注》的版本还比较多。《春秋繁露注》有一个所谓的金陵洪氏本，南京图书馆有，我还没有来得及去看，其他本子都校对过了；其他的著作，二次覆校也已经基本结束了。凌曙的著作里面也有一些情况，比如说北京大学有一个《蜚英阁文集》稿本，《清代诗文集汇编》影印了。我认认真真读了一遍，觉得有问题。书中《春秋无达解》一篇，在引用《春秋繁露·精华篇》时，节凌曙《繁露注》而称“先君注曰”，《题罗茗香先生人日挑菜图》中又有“镛因之窃有感焉”一句，结合起来，这本书应当是凌曙儿子凌镛的。书稿的鱼口题的是“蜚云阁”，著录时错成了“蜚英阁”。北大还有《蜚英阁经解》和《蜚英阁史论》两个稿本，也著录在凌曙名下。这两个稿本情况如何，更需要细致地看一下。《蜚云阁文集》虽说不是凌曙的著作，但还是可以作为附录收进来。凌镛学问不大，没有单独出书的条件。附见在凌曙的著作之后，让大家知道凌家的学问也是传的，只是没能传远，也没能光大。

王：那就是可以从另外一个角度来证明，他们父子之间的一些情况，也是个好事情。那现在凌曙的13种著作大概有多大的量？

万：大概在100万字左右吧。

王：那量也不小啊！通过您目前的整理，您觉得凌曙主要的学术特点或者治学的方向有哪些？

万：第一，凌曙的治学方法，和常州学派公羊学非常相近。因为他的传记，他自己所写的序跋里面都明确交代了这一点。但是，他同时受阮元的影响也比较大，曾经入过阮元的幕，所以跟常州学派还是有区别的。虽然凌曙做《公羊》这条线是按照常州学派的路子在走，但是他的学术规范已经开始按照扬州学派这一套在做，就是讲究实事求是，坚持以《礼》说《公羊》，以《公羊》说《春秋》，以《公羊》《春秋》说《礼》。也就是以经说经，不谈义理，也不夹杂谶讳，更不夹杂其他非经学的成分。“心性”这一类的东西，宋明理学的那一套，没有夹杂到他的经学研究中来。

第二，在阮元的旗帜下，凌曙这一辈扬州学者为扬州学派学术规范的建立，作了积极有益的探索。扬州学派所强调的经学内部观念的一致性和互通性，凌曙已经有所发现，并在早期扬州学者中得到了广泛的认同。只是到了刘师培，强调得更加厉害，比如刘师培的《群经大义相通论》，专门讲《周易》《周官》《周礼》《左传》《公羊》《谷梁》《孟子》《荀子》大义相通。这种认识，对于扬州学派融合诸经为一家并进行整体性的研究，已经开风气之先。

第三，凌曙以古文治今文。用更接近于古文学派的研究方法来研究《公羊》学，也是他跟常州学派不同的地方。常州学派基本上用今文经学的方法研究今文经学，凌曙虽然研究的是《公羊》，但是很少涉及《春秋》大义，反而注重《三礼》与《公羊》的互证互明，更讲究实事求是，还经书的原来面貌，没有“三统改制”“三科九旨”“空言垂法”这些阐释。苏舆批评凌曙的《春秋繁露注》称引繁博，义蕴未究，少所发挥，疏漏繁碎。我觉得他误会了凌曙。凌曙确实没有阐发所谓的义蕴，不是他不会做，而是他不愿这样做。他的重点在于通过厘正、注释和考异，还《繁露》旧观，所以他在自序中明确说：“正谊明道，贯通天人，非予肤浅之识所能推见。”

第四，推动了清代学者对董仲舒的研究。凌曙最早认识到董仲舒及其《春秋繁露》的价值，所以他倾毕生之力做《春秋繁露注》，鼓动扬州官员修复董子祠。他晚年疾病缠身，一贫如洗，就住在董子祠，教陈立做《公羊》研究。凌曙之后，清代学者重视董仲舒，研究《繁露》，形成了一股“董学”热，跟凌曙有直接的关系。所以我认为，重新认识董仲舒的价值，凌曙功不可没。

七、《道光重修仪征县志》

王：我记得您说，除做这些之外，您还在整理一些方志，是什么样一个情况？

万：仪征这个地方，历史上战火不断，老是打仗。只要一打仗，这里就遭殃：由南向北打的，要占仪征作为江北据点，然后打徐州，北方就可以打下来了；由北往南打的，也要先占仪征，从仪征过江，拿下南京，南方半个中国就到手了。仪征就是这么一个战略通道，所以仪征地表文物很少。但仪征的方志传统很好，明代到民国，留下来六七部志书，数量虽然不多，但质量不错，尤其是刘文淇操刀的《道光重修仪征县志》。我关注《道光志》，主要是想为地方文化做点事。我们要了解仪征的历史，除了《道光志》之外，没有其他更好的途径，这是一个方面。第二个呢，《道光重修仪征县志》在中国古代志书当中是一部地位很高的名志。跟其他志书不同，《道光志》的类目仿照《江南通志》，前面是图，然后是表，底下是志，分为 12 个门类，每类下面再分目，做成这样一个架构。然后把现存旧志的内容，按成书先后顺序，分配到各个类目里面。每个目下面设“新附”，安排新增加的内容。新志抄旧志的，如果没有大的改动，就在旧志内容里面随文加注，交代增删情形。这样你一眼就看出来，谁修志的时候偷懒了，谁修志的时候增删错了；某个说法从哪来的，是什么时候开始有的，说得对还是错，一目瞭然，既不掠人之美，也不代人受过。这实际上用的是学术资料长编的办法，通过这一部志书，汇集了前代所有志书的内容，而且脉络分明，查考起来很方便。我觉得它的这个学术价值非常大，也非常好用。

《道光志》存世的不多，原本不容易看到。后来出的影印本，都是拼页的，小字太小，不好标点。我经常要查考地方人物，用得比较多，翻书的时候很不方便。好在我汉字录入速度还可以，所以抽了一段晚上的时间，把《道光志》点校做成了繁体版的 word 文档，自己查找起来很方便。有一次博物馆刘勤馆长跟我说："我们考古经常要查旧县志，有些年轻同志看不懂。"我把这个 word 文档给了她。有资料，大家分享嘛！仪征地方上也有一些文史爱好者，大家原来看不到或者看不懂《道光志》，常常把传说错当成了历史，把一些误解当成了事实，所以也有人跟我要 word 版的。后来有人跟我建议："电子版查找很方便，如果能印出来，慢慢读就更好了。"我想这件事情既然已经做到这个程度了嘛，花点钱印出来，也算是宣传普及地方文化吧。就和方志办商量这个事，他们也很支持。具体谈到怎么做，我也听了一些同志的意见。大致分两派：年纪大的、做研究的是一派，希望保持原貌，做繁体点校本，便于引用，可以收藏；年轻同志是一派，认为繁体字不太好认，竖排的阅读不习惯，最好是简体横排。犹豫了一段时间，最终还是做简体横排本。因为我的目的是普及，有兴趣、想看的人越多越好，何必再设置一个繁体、竖排的阅读障碍呢？

刘文淇纂修《道光志》用的是做学问的办法，所以能成为一部名志。我点校《道光志》，虽说做的是普及本，也得按照古籍整理规范做，不能马虎。到道光的时候，仪征存世最早的是《隆庆仪真志》，宋代志书已经失传了。我知道《永乐大典》里面还有一些仪征旧志的条目，就把它辑出来；《方舆胜览》里面有“真州”的条目，是《道光志》里没有的，也要辑出来；民国时期还有一部《仪征县志稿》，大部分抄的《道光志》，增加一些人物传记，保存了晚清新政的一些资料，也把它辑出来，做成了三个附录。这样，一直到民国，旧志的内容基本全了。做好之后，方志办出了一笔钱，由广陵书社出版，印了一千册，免费赠送。

王：那么这个书，从您做完以后，您觉得对仪征的地方文化研究方面有一些什么作用？

万：第一，我们过去讲仪征的时候，对历史上的一些情况很模糊，没有资料支撑。有的以讹传讹，甚至把传说当成历史，把历史当成传说。比如说，仪征有一个地名叫胥浦，大家都说这个地名与伍子胥有关，救伍子胥的浣纱女，墓葬就在仪征。但是源头在什么地方，在哪部旧志里？大家并不清楚。《道光志》里面有考证，跟刘毓崧《通义堂文集》里的《胥浦考》《浣纱女祠墓考》相符合。刘毓崧也是《道光志》的编纂者之一。

第二，为文史爱好者的研究提供了便利。比如说有一个朋友，退休后专门研究仪征水利史，他说以前看《道光志》有困难，现在有了点校本，方便多了。仪征的文史爱好者，大家基本上都有这本书。

第三，激发更多人关注地方文化的兴趣。宋代仪征叫“真州”，辖六合、扬子两个县，那个时候也很辉煌，繁华程度不比扬州差。这在《道光志》里面都有记载。还有明清时期仪征园林非常多，有一个朋友研究仪征园林史，做得也很不错，《道光志》也是他研究资料的重要来源。还有一些同志，从《道光志》里面找到了家乡的老地名，也是很高兴的。包括《民国县志稿》对清末地方新政的记载，大家至少知道，清末的时候，仪征这个地方开风气还是比较早的。

八、整理《阮元集》

王：除了这些之外，您现在还在做什么？

万：这两年主要集中精力做《阮元集》。《阮元集》是2011—2020年国家古籍整理规划项目，由广陵书社申报，本来是由别人来做的。到2015年的时候，我们才发现这个项目没有启动。作为国家古籍整理规划的项目，广陵书社能争取下来也非常不容易，所以出版社着急，赵昌智老部长也着急。大家商量后认为，这个项目如果做不成，以后再申报国家古籍整理项目就不太好讲了。作为扬州最著名的学者，阮元著作的整理工作，扬州人不干，让外地人干成了，好像不合适。所以要另起炉灶，下决心把这个项目做下去。大家定了一个小目标，就是到2018年能出一批阮元著作的点校本，2020年能够出阮元大部分著作的点校本。扬州人要对得起国家这个项目。赵部长找南京大学程章灿老师，请他牵头，大家共同做。程老师说："你们这个项目我全力支持，但是牵头这事儿，我实在没有时间。"程老师虽然没有答应，但是赵部长的意思是，把这事情先做起来。外地专家已经做了，我们也可以请；剩下来的，扬州同志分工合作。到2016年初，省新闻出版局开会研究古籍整理项目进展情况，谈到了《阮元集》。程老师参加了会议，并且介绍了扬州这边的情况。据说，有位领导当面发话："程老师，《阮元集》这个事，就请你牵头，我们就找你。"这样，赵部长请程老师到扬州来，开了一个小会，商量收录的范围以及初步的分工。大体上明确，以阮元自己的著作为主，《山左金石志》《诂经精舍文集》这些可以不收，《经籍籑诂》也不考虑重新点校，其他部分都要进行点校。大家觉得我做过《申叔遗书》，经书应该更熟悉些，就把《十三经注疏校勘记》分给了我。我知道《十三经注疏校勘记》点校量非常大，难度也很大，但是作为《阮元集》又回避不了，所以也就硬着头皮应承下来了。从2016年开始，我的精力主要在《十三经注疏校勘记》点校上。目前，文字录入刚刚结束，校核工作正在进行当中。现在有些后悔，感觉这个量太大了，一个人做下来，真有些吃不消。

王：《十三经注疏校勘记》录下来以后，我想恐怕也有三四百万字了。

万：应该有。

王：应该有的，《礼记注疏校勘记》有45万字，这个量就不小。您刚才谈到这个《山左金石志》，如果你们想做，我可以给你们推荐个人做。杜泽逊老师有一个博士后在曲阜师范大学，他有一年申报国家社科基金后期资助项目，他的材料送到我那里，当时也不知道，看到做得不错，我给他打了很高的分，后来才知道他是杜老师的学生，项目他也申请到了。他还打算做一个点校本。他是研究这个的，像这样的成果也可以利用，人家已经做好了。

万：我个人觉得，已经有专家做了的，应当尽可能地请专家参与到《阮元集》的点校中来。大家共同来做，没必要分得那么清楚，也没有必要搞重复劳动。

王：这样的话，这个事情就能快一点。

万：还有，如果现在找一个人来做，他不是专门做这个的，未必能做得好。

王：那是，这是类似于专门之学。

万：这次点校《十三经注疏校勘记》，我的目标是恢复阮元《校勘记》的原貌，不考虑南昌府学本增补的内容。因为府学本的底本与阮元的不同，所以改了不少，也增加了一些内容，虽然对府学本来说是必要的，但与阮元没有多少关系。我做的主要工作，是以文选楼本为底本，以《皇清经解》的学海堂初刻本、庚申补刊本为对校本，同时尽可能利用《中华再造善本》里面接近于阮元底本的本子和闽、监、毛本《十三经注疏》，参考阮元引用的著作《十三经正字》《七经孟子考文补遗》等，全面核对原文，纠正其中的错字。总体上看，文选楼本的引文比较尊重底本，但有错字，有的条目次序错了。学海堂初刻本纠正了一些，有的校记作了修改，庚申补刊本又在初刻本的基础上作了一些修改，这都是好的。但《清经解》的两个本子都有一个通病——好用俗字，比如文选楼本用“盖”字，与底本是相合的，但是《清经解》两个本子通篇改成“葢”，反而与底本不合了。另外，《清经解》按照自己的格式，对文选楼本格式作了调整，作为底本用，不方便。这次点校时，严格保持文选楼本的原貌，一字不改，所有问题都在校记中说明。

九、学术师承

王：您做了很多的工作，做了这么多的事。在您学术研究的道路上，哪些先生对您的影响最大？

万：三老：徐老，钱先生，张芷先生。特别是做《刘师培年谱》的时候，张先生对我的帮助非常大。

在南师读书的时候，我对钱先生的了解比较肤浅，只是知道钱先生《三礼》做得好，究竟怎么个好法，没有切实的感觉。点校《刘申叔遗书》的时候，我才认真读钱老的《三礼》著作，才开始了解他的学问，才真真切切地感受到他是《三礼》研究的一座高山。

对我整个人生影响最大的，当然要数徐老。徐老的影响主要有这几个方面：第一个就是他提出来，要有一本“看家书”。即使在今天，我们要从事古文献学习和研究，这一点依然十分重要。根据自己的兴趣爱好，选择一部“看家书”，是徐老在古汉语讲座上提出来的要求。那时候的古代汉语讲座，一个礼拜两节课，安排在一个下午，大概两个小时左右。我听完之后，至少要花一天的时间来整理消化这两节课的内容，包括查对老师所举的一些例

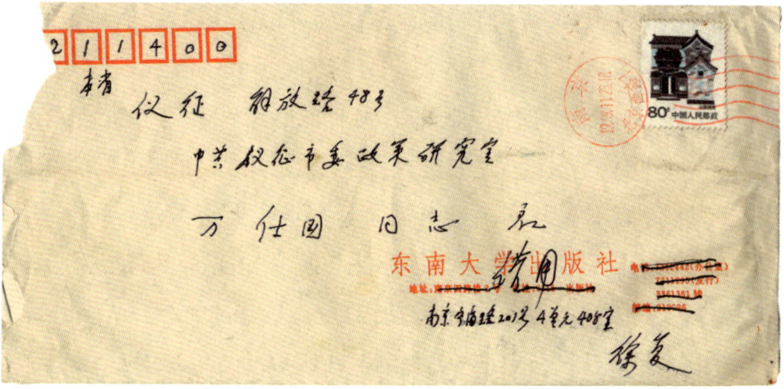

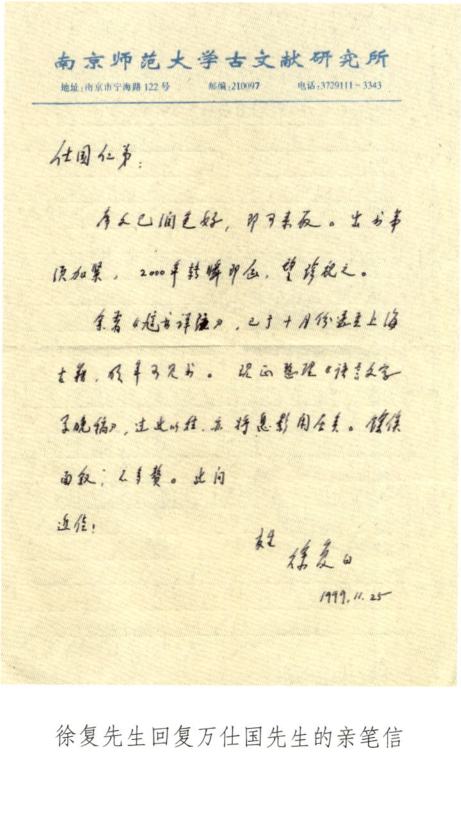

南京师范大学古文献研究所

地址:南京市宁海路122号 邮编:210097 电话:3729111-3343

仕国仁弟:

序文已阅看好，即可来取。出书事须加紧，2000年能够印出，望珍视之。

余著《訄书详注》，已于十月份送至上海古籍，明年可见书。现正整理《语言文字学晚稿》，这些以后，亦将急影用全集。馀俟面叙；不多赘。此问

近佳！

友生 徐复白

1999.11.25

徐复先生回复万仕国先生的亲笔信

证。他们讲的内容，对他们自己来说是常识，但对我们来说就非常高深，许多字不知道怎么写，有些内容听不懂。徐老、钱老、张芷先生口音都比较重，张先生板书多些，钱老有时候也板书，徐老的板书很少。更关键的是，许多书没读过，那些例句不知道怎么写，就谈不上理解了。当时徐老要求我们每人选一部“看家书”，认真地研读它，不光能提高阅读能力，而且能够通过这本书涉及的相关知识，扩大自己的阅读面。我当时已经在做《年谱》了，知道刘师培的家学在《左传》，所以就选了《左传》。这时候沈玉成的《左传译文》出版了，我拿上海人民出版社“批林批孔”时候出版的那个《春秋左氏传》，对照着《左传译文》来读。杨伯峻先生的《春秋左传注》出版之后，才把杨伯峻和沈玉成的书对着看。毕业之后，才读《左传注疏》。这些年来，《左传》一直没敢丢，所以经部里面，《左传》我最熟。我发现，有一本“看家书”确实有好处。像《左传》这样的大书，本身就是一部小百科全书，涉及的知识面非常广，看其他书的时候，容易触类旁通，也能够理解得深一点。这就相当于盖房子，你先得挖地基。有了“看家书”，就等于挖了一个地基，打了一个基础。南师许多老师都有自己的“看家书”，有的甚至成为终身研究的对象。比如吴金华老师，他的看家书就是《三国志》，那种精熟程度，一般人是达不到的。每个做传统文化的人都应当有一部“看家书”，我觉得这是一个好传统，应该坚持下去。

第二个，徐先生的与人为善，给我树立了一个处世的标杆。凡事要从“与人为善”出发，对于我们年轻人合理抑制个性、提高个人修养，我觉得是非常有帮助的。年轻的时候容易偏激和冲动，对批评意见也不容易接受，容易争义气。徐老要求我们，要

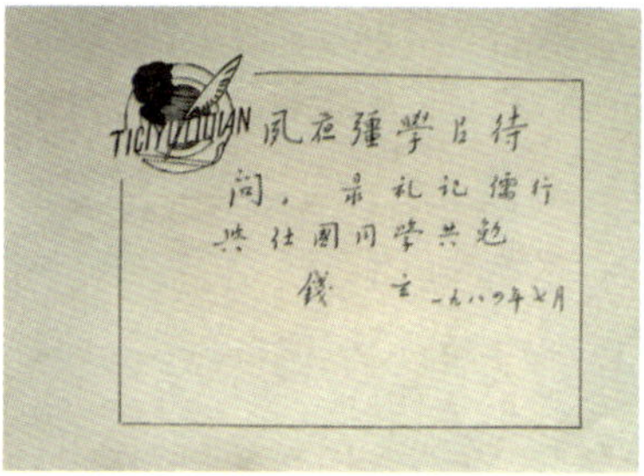

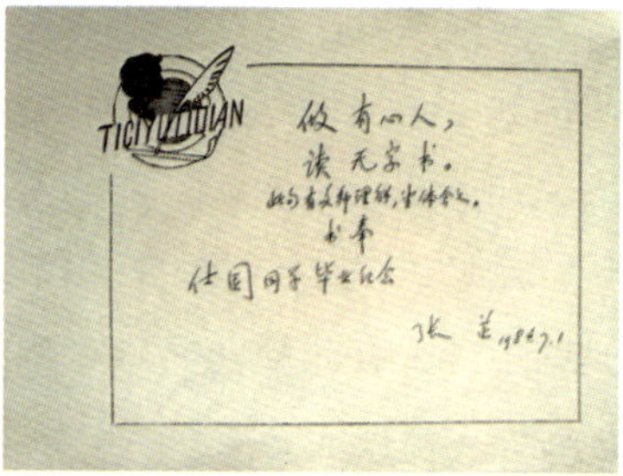

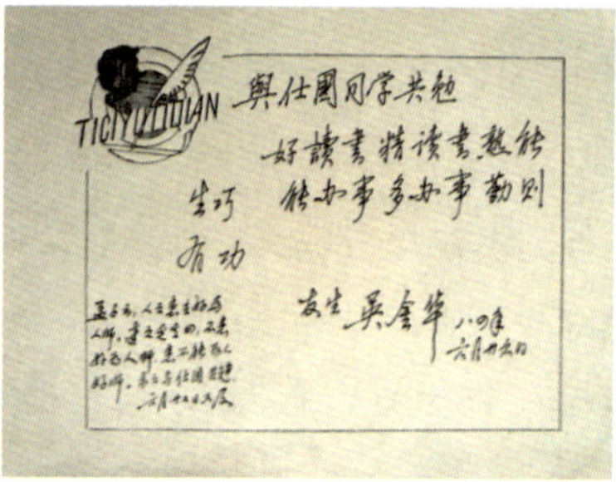

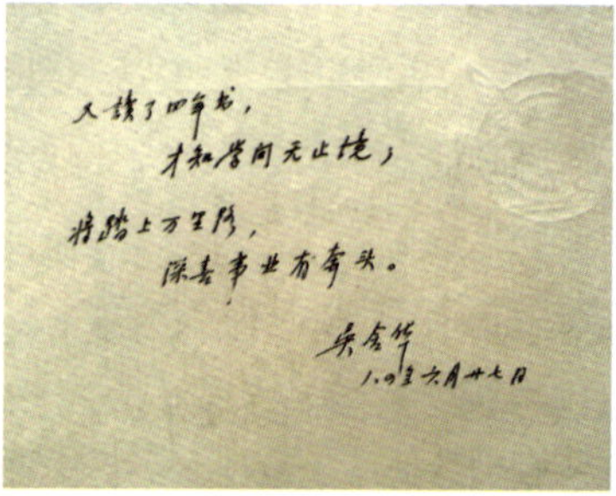

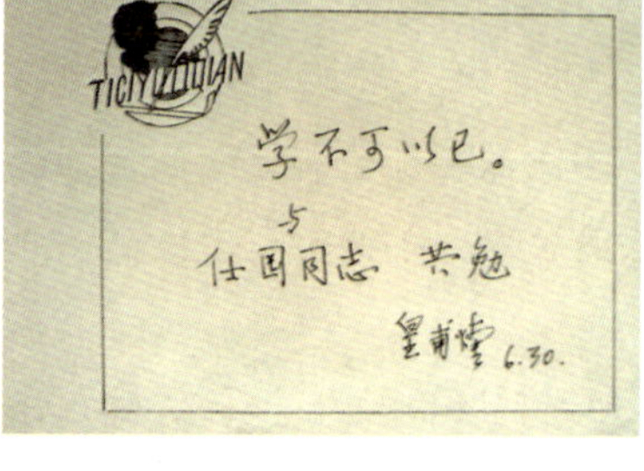

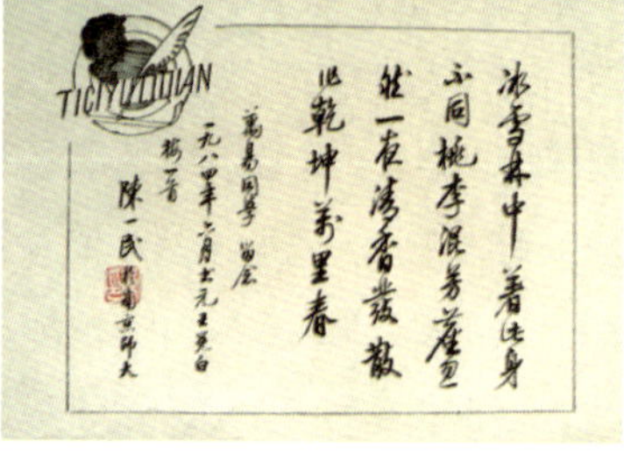

钱玄先生、张芷先生、吴金华先生、皇甫煃先生、
陈一民先生为万仕国先生所写寄语

看人家的出发点：人家说你不对，那是人家为你好。不是好朋友，他说你干什么？但是，如果别人有缺点，徐老要求换一个思路：人家知道错了，你就不要再去说了，为什么一定要让他下不了台呢？徐老的这些要求，对我年轻时候的影响比较大。特别是面对一些事情，有时候自己感觉到委屈，心里面不太平，想想徐老的这些话，往往能够快一点平静下来。

第三个就是，徐老的乐于助人，一直是我学习的榜样。徐老乐于助人，在学术界是有口皆碑的。只要别人请他帮忙的，他肯定全力帮；看到别人需要帮忙的，他主动去帮；只要能够帮别人的，他就尽可能地去帮。外省的好多学者，提到徐老，大家都讲：你们江苏人有福气，你们修到徐老这么一个好会长！很多时候，他宁可把自己的事情停下来去帮别人，也不愿意让别人失望。我前面讲了那么多徐老对我这个无名小辈的关心，实际上，我从这种关心中也感受着一种无形的压力。他从来不教训人，也不跟你说“你要往前努力”“你要用功”这样的话，而是很轻描淡写地问：“你最近在忙什么呀？忙得怎么样啊？还有什么困难啊？”等等。他这种关心，让我感觉到，我答应过徐老说要做什么事情，如果不去做，或者做不好，肯定就是我在骗他，就是在背叛他，就是对不起他。对我而言，这种压力非常大。我认识徐老的时候，刚二十来岁，一二年级的本科生，懂什么啊？他那时候在全国都是很有影响的专家学者，他关注我这个毛头小伙子在干什么，而且一直这么上心。

《刘师培年谱》在江苏古籍出版社排队等出版的时候，薛正兴老师跟我讲：“你到徐老那儿去，不要再提《刘师培年谱》的事。”我说：“我没有跟徐老讲《年谱》的事情。”他说：“我每次去徐老家，徐老都要问，《刘师培年谱》你们那里有进展啊？准备什么时候出啊？我这边确实有困难，不好回答他。”徐老知道我做《申叔遗书补遗》，说：“你快点做，说不定我还有精力再给你写个序。”《补遗》成稿的时候，徐先生已经仙逝了。很多朋友觉得我这么多年能坚持下来不容易，说实话，我感觉到自己是在努力还债，还徐老这辈先生们关心我的债。我答应过老师要把这个事情做下来，那就是给老师的一个承诺。给老师的承诺，你做学生的总不能赖账吧！

另外还有赵航老师。1984 年毕业的时候，我到徐老家去辞行。徐老拿出一个封信，说：“你回仪征了，离南京远，不方便。

1992 年冬，万仕国先生与徐复先生在仪征合影

2004年万仕国先生与
徐复先生合影

扬州师院有个赵航老师，是我的朋友，学问很好。仪征离扬州近，你有什么困难，可以向他请教。我写了个信，你去拜访他。”回到仪征之后，我去拜访赵先生，赵先生非常热情。对我的刘师培研究，赵先生也一直是鼓励加支持。赵先生对我最大的影响，是他对学术的孜孜不倦。特别是担任扬州教育学院院长之后，那么大一个摊子，行政事务那么多，他的扬州学派研究一直没有丢，每天都要看书到很晚才休息。我到机关工作之后，也算部门的负责人，有时候也很累，也想偷懒，但是想一想赵先生那样忙，他还能坚持做学问，自己却偷懒，好意思吗？不能不干好工作，也不能不做学问，这是赵先生给我树立的榜样。

十、生活与治学

王：您回到仪征，从当老师到教育局再到财政局，后来又到了市政府机关，您白天要坐班，应该有很多的事情要做。而您在学术研究上所取得的这些成绩，在高校专职从事科研的教师，可能都不一定做到。我有时候老想，这是有什么样的精神在支撑着您？您应该是要放弃很多自己娱乐或者休息的时间，来做这些事情。做这些事情的时候，可能有同事的不理解，乃至于家人的不理解，您能坚持做下来，在这方面您有什么甘苦，或者有什么经验，可以给他们年轻人分享一下。

万：本职工作与学术研究确实有矛盾。工作方面，同事关系还好办。每个人都有本职岗位，大家平等相处，真诚相待，不怀私心，应该没有什么问题。况且，我的个性弱点就是好面子，丢不起人，从本质上讲我是个完美主义者，凡是我负责的工作，决不允许自己出差错。所以，只要到了办公室，我马上可以静下心来考虑工作上的事情，不会想我的学术研究。因为工作是我的饭碗，我首先要把饭碗端好。关于我个人学术研究这一块，很长一段时间，特别是在财政局和市委研究室期间，同事们都不知道，我也从来不说。有时候要出去参加一些学术会议，我去跟领导请个假：想去参加个会，有一帮老朋友可能到会上，好长时间没见了，我想去看看。只要把工作安排好了，领导通常是支持的。去图书馆查资料，这个事情不能说谎，也得跟批假的领导说：这段时间有点累了，想去某某图书馆看点书。领导觉得，这一段工作也挺辛苦的，到图书馆看看书，调整一下，也是支持的。当然，我不能告诉他我是为了研究刘师培去看书；同事们知道我开会或者出差，也不知道我在做刘师培研究。等到《刘师培年谱》出版以后，大家才知道我在做刘师培的研究，而且好多年前就开始做了，大家总体上还是支持理解的。当然在工作这个层面上，首先得把事情做好，大家的议论自然会少一些。工作与学习这个关系，肯定要处理好。

在家庭方面呢，家属还比较贤惠。她也是从农村走出来的，能够吃苦，会做家务，所以家里的事情基本上靠她。刚成家的时候，两个人的工资，养着自己的孩子，照顾两边的老人，日子过得也非常紧。但在买书这个问题上，我太太从来没有反对过。我每天晚上看书比较晚，她也没生气。她的想法比较单纯：我帮不上你忙，也不给你添乱。你想干什么就干什么吧，反正也不是干什么违法的事情。《刘师培年谱》出版之后，得到了学术界的认同，她也能理解了。她是学护理的，在医院里工作，有夜班。我们身边没有老人可以帮忙，家务主要靠她。我调到财政局之后，经常要加班，她只好调到学校去当校医，不需要上夜班，照顾家庭就更方便一点。

王：您夫人太贤惠了！这几年您做了这么多的事情，您的

本职工作是行政上这一块，从仪征也好，扬州也好，当地的同事、朋友、领导，他们现在怎么来看待您做的这些事情？

万：应该说不同的岗位、不同的年龄，有不同的认识。比较多的领导同志觉得，仪征有刘师培这样一个名人，你花这么长的时间去研究他，在全国、在江苏能有一些影响，对地方也是一个贡献，总体上是支持和认同的。同事里面，年轻的同志不太容易理解，觉得这样干太苦，工作本来就已经很累了，没有必要逼自己。年龄相仿的同志也逐渐理解了，“60 岁之后干什么”，现在是我们大家的话题。人总要有一个正当的爱好，晚年生活才会充实一些。读读书，也是不错的养生方法嘛。

王：这七八年跟您接触很多，我觉得您很大程度上能坚持下来，大概是老师的这种督促。如果说没有老师这种督促，您干的活也不少啊，您的事情也很多啊，这些东西一放下就捡不起来啦，而且难度又那么大，加上您又要坐班。

万：我基本上都是坐班的，经过这么多年，也很适应这种生活节奏。当然，通过这些年的“修炼”，应该说也有自己的办法。上班的时候，我处理工作上的事情，来人谈工作之类的，都能够集中精力。等到事情都处理完了，五分钟之内，我马上可以“入定”，转到自己的学术方面来。到人大机关之后，工作节奏相对缓一些。那个时候，《刘申叔遗书》点校比较急，有时候也带到班上去。公事处理完了，也能偷闲做点“私活”。但前提是，不能因为干“私活”误了公事。领导也隐约知道一些，总体上没有干预。

王：这个很难得，当然了，与您的为人处世是有关系的。

但是换句话来说，您遇上的这些同事也好，领导也好，也都还是蛮开明的。如果遇到不支持您的领导，就很麻烦，甚至再给你使点绊子，就更麻烦。

万：是啊。这些年来，我在考虑一个问题，就是电子技术的利弊。现在电子技术很发达，大量古籍电子化之后，我们现在可以看到前人看不到的许多书，包括宋版、元版、明版书。特别是随着电子检索技术的进步，我们现在查找一句话的出处，也比前人方便很多。但是，我们现在记忆的东西越来越少。以前我一直怀疑古人“过目成诵”的真实性。在点校《申叔遗书》的过程中，我的想法改变了。《申叔遗书》里面经常出现这样的问题，比如他引用的某个材料，说是《太平御览》里面的，但其实上在《初学记》里面。他为什么出错？如果他照着书抄，还能把书名抄错吗？如果同一部书错了卷数，如果二十一卷错成二十卷，或者错成二十二卷，可能是翻书的时候恍惚了；如果是一百二十卷错成二十卷，可能是写的时候漏字了，也可能是刻或排的时候漏字了。但如果是二十卷错成了五十七卷呢？如果这部书错成那部书呢？那可能就不是拿原书来照抄的，最有可能是他背了这些内容，然后根据记忆来写的，后来也没有核对原文。清代很多学者能背《十三经注疏》，刘师培好像不少类书也能背诵。如果真是这样，他能背多少内容啊！前一段时间，我读刘文淇给朋友写的一封信，说：最近在看《汉书》，看了三遍，还是记不得，年纪大了。那么，我们可以反过来推：第一，他的目标是把《汉书》背下来；第二，他年轻的时候，最多看三遍就能背下来，甚至不用看三遍也能背下来；第三，《汉书》都背，《十三经》《史记》之类肯定是能背的。古人为什么能发现那么多的问题？因为他那个书是背下去的，就像他吃下去的东西，都在他的胃里面。在消化的过程当中，这个跟那个一打架，问题就冒出来了。我们现在电子检索功能强大了之后，查找材料是方便了，但是我们会背的书也少了，惰性越来越大，越来越不愿意背书。背的书少了，脑子里面积累的相互矛盾的东西少了，发现问题的能力就会下降。我现在很后悔，年轻的时候记忆力好，没有好好背书。

王：是有这个问题。今天对万先生的采访，让我们很受启发，谢谢您！再次感谢！

2017 年 3 月 18 日，王老师于仪征市采访万先生，访谈稿经张琪、王宁玲、井超、李佩、李学辰、刘晓咏、陶晓婷、李猛元、侯婕、曹晋婷、吕梁、董政、王少帅等整理，已经万先生、王老师审定。